Chasseur d'épaves
L'or des galions

Philippe Esnos

Chasseur d'épaves

L'or des galions

Alphée

Jean-Paul Bertrand

Du même auteur

Chasseur de trésors, l'or des Incas,
Alphée, 2008.

www.editions-alphee.com

EAN : 978 2 7538 0464 7

À tous mes copains d'aventures vivants et disparus,
ainsi qu'à tous ceux qui n'ont pas la télé ou Internet
comme directeur de conscience.

La seule chose promise à l'échec
c'est celle que l'on ne tente pas.
P. E. VICTOR

Première partie

Aventures de mer

1

Le Coyote

Mer du Nord, 22 septembre. Une houle gigantesque de nord-ouest nous harcèle dans un bouillonnement d'écume. Les crêtes des vagues déferlent sous la poussée d'un vent furieux et passent sous la coque dans un grondement de tonnerre. Il devient de plus en plus difficile de tenir le bateau sur sa route, car chaque lame nous fait surfer sur des centaines de mètres. Laisser partir le navire au lof pourrait être fatal. Les milliers de tonnes d'eau verte auraient tôt fait d'embarquer, balayant tout sur leur passage, provoquant des destructions irréparables. Tandis que la brutalité des chocs nous éprouve sans sursis, au loin, vers l'est, les premières lueurs de l'aube s'entremêlent dans un ballet de nuages gris se confondant avec la mer.

La tempête fait rage depuis une dizaine d'heures. Les lames nous assaillent sans répit. Directes, croisées, éclatant en lambeaux sur le bastingage du *Coyote,* noyant le pont d'écume.

Le bateau souffre, se cabre à chaque assaut, puis replonge dans le bouillon verdâtre, malmené comme un boxeur en difficulté. Pourtant, heure après heure, coup après coup, le *Coyote* encaisse. Le K.O. final n'est pas encore pour aujourd'hui. Parfois il reste suspendu dans l'air avant de retomber entre deux lames vicieuses, dans un gouffre liquide, enseveli quelques secondes sous des trombes d'eau sale. Chaque fois il refait surface pour se ruer contre la vague suivante de toute la puissance de ses quatre cents chevaux. Depuis des heures, calé les jambes écartées, les yeux rougis par le sel et le sommeil, je surveille le radar, contrôlant avec les jumelles l'approche sur le banc de South Fall au sud-ouest et la bouée rouge de Sandettié au sud-est. C'est la fin de la mer du Nord, bientôt la Manche. Toutes les demi-heures, bloqué dans la coursive extérieure, je cherche à reconnaître, en vain, les feux de navires, phares et bouées de balisage dans cette zone très fréquentée. À quelques mètres, l'homme de barre ne dit rien, trop occupé à maintenir le cap. Parfois un coup de boutoir le déséquilibre, il est alors violemment projeté contre une cloison. Au moins ça l'empêche de s'assoupir. C'est dans ce genre de circonstance que l'on est le plus attentif aux qualités marines de son bateau et pour l'heure je confesse être satisfait au-delà de mes espérances.

Le *Coyote* est un ancien thonier-palangrier de vingt-sept mètres, construit il y a quinze ans au Portugal. Tout en chêne et pin de Norvège, ce qui se faisait de mieux dans le genre. C'est un bateau très robuste qui pendant des années a subi les assauts de l'Atlantique, du golfe de Gascogne à celui de Guinée. Pas loin de Lisbonne sur le Tage, j'ai apporté quelques modifications d'ordre de confort en aménageant, notamment, quatre cabines et en augmentant les réserves d'eau douce. Bien sûr, j'ai gardé sa cale à poissons dont une partie est frigorifique. Après quatre mois de travaux et une révision complète de son moteur, c'est un bateau pimpant neuf qui a repris la mer pour de nouvelles aventures, mené par cinq hardis marins recrutés au gré des escales, car tout au long de mes années de navigation, je me suis toujours attaché à faire tourner mes équipages, et de préférence en mélangeant les genres. Bien souvent cela donnait lieu à des confusions qui, au-delà des caractères propres à chacun, s'appelaient croyances religieuses, certitudes politiques, traditions culinaires, voire manière de se conduire ou de traiter les femmes. Ainsi j'ai réussi à faire cohabiter des Juifs avec des Arabes, des Allemands avec des Noirs, mais aussi des Anglais avec n'importe qui d'autre qui ne soit pas anglais justement ! Il va sans dire que plus d'une fois j'ai frôlé la bavure, mais curieusement, dès lors qu'il était question de la bonne marche du navire, les querelles étaient immédiatement reléguées au magasin des accessoires !

Le premier marin se nomme Andréa Karkalis, grec de nation, originaire de Patras. Cinquante ans sur son passeport, le double pour l'expérience. Son visage et ses mains témoignent de trente années de bourlingage, des gelées de Mourmansk au chaudron d'Aden. Il a tout connu le Grec, les typhons de la mer de Chine, les glaces dérivantes du cap Farewell, les pirates de Lagos et les vahinés des mers du Sud. Conteur intarissable sur l'odyssée. Pas celle d'Homère, la sienne, avec un penchant pour les anecdotes liées à ses multiples pratiques des bordels de Manille à Salonique. Le genre de rombier qui a compris depuis longtemps que le plus grand des renoncements serait de retourner dans son pays, résigné à vivre de ses souvenirs. Un voyage contre nature, l'enlisement final où l'on ne regarde plus que derrière ! Andréa est de la race des marins préhistoriques au sourire de nicotine et au lyrisme qui ne craignent ni le diable ni les cyclones !

Le second marin, Guillaume de Kerviler, serait plutôt l'opposé du Grec. Réservé, peu causant, ayant un sens aigu de l'observation sans doute lié à sa licence en sociologie. Bien entendu ce n'est pas en tant que disciple d'Auguste Comte ou de Tocqueville que je l'ai embarqué, mais plus pragmatiquement comme électromécanicien. La philosophie positive mène à tout, c'est bien connu, à condition de s'en sortir. C'est ce qu'a fait notre Breton et après une solide formation, il est devenu, à trente-cinq ans, un virtuose du Métrix et de la clé à molette.

Le troisième c'est Fred Sanders. Je l'ai récupéré à sa sortie de prison. Il cherchait un embarquement pour rejoindre son frère en Afrique. Bien sûr avec son pedigree, personne ne voulait l'engager. Moi je ne suis pas regardant, tout le monde a droit à une deuxième chance. En fait, son problème, au Belge de Namur, ce n'est pas tant d'avoir fait comme il dit, « un petit casse tout ce qu'il y a de bonhomme » qui le conduira deux ans à l'ombre, non, lui son conflit s'appelle la bière. Au-delà d'une certaine quantité, il passe de la logique à l'épilepsie. Il y en a qui ont le vin sournois, lui ce serait plutôt la gueuze insidieuse ! Il m'a promis de se calmer jusqu'à l'arrivée en Mauritanie où il compte débarquer, alors je lui ai fait confiance. Plus de « Mort subite » ou autre Kriek à la cerise avant un bon moment, car je doute fort que même une fois à terre il trouve ce genre de tisanes dans le désert.

Le dernier de ces hardis navigateurs, qui d'ailleurs n'en est pas un, c'est Mouloud Laïfa. Marocain de nation, musulman non pratiquant de confession. Physiquement, c'est le sosie d'Al Pacino. Mouloud sait tout faire, mal, mais tout ! Il a un pouvoir d'adaptation phénoménal. Il a pris son élan à la communale de Tanger dans les années cinquante et a gardé de cette ville internationale une facilité déconcertante pour apprendre les langues. Il en parle six. Tout comme le Grec, d'ailleurs, avec lequel il partage une autre passion, celle des femmes. Rien ne peut l'arrêter, ni la race, ni la religion. Belles, laides, jeunes, vieilles, riches, pauvres... Sa témérité est légendaire. Pour le reste, je lui ai confié le poste de cuisinier, fonction qu'il accomplit non sans talent, surtout pour les plats marocains.

Le rôle d'équipage serait incomplet si je ne signalais pas la présence, à bord, d'un chien de marque teckel, modèle à poil long répondant au patronyme de Nitrogène.

C'est donc manœuvré par ce nouvel équipage d'élite que le *Coyote* trace sa route vers le soleil d'Afrique pour ce troisième et dernier voyage, ses cales et le pont pleins d'une cargaison pour le moins hétéroclite.

C'était il y a quelques jours...

Anvers, il n'est pas encore 19 heures. Il fait déjà nuit, la ville est noyée dans la brume. Tout en resserrant le col de mon blouson, je presse le pas le long des quais. L'Escaut charrie ses eaux sales vers la mer du Nord. Sur ma droite, le Grote Markt et la cathédrale Notre-Dame surgissent de l'ombre et de la grisaille comme des spectres élimés ; la tour couronnée de sa flèche semble s'évaporer dans cette nielle. Décors chers à Edgar Poe qui me font penser au grand Brel... « Et de noirs clochers pour uniques montagnes… » Pas un royaume pour moi.

Mon rendez-vous est fixé au Fouquet's. Bien que n'ayant pas l'aura de son homologue parisien, le Fouquet's d'Anvers fait autorité. Ses salons sont feutrés et sa cuisine de bonne tenue. Mouloud m'accompagne en se plaignant que je marche trop vite et qu'il n'a pas le temps de reluquer les putes qui, en ce début de soirée, s'installent derrière leur vitrine pour la nuit.

Mes deux associés sont ponctuels, ce qui relève du miracle, les Africains n'ont pas la même notion de l'espace-temps que les Occidentaux. Sans doute la température extérieure qui n'engage pas à musarder. Le temps de s'installer et de commander un remontant, et la discussion s'engage. Mon acheteur à Nouadhibou se nomme Sikasso Diop Kaké, mais je l'appelle Diop c'est plus court. Selon ses dires, il serait descendant d'Ismaël Djanabou le Toucouleur, lui-même fils d'un des célèbres rois du Sénégal El Hadj Omar. Celui-là même qui, le 20 avril 1857, à la tête de mille cinq cents hommes, lança la fameuse attaque contre le fort français de Médine, mais fut finalement battu par les troupes de Faidherbe ces dernières, il est vrai, étant mieux équipées. Autant dire donc que ce n'est pas n'importe qui mon client Diop. Il me présente son cousin Ibrahim Djanabou qui n'est rien d'autre que le ministre des Poids et Mesures et des Affaires d'Occasion. Cela explique pourquoi, au cours de mes deux précédents voyages, je n'ai pas vu l'ombre d'un douanier sur les quais quand nous avons débarqué la cargaison ! Comme à chaque fois, la négociation va durer au moins quatre heures, le temps de trouver un accord sur le prix des marchandises et du transport. Cet après-midi, ils sont venus à bord contrôler tous les stocks qu'ils m'ont commandés afin qu'il n'y ait aucun litige à l'arrivée. Vers minuit, une fois mes cinquante pour cent versés, ils retournent à leur hôtel, tandis que j'offre quelques dernières tournées de bière à mon équipage venu me rejoindre. En retournant à bord, je ne peux m'empêcher de penser à tout ce fret hétéroclite que je trimbale depuis trois mois pour Diop. Cela va des moteurs de voiture Peugeot aux pièces détachées, des embrayages, des centaines de pneus, des ballots de vêtements et de linge de maison, des seaux, des jerricans d'essence, et j'en passe, tout ça de deuxième, voire de troisième main, acheté au rabais dans les usines du Nord de la France et de la Belgique. Et puis il y a le neuf comme les fusils de chasse russes de calibre 12 à un coup, indestructibles même chargés à la mitraille. Idéal pour l'Afrique où les chasseurs font leurs cartouches eux-mêmes. Il y a aussi les services de tables made in China pour six personnes, rouges ou bleus au choix. Des stocks de peintures déclassées, des réchauds à gaz et à pétrole, des bijoux fantaisie... bref la cour des Miracles. Ce n'est bien sûr pas avec tout ce bazar que j'ai une chance de faire fortune, mais ces trois voyages m'auront laissé de quoi assurer les huit mois à venir. Juste le temps de traverser l'Atlantique et de chercher une autre combine chez les Latinos ou aux Antilles, au moins je serai déjà sur place pour mes projets futurs. Ils s'appellent « chasseur d'épaves », ces projets, et plus précisément de galions espagnols chargés d'or et d'argent, de pierres précieuses et de porcelaines...

La quête d'un trésor sous-marin est une entreprise énorme, souvent très éloignée de l'idée romantique telle qu'elle est souvent véhiculée. Ce type d'opération s'articule généralement en trois phases. Tout d'abord la recherche en archives, ensuite l'obtention d'un permis de fouille du pays riverain si l'on n'agit pas en eaux internationales et enfin le financement du projet.

Concernant la première de ces conditions, je viens de passer dix-huit mois à faire le rat de bibliothèque tant en

France qu'en Espagne, à disséquer les archives de la marine, des colonies, des conquêtes. Ainsi me suis-je intéressé, en France, à tous les documents concernant les différentes Compagnies des Indes, ceux relevant du commerce et de la traite des esclaves sur les Antilles et de façon plus générale l'histoire de la marine française postmédiévale. Concernant l'Espagne, je me suis principalement intéressé à la période comprise entre la conquête du Nouveau Monde, soit 1510 à celle de la guerre d'indépendance, 1820. Bien entendu, de ces trois siècles de pillages et de mise en coupe réglée de l'Amérique du Sud par les Espagnols, la période la plus riche en termes de galions perdus se situe entre 1550 et 1700. Pendant tous ces mois à fouiller dans les bibliothèques, j'ai recensé, grâce notamment aux catalogues déjà existants, plus de trois cents épaves sur la mer des Antilles et l'Amérique centrale. Évidemment toutes ces épaves ne sont pas que des galions d'une part et seule une cinquantaine environ contient des butins importants d'autre part. Si l'on ajoute à cela le fait que certains pays tels Cuba, la Colombie ou le Mexique, par exemple, n'accordent pas d'autorisations de fouilles archéologiques, on comprendra aisément que les chances se réduisent et qu'à ce titre il n'est pas inutile d'avoir dans ses archives personnelles des dossiers de naufrages peut-être plus modestes mais plus facilement accessibles. À ce titre, j'ai embarqué sur le *Coyote* une cinquantaine de dossiers concernant aussi bien des galions que des navires plus récents où, à défaut de trouver des pièces d'or et d'argent, on peut se contenter de hublots anciens, de canons, de cloches ou d'hélices, le tout en bronze, mais aussi de porcelaines rares, d'aiguières en cristal et argent, ce qui n'est pas négligeable à qui saura revendre ces trouvailles à un antiquaire ou un collectionneur. La deuxième condition pour pratiquer des fouilles est d'obtenir l'accord du gouvernement riverain, si les recherches ont lieu dans leurs eaux territoriales. Les demandes sont faites officiellement, le plus souvent par un avocat du pays concerné. Dans le cas où une autorisation est donnée, le contrat stipule les droits et devoirs des deux parties, ainsi que le pourcentage accordé sur la globalité des découvertes. Pour le moment, je n'ai fait aucune demande, car il me reste à résoudre la troisième contrainte liée à ce genre de projet, à savoir le financement. Il ne faut pas imaginer qu'il suffit d'arriver sur le lieu du naufrage présumé décrit dans les archives pour qu'en l'espace de quelques heures, voire de quelques jours, le problème soit réglé. Tout d'abord, les archives ne sont jamais explicites à ce point, pour la raison simple qu'au XVIIe, XVIIIe ou XIXe siècle, il n'existait pas d'instruments de navigation précis, ce n'était que de l'estime, et ce sur des cartes approximatives. Il n'est donc pas rare que pour retrouver l'emplacement d'une épave, il soit nécessaire de procéder à des séries de détections qui peuvent durer plusieurs mois ou plusieurs années. Car au-delà d'une cartographie imprécise, il faut tenir compte des conditions climatiques durant les siècles passés. Une série de cyclones peut modifier la forme d'une île sablonneuse et même la faire disparaître. Toujours à cause du temps, la détection d'une zone peut être interrompue plusieurs mois par an. L'eau généralement cristalline des îles tropicales peut se troubler à la suite de fortes pluies interdisant toute plongée. Bref, ce ne sont pas les raisons qui manquent, sans compter le facteur humain et ses contraintes liées à la maladie, aux accidents, au repos, au ravitaillement, etc. Tout cela pour dire que la recherche d'une épave prend du temps, et par conséquent nécessite beaucoup d'argent. Nous voici donc au cœur du problème, car si j'ai des archives et un bateau, ce qui n'est déjà pas si mal, je n'ai pas une thune. Toutes mes économies ont été absorbées par le *Coyote* et la cargaison modeste qui se trouve dans ses cales. Or, j'ai calculé que pour être libre une année, il fallait un magot de quarante mille dollars pour les faux frais, mais surtout quarante mille de plus pour le matériel spécifique à ce genre d'entreprise : équipements de plongée, compresseurs basse et haute pression, sonar latéral, magnétomètre, détecteurs divers, et autres accessoires et engins. Quatre-vingt mille dollars, sans compter que dans le même temps, il faut entretenir le bateau, l'alimenter en fuel, faire vivre son équipage... Cela explique pourquoi la majorité des chercheurs de trésor privés font appel à des sponsors. Ce n'est pas mon cas pour trois raisons. D'abord je suis incapable de convaincre le moindre chef d'industrie du bien-fondé de mes recherches, ensuite, non seulement je ne serais plus libre, mais, en plus il faudrait que j'écrive Coca-Cola ou Pernod Ricard sur mon bateau ! Quant à la troisième raison, de loin la plus importante pour moi, la notion d'aventure n'existerait plus. Partir en expédition avec un parapluie de dollars et toutes les sécurités qui s'y rattachent ne conduit qu'à galvauder l'aventure et usurper les rêves qui s'y associent. On se transforme alors en fonctionnaire de la péripétie ! Et ça, « ce n'est pas le genre de la maison ». Non, l'aventure, la vraie, elle ne se programme pas, elle s'exalte, c'est celle de Georges Arnaud dans *Le Voyage du mauvais larron* ou *Le Salaire de la peur.* « Le sublime suprême c'est d'être à bord d'un cargo battant pavillon noir avec un capitaine fou et méchant qui rosse son équipage de déserteurs gonflés de haine ou de lépreux dont le sel de la mer brûle les pustules. Le sublime, il est dans un baril de rhum qui éclate au large de Concepción. C'est aussi ramasser gramme après gramme des pépites dérisoires pour s'acheter de la tendresse ou se fracasser à coup de martingales mort-nées sur une roulette luisante de graisse... » L'aventure ça sert à transformer en art magique les réalités de la vie ! Pour en finir avec cette parenthèse, je crois que jamais je n'oublierai ce qu'un pisseur d'encre d'un « grand » journal français avait écrit à propos du rallye Dakar. « Il faut RATIONALISER L'AVENTURE pour éviter les accidents ! » Encore un dont la tête sert uniquement à faire pousser les cheveux et labourer l'air quand il marche !

On est bien loin de l'époque où le jus de chique fusait, aujourd'hui ce ne sont plus les hommes qui dirigent la société, c'est la société qui dirige les hommes. Des hommes qui succombent à l'hypersécurisation, à l'ordre établi de plus en plus draconien, au tout-fléché, planifié. D'une société qui décide de tout, de l'éducation, de la santé, de ce qui est ou non politiquement correct. Gare à ceux qui sortent du troupeau, on les montre du doigt comme des dangereux déviationnistes sans aucune morale. Ce n'est pas de cette façon que l'on risque d'inciter des vocations. De nos jours, on célèbre tous les « sans frontières », médecins, journalistes, pharmaciens... On porte aux nues celui qui parcoure la Sibérie en traîneau, traverse les océans à la rame, etc. le tout avec balises de détresse et superprotections ! Elle est où l'aventure ? Ce sont des exploits sportifs de haut niveau, certes, mais pas plus risqués que de circuler sur les routes des vacances. L'aventurier aujourd'hui a une assurance accident, maladie, une carte de crédit, un portable pour prévenir en cas d'accident, des vêtements et équipements dernier cri, sans parler de ceux qui cotisent à une caisse de retraite en prévision de leurs vieux jours ! Bref, tout ce qui représente la contradiction même de l'aventure. Tous ces gens feraient bien de méditer la phrase d'un spécialiste en la matière, « l'homme est fait pour vivre, et non pour exister », j'ai nommé Jack London. Enfin, tout ça pour dire que je n'ai jamais eu de sponsor, même s'il est vrai que je n'ai guère insisté pour en trouver un...

2

L'accident

SUR LA PASSERELLE plongée dans l'obscurité, Andréa est silencieux ; il surveille le compas dont la rose, faiblement éclairée, fait des embardées de quarante degrés. L'homme de barre fait ce qu'il peut pour maintenir le bateau sur sa trajectoire.

Les heures se consument au cycle des quarts, au gré de la houle et du vent. Martèlement du moteur, craquement du vaigrage et des meubles en bois, explosion des lames sur les carreaux, insignifiance de nos commérages entre deux observations radar. La routine de la mer où, sans interruption, de jour comme de nuit, nous devons nous accorder à ses exigences, relever ses défis, lui résister sans la dédaigner. En deux jours, nous avalons la Manche et le golfe de Gascogne. Loin dans le nord-est, nous apercevons par intermittence les lueurs de La Corogne et d'El Ferreol, tandis qu'à l'approche du cap Finistère, extrémité ouest de l'Espagne, le trafic se fait plus important. En l'espace de quelques heures, l'écran radar se constelle de points lumineux et nous devons être beaucoup plus vigilants aux risques d'abordages. L'observation aux jumelles est rendue difficile par la houle, même si celle-ci a légèrement molli depuis que nous sommes plus près de terre, elle n'en demeure pas moins encore grosse. Le bateau se cabre et se couche parfois avec une extrême violence, ce qui nous projette contre les cloisons. Difficile dans ce cas de faire des observations. Nous sommes donc contraints de nous fier uniquement au radar.

Deux heures du matin. Alors que je franchis l'entrée de la salle des machines, la porte mal verrouillée s'ouvre brutalement devant moi et m'emplafonne de plein fouet. Je suis projeté en arrière par le choc et le coup de roulis associé. Mes deux cuisses viennent heurter le pavois et je passe par-dessus bord sur le dos en un éclair. Aussitôt mes bottes se remplissent et mes couches de vêtements sous le ciré se gorgent de mer. Je coule instantanément, servi par une déferlante écumeuse. Au moment où je refais surface, non sans m'être débarrassé de mes tatanes en caoutchouc et du ciré, je n'aperçois plus que le feu de poupe du *Coyote* qui s'éloigne. Loin devant moi, il apparaît encore par intermittence, selon que le bateau se trouve au creux ou à la tête d'une vague. En l'espace de quelques secondes, toute la culture que j'ai concernant ce type de situation me traverse l'esprit. Il est 2 heures, il ne fera pas jour avant 7 heures en cette fin septembre : cela veut dire cinq heures au moins à espérer un hypothétique secours. Je pense aussitôt aux pilotes de la R.A.F. en 1940, abattus dans la Manche l'hiver. Jamais aucun d'entre eux n'a survécu plus de deux heures à cause du froid. D'un autre coté, je pense aussi aux nageurs qui la traversent en sportifs. Cela me crée le doute. Pas longtemps, car ce sont des nageurs d'exception, particulièrement préparés à ce genre de challenge. Je sais que je peux nager des heures sans me fatiguer, mais je sais aussi que la basse température de l'eau finira par me vaincre. À moins d'un miracle, le froid va faire son œuvre. Dans une demi-somnolence, je vais m'engourdir peu à peu pour me choper une hypothermie carabinée qui va me projeter tout droit dans le tunnel de lumière. Ce sera la fin de mon voyage sur la planète. Il y a bien longtemps déjà que j'ai vaincu ma peur de la mort et me suis libéré de l'angoisse de ma propre fin. Pour l'heure, j'ai d'autant moins peur que je suis conscient que ma vie ne dépend plus de moi, je ne contrôle plus rien ! Alors je me retranche dans le fatalisme. Je me dis que je préfère être vaincu par la nature que par une petite canaille de faubourg. Cela conforte un instant le sentiment de mon importance. Même si ça ne me rassure pas sur mon sort, il faut bien que l'organisme trouve des parades pour les agressions auxquelles il n'est pas préparé. C'est comme la prison. On s'enferme toujours sur soi-même avec ses pensées, ça occupe l'esprit. Curieusement, je ne vois pas défiler le film de ma vie comme c'est la tradition dans ce genre de situation, selon les récits des survivants. Moi, au contraire, je pense plutôt à l'avenir. Je me dis que je vais enfin savoir quelle est la suite du programme, si toutefois il y en a une. Qu'est-ce qui a été prévu pour moi ? Je pourrais être réincarné en lambi ou en requin, en membre gangrené du corps social, flic, juge, diplomate, histoire d'exorciser mes égarements planétaires. Pour emmerder mes ennemis, je pourrais aussi être réincarné en galaxie, de manière à ce qu'ils voient encore ma sale gueule pendant cent millions d'années. Mais ça, c'est une hypothèse trop présomptueuse. J'en suis là de mes réflexions quand un triple miracle s'accomplit.

Le premier, c'est que mes équipiers m'ont vu tomber ; le second, c'est que la lanterne de la bouée qu'ils m'ont jetée s'est allumée – chose rare sur un bateau. En général, elle marche le jour de la visite de sécurité et après plus personne ne s'en préoccupe pendant un an jusqu'à la prochaine visite. Enfin troisième miracle, malgré la très forte houle déferlante et le courant violent, j'arrive à la choper de justesse. À partir de cet instant, je sais que j'ai une chance de m'en tirer et ainsi de continuer à jouer un rôle dans la comédie terrestre, si Andréa applique à la lettre la conduite à tenir dans ce genre de situation. J'ai relativement confiance en lui, car c'est un mec qui a du sang-froid et de l'énergie à revendre. De mon coté, pour l'aider dans sa recherche, j'ai détaché la lanterne de sa bouée pour la brandir le plus haut possible au-dessus des vagues.

Pourvu que les rouleaux qui me recouvrent à chaque déferlante n'inondent pas l'ampoule et les contacts de ma loupiote, sinon... J'ai beau livrer tous les efforts dont je suis capable pour aider mon pote à me récupérer, je ne peux pas m'empêcher de penser que ma vie ne tient à rien. Bien mesurée, elle repose sur deux facteurs : une ampoule à deux euros et trois piles à trois euros. Ma vie vaut cinq euros ! C'est dans ces moments-là qu'on a la confirmation que notre passage sur terre n'est qu'une vaste entreprise de dérision.

Mektoub ! « C'est écrit ! » que nous serinent les dévots crédules. Alors si c'est écrit, justement, pourquoi tous ces radoteurs nous cassent les couilles avec les méfaits de l'alcool, du tabac, des accidents de la route, du SIDA et autres ravages créés par l'homme lui-même ? Tout simplement parce qu'ils ont la trouille de mourir « avant l'âge ». C'est quoi « l'âge », bande de croûtons ? À Verdun, c'était vingt ans, au Biafra, c'est deux ans et moins, au Moyen Âge quarante et aujourd'hui soixante-quinze ! Et alors « trente ans de plus ou de moins pour quoi faire ? » Aller à la messe, à la mosquée, au temple, à la synagogue et en sortant s'acheter des gâteaux chez le pâteux du village pour célébrer le repas de famille hebdomadaire ?

En tout cas, après la belle vie que j'ai menée, qu'est-ce qui peut bien m'atteindre ? Je pense que ça serait justice de prendre la place d'un sans-rien, histoire de le débarrasser de son fardeau le temps d'une vie. À chacun son tour de faire le quart du gras et celui du maigre, si c'est ça le programme sur terre. Alors je suis prêt pour Calcutta ou Johannesburg, à me dissoudre dans la formation des faméliques bien protégés des riches par des flics à gourdin qui battent la mesure.

Eh bien ça ne sera pas encore pour cette fois-ci. Il n'y aura pas de Calcutta, ni de matraque pour battre la mesure. Pas encore. Vingt minutes plus tard, le descendant d'Ulysse qui m'a repéré manœuvre doucement pour s'approcher de moi. Une fois de plus, je vais m'en tirer. On n'a pas voulu de moi là-haut. Alors pourquoi m'avoir balancé à la tisane si c'est pour me récupérer ? Sans doute pour foutre les jetons à mes équipiers, va savoir. Les mécanismes du ciel sont décidément bien compliqués à décrypter.

J'aperçois très nettement les feux rouges et verts du *Coyote* qui arrive droit sur moi. C'est le moment le plus dangereux à cause de cette maudite houle. Andréa se souvient de mes explications et met le bateau en travers des vagues, comme on le fait sur les cargos pour embarquer les pilotes. Aussitôt ils se mettent à rouler comme des déments. Maintenant, c'est à moi de jouer. Je me rapproche à moins d'un mètre du pavois et je me prépare à m'y accrocher au moment où il va plonger dans l'eau. Guillaume et Fred veulent me saisir mais je les en dissuade, car ils risquent de passer par-dessus bord à leur tour.

— Laissez, je vais y arriver tout seul !

J'attends juste la bonne lame pour me choper le bastingage. La troisième est la bonne, le bateau se couche à quarante-cinq degrés alors je bondis tel le félin sur sa proie et me cramponne au pavois. Avant même que le *Coyote* ne se redresse, Andréa m'a saisi par le col et m'envoie valdinguer sur le pont comme un vulgaire sac-poubelle. Aussi sec, il fonce à la timonerie pour remettre le bateau en route face à la houle. Ce mec a exactement les bons réflexes au juste moment. Mouloud ne dit rien, il est sous l'effet du choc, il m'accompagne accroupi jusqu'à l'entrée de ma cabine où je me précipite pour changer de fringues. Je pèle de froid et ne contrôle plus le cliquetis de ma mâchoire.

Pendant un quart d'heure, et ce malgré les coups de boutoir de la mer qui me projettent d'une cloison sur l'autre, je reste sous la douche. Je remonte mon corps en température. Progressivement, je récupère et peux enfin m'habiller. Mouloud rapplique avec un verre de cognac que j'absorbe cul sec et qui finit de me ramener à la vie. Je remonte à la passerelle afin de remercier et féliciter Andréa pour le sans-faute.

— Tu as été le « right man at the right place in the right time » !

Le temps d'échanger avec Mouloud les pauvretés habituelles du genre « t'as pas eu peur ? » ou « t'as plus froid ? » ou « t'as pas faim ? » et je retourne dans ma cabine, direction la couchette avec trois couvertures.

Avant de fermer les yeux, je me dis que je ferais bien de faire gaffe dorénavant parce qu'on dit toujours jamais deux sans trois, or c'est la seconde fois que je quitte le bord sans crier gare. La première fois c'était au large de Cherbourg un 30 octobre il y a deux ans. Le genre de date qu'on n'oublie pas. Il faisait le même mauvais temps, vers 2 heures aussi. C'est un copain, Jean-Pierre Marguerite, un très bon marin qui a navigué plusieurs fois avec moi, qui m'a sauvé la mise. Il a eu les réflexes qu'il fallait au bon moment. C'est à ce genre de détail que l'on voit la différence entre un amateur et un pro. Le pauvre Tabarly n'aura pas eu cette chance.

3

Escales

Le 26 septembre, à 6 heures, nous entrons au port de Las Palmas, Puerto de la Luz. Les bassins et les darses sont toujours aussi encombrés par tout un tas de trucs qui flottent. Ça va des palangriers japonais et coréens pissant la rouille, aux paquebots de croisière rutilants en partance pour les Antilles. L'Atlantique est devenu une route très fréquentée par les plaisanciers de tous pays, et Las Palmas est la dernière escale à l'est avant le grand saut vers les Amériques. Mais si les yachts transatlantiques se suivent, ils ne se ressemblent pas. Cela va de la goélette de trente mètres en teck de Birmanie rutilante de ses cuivres et vernis, au « mouille-cul » de six mètres en contreplaqué collé-cloué. Coté équipage, on s'en doute, on retrouve les mêmes discordances. Le décor est différent entre les bâbordais et les tribordais. Les uns tout de blanc vêtus se délectent d'un havane, les autres en cache-misère se les roulent en papier Zouave. Bien entendu, entre les deux extrémités sociales il existe une juste moyenne de navigateurs qui parcourent le monde à bord de voiliers entre dix et dix-huit mètres. Ils représentent d'ailleurs la majorité. Coté nationalité, les Anglo-Saxons demeurent toujours les plus nombreux même si l'on croise de plus en plus de pavillons tricolores.

Du lever au coucher du soleil, tous ces gens s'activent à procéder aux derniers réglages de leur monture avant de mettre le cap à l'ouest pour une vingtaine de jours de traversée environ. Les uns partiront avec leur congélateur rempli d'entrecôtes, la majorité, elle, se contentera de riz complet et de soja. Mais l'important n'est-il pas de réaliser ses rêves ? J'en sais quelque chose, moi qui ai fait ma première traversée de l'Atlantique à la voile quand j'avais vingt ans. C'était en 1967, ma première escale ici. Comme les copains des autres bateaux, je fignolais mes voiles et mes provisions pour faire le grand saut vers les îles. Il est vrai qu'à cette époque on était moins nombreux et tout le monde se connaissait. Le soir, après la journée de travail, on se réunissait dans le carré de l'un ou de l'autre pour boire le punch et fumer des clopes et chacun y allait de ses histoires d'escales et de rencontres. Encore une époque révolue, tout fout le camp, aujourd'hui c'est à peine si les plaisanciers se saluent quand ils se croisent sur un quai. De l'artisanat on est passé à l'industrie. Tous les ports et marinas d'Europe sont saturés de bateaux de plaisance qui au mieux naviguent deux semaines par an. Des yachts achetés des fortunes et qui ne servent qu'à deux choses. Faire travailler les chantiers navals et entretenir tous les commerces de proximité du port. Dans un sens ce n'est pas si mal pour les créations d'emplois, sauf que ça ne s'appelle plus de la navigation de plaisance mais de l'investissement à fonds perdus dans un but social. Les seuls irréductibles que l'on rencontre encore au gré des escales, et qui, eux, naviguent, sont en majorité des gens de peu de ressources. Sur leur bateau, pas d'équipement électronique pour connaître la météo, pas d'écran vidéo pour lire la carte, pas d'e-mail, non, de l'essentiel bon marché qui a fait ses preuves depuis des lustres. Un compas bien compensé, un sondeur, un transistor à ondes courtes pour choper la météo n'importe où, des cartes, des vraies en papier et, seule entorse à la modernité, un GPS à cinquante dollars, encore que je connaisse des irréductibles qui naviguent toujours au sextant. Il faut vivre avec son temps, me rétorquera-t-on. Oui, certes. Mais le problème, c'est que tous ces équipements électroniques coûtent cher. Or, comme la majorité de ceux qui naviguent vraiment sont des fauchés, le matériel cher n'est accessible qu'à ceux qui laissent leur bateau amarré au port onze mois sur douze. Pour l'heure, nous n'avons pas ce genre de soucis sur le *Coyote,* car le GPS n'existe pas encore. Je me contente de mon sextant, de mes tables de navigation et des bonnes vieilles cartes mises à jour utilisées dans toutes les marines du monde. Et croyez-moi, ça marche aussi bien qu'avec l'écran électronique et surtout ça ne tombe jamais en panne.

En attendant, comme toutes les places à quai sont occupées, je vais mettre le *Coyote* à couple d'un chalutier espagnol qui semble à moitié désarmé, le *Magdalena* immatriculé à Cadix. Las Palmas étant un port franc, il est inutile d'attendre la visite de la douane, seul le contrôle des passeports est nécessaire au service d'immigration de la police, et la police, si l'on ne se déplace pas soi-même, on peut l'attendre un bout de temps. On est en Espagne ici, pas le genre de bled où l'on stresse, ne jamais l'oublier, surtout quand *el sol es vertical.* Alors va pour un petit footing d'un kilomètre jusqu'à la capitainerie qui, bien sûr, est à l'autre bout du port. Seul Mouloud reste à bord, les autres m'accompagnent et c'est d'une démarche chaloupée, après ces sept jours de mer, que nous mettons le cap sur la Guardia Civil.

Cette formalité accomplie, nous allons tous déjeuner au Derby's, l'ancien fief de notre marmiton.

L'après-midi est consacré à faire souder une rambarde en tube à l'arrière du bateau, afin de surélever le pavois et éviter un nouvel accident ; la chance, ça ne marche pas à tous les coups. Tandis que l'équipage remet de l'ordre à bord après cette semaine de mauvais temps, j'en profite pour aller téléphoner à Nouadhibou pour prévenir le sieur Diop de mon arrivée. Après dix minutes d'attente, je l'ai enfin au téléphone et lui confirme notre arrivée dans moins d'une semaine. Je ne suis pas trop pressé, car j'ai envie de profiter un peu de Las Palmas et d'acheter une certaine quantité de produits espagnols pour emporter aux Antilles.

Après un copieux dîner de tapas arrosé à grand renfort de jerez au port Santa Catalina, mes vaillants équipiers décident d'aller faire une patrouille du côté des bars spécialisés. Je les abandonne à leur destin afin d'aller moi aussi dans l'un de ces bars, mais pas du tout dans le même secteur. Un lieu connu seulement des initiés. Nous venons de passer une semaine ensemble, ça me suffit, j'ai besoin d'être seul et surtout de voir d'autres visages.

En moins de quinze minutes, un taxi me conduit dans le quartier résidentiel et fleuri de Ciudad Jardín et me dépose devant « El Jardín de Cornelia », une villa typiquement canarienne aux murs blancs et tuiles rouges, ceinturée d'hibiscus et de bougainvilliers. Après une légère pression sur le timbre, la porte en bois exotique et fer forgé entourée de fleurs aromatiques s'écarte. La voie est libre pour se glisser dans ce qu'il est convenu de nommer : une incomparable et délicieuse volière distinguée. La recherche dans la décoration exhausse à souhait les courbes sculpturales des courtisanes séduisantes qui évoluent avec superbe dans cet espace libertin où il est de bon ton de laisser sa conscience au vestiaire. Il est vrai que les prix sont à la hauteur des prestations. Mais qui pourrait s'en plaindre. On se sent quand même en meilleur équipage ici que chez Mme « Casse-bite » à *La Bataille du rail* à Maracaïbo ! Ici pas besoin d'être sur ses gardes, aucun soupçon à avoir, on se fait tondre avec élégance et raffinement. Inutile de garder ses bottes avec les dollars au fond. On peut se mettre à l'aise, on célèbre le consommateur dans ce genre de chaumière, on perpétue les traditions d'avant-guerre chères au président Félix Faure.

El Jardín de Cornelia est une ancienne maison coloniale complètement restaurée. Le bar et le salon s'ouvrent sur un magnifique jardin à la végétation luxuriante au milieu duquel une fontaine arabo-andalouse s'écoule dans un bassin où poussent quelques nénuphars à pétales blancs et rouges. L'intimité du lieu est assurée par des spots camouflés devant les massifs à l'arrière desquels se trouvent coussins et tables basses pour boire et bavarder sans être dérangé. Dans la salle principale, à quelques mètres d'une piste de danse tamisée, pianiste, batteur et contrebassiste assurent une musique d'ambiance feutrée.

Je me hisse sur un tabouret de bar, commande un double bourbon, allume un Manuel López double Corona et considère la situation. Je sens que la nuit sera longue, ça tombe bien car je ne suis pas pressé.

Après trois jours d'escales à profiter de la vie, nous levons l'ancre pour la Mauritanie. J'ai fait le plein de carburant pour arriver jusqu'au Venezuela où il est le moins cher de toute l'Amérique du Sud. J'ai réussi à caser tant bien que mal mes provisions pour les mois à venir. Cinq cartons d'huile d'olive, quatre jambons *ibericos* pata negra, vingt caisses de vin, dix d'alcool divers, trente cartons de bière plus les vivres frais pour les jours à venir qui atterrissent, eux, dans la cambuse.

Nous faisons route depuis une dizaine d'heures, cap au sud sur une mer calme à dix nœuds, la nuit est constellée d'étoiles et le pilote automatique a repris son service. À la timonerie, nous écoutons de la musique sur la minichaîne que j'ai achetée au cours de l'escale. Cela rend les heures de quart moins monotones, et évite la somnolence pour peu qu'on mette les Rolling Stones à fond.

Bien entendu, les conversations vont bon train concernant les exploits amoureux d'Andréa et de Mouloud. Celui qui s'est bien marré dans l'histoire, c'est Guillaume, qui les a accompagnés partout et a pu assister en direct à leurs prestations. Quant au Belge, il s'est contenté de mettre son carnet de tir à jour – comme disent les troufions romantiques – le premier soir et ensuite il s'est retranché dans la bière avec deux Hollandais rencontrés au détour d'un bar.

Depuis que nous avons quitté les Canaries, nous attrapons tous les jours des poissons sur nos lignes de traîne. Principalement des daurades coryphènes, mais aussi des thons et des tazars. Cela facilite le travail de Mouloud qui n'a pas besoin de se creuser l'esprit et en plus on économise les provisions congelées telles que les volailles et les trois moutons découpés. Alors midi et soir, on a droit aux filets de daurade grillés au citron vert ou au four dans une sauce au vin blanc. Ça n'aura pas duré bien longtemps, car deux jours après notre départ nous arrivons en vue de Nouadhibou.

Nouadhibou, pour moi, restera toujours lié à Port-Étienne, j'ai du mal à me faire au nom mauritanien. Il n'y a aucune réminiscence d'ordre colonial, mais une seule mémoire, l'Aéropostale. Une des plus grandes épopées de l'entre-deux guerre. L'Aventure avec un grand A, celle au sens noble du mot, celle de l'inconnu, l'aventure héroïque faite d'actions sublimes, poèmes épiques chers à Saint-Exupéry. Que n'ai-je rêvé, enfant, à tous ces noms d'escales lointaines que l'on n'enseigne pas à l'école : Tarfaya, cap Juby, Villa Cisneros et puis les villes mythiques, Buenos Aires, Rio de Janeiro, Santiago. Qui n'a pas ressenti d'émotion devant un Guillaumet, qui après avoir provoqué des chants d'orgue avec son moteur entre les pics de la cordillère, finira par se crasher dans ces immensités enneigées ? Devant cette marche exténuante de plusieurs jours, sans vivres ni équipements, pour rejoindre la vallée où l'attend son ami Mermoz dans les bras duquel il se jettera en lui confessant : « Je me disais : ma femme, si elle croit que je vis, croit que je marche. Mes camarades croient que je marche. Ils ont tous confiance en moi. Et je suis un salaud si je ne marche pas... Ce qui sauve c'est de faire un pas. Encore un pas. C'est toujours le même pas que l'on recommence... Ce que j'ai fait, je le jure, jamais aucune bête ne l'aurait jamais fait... »

À midi nous débordons le cap Blanc pour nous engager dans la baie du Lévrier où se trouve le port de Nouadhibou.

La Mauritanie est sans doute la dernière terre africaine des caravanes, des rébellions, mais aussi des sages. Le pays où les crânes rasés sont ceinturés par des chèches blancs ou bleus, ne faisant dépasser que la mèche d'Allah pour les hommes. Où les femmes masquées de voiles jouent du pouvoir de leur séduction. Où le Coran se lit sur des tablettes écrites avec du charbon de bois. Où toutes les stratégies les plus complexes se décident sous la tente, la khaïme. Pas vraiment le pays pour le M.L.F., même si les Mauresques savent brandir la charia quand c'est leur intérêt. Ici le précepte le plus tenace est que l'honneur se gagne par les hommes et se perd par les femmes. Dans un souci de raccourci, je dirais que l'identité de ce peuple se résume à trois pôles : tente, lait, dattes, même si la cérémonie du thé prend ici une importance capitale. Ces fameux trois verres de thé à trois minutes d'intervalle, du plus amer au plus doux, ponctué d'un cérémonial ancestral pendant lequel personne ne parle. Interrompre cet office serait inconvenant au même titre que l'on ne tend jamais la main à une femme. La séduction se fait par le regard et les Mauresques sont rompues pour faire durer le plaisir de l'attente face à des hommes éduqués à la patience et au contrôle de leurs pulsions. Drôle de pays que le Sahara occidental, administré mais jamais colonisé, cet univers de tribus et de castes maraboutes entremêlées. Comme les fois précédentes, Diop m'attend sur le quai avec trois de ses enfants de cinq à huit ans. Il a revêtu un magnifique boubou bleu, brodé d'arabesques blanches rappelant les motifs des mosquées. Derrière lui un magnifique 4X4 Toyota et trois camions attendent. Une vingtaine d'hommes l'accompagnent. Ce sont eux qui sont chargés de vider mes cales. Ça ne prendra guère plus de quatre heures, malgré la chaleur du désert. Une fois le crépuscule tombé, comme le veut l'usage à chacun de mes passages, Diop viendra me chercher pour m'emmener dîner chez lui. Comme toujours je ferai la distribution des jouets et autres cadeaux à ses huit enfants les plus jeunes, ainsi que quatre pièces de tissu pour ses quatre femmes. Quant à lui, ce sera des cartouches de chasse dont il est friand. À ce propos, je me demande bien ce qu'il peut chasser dans le désert à part des gazelles ! Pour le dîner ce sera comme d'hab', c'est-à-dire poisson plus riz et après riz et poisson. Ensuite le sacro-saint thé accompagné de pâtisseries diverses, et ce n'est qu'après tout cela qu'il ira chercher de dessous les fagots une vieille boîte en fer de galettes bretonnes dans laquelle il planque son fric. Ce n'est qu'à ce moment-là que je serai payé de mon solde.

Le temps d'acheter deux ou trois boubous, des chèches et quelques bijoux en argent et il sera temps de repartir.

4

L'Atlantique

NOUS REPRENONS la mer cap à l'ouest, poussés par une petite houle et le vent du désert qui propulse du sable sur le pont. Dans vingt-quatre heures nous accrocherons l'alizé du nord-est qui ne nous lâchera plus jusqu'aux Antilles. La vie du bord reprend ses droits au rythme des quarts de veille. Fred nous ayant quitté, nous ne sommes plus que quatre pour assurer la surveillance, six heures chacun. De Port-Étienne à Cumaná, il y a deux mille sept cents milles que nous devrions franchir en une dizaine de jours, onze tout au plus, car le nœud de courant et de vent rajouté aux dix autres par heure nous permettent de parcourir plus de deux cent soixante milles par jour. Plus du double de ce que je faisais à la voile sur mon ketch de treize mètres, au cours de ma première traversée, en 1967. On dira ce que l'on voudra, mais le moteur ça a du bon, même si ce n'est pas économique. À moins d'une panne, je suis sûr d'inscrire tous les jours sur ma carte un point tous les quatre degrés. Je sais, les inconditionnels me rétorqueront que je ne suis qu'un charbonnier et que seule la voile grandit le marin, mais à ceux-là je leur répondrai que, un, des traversées à la voile j'en ai fait huit, et deux, un voilier ne convient pas pour faire de la recherche d'épaves. Du reste, un voilier ne sert qu'à la plaisance, voire à la location en charter, tandis que mon charbonnier, lui, peut me faire vivre sous toutes les latitudes. Entre les épaves, le transport et la pêche, je suis toujours à peu près certain de m'en sortir. D'ailleurs du charter avec un voilier j'en ai fait pendant six ans. Trois avec mon ketch de treize mètres et trois autres années avec un trois-mâts de quarante mètres. Ce genre d'activité n'a qu'un très lointain rapport avec la navigation. Ce serait plutôt de l'hôtellerie flottante, la bouteille de punch remplaçant le sextant et la caresse de l'alizé les vents d'ouest de l'Atlantique Nord. Enfin c'est quand même mieux de faire ça que d'aller pointer à l'usine, mais si on aime naviguer ce n'est pas dans cette rubrique qu'il faut se lancer. À ceux qui seraient tentés par une traversée de l'Atlantique sur un petit bateau à voile ou à vapeur, il faut savoir que c'est d'une monotonie à rendre neurasthénique un camelot napolitain. Dans la rubrique sensation, on retrouve à peu près les mêmes qu'en restant enfermé dans un appartement ou une maison du lever au coucher. Se laver, faire son lit, cuisiner, bouquiner, écouter la radio et retourner se coucher. Seules notes d'exotisme, ramasser tous les matins sur le pont les poissons volants tombés la nuit et seule émotion, s'il en est, le plancher qui se dérobe sous les pieds en permanence à cause de la houle qui fait rouler le bateau vingt-quatre heures sur vingt-quatre. Ce que l'on appelle vulgairement en langage de marin, « marcher sur les cloisons ». Idéal pour la musculation des jambes, mais aussi des bras. Car il faut bien souvent se cramponner pour éviter de valdinguer. D'ailleurs, pour se convaincre du côté monocorde d'une telle traversée, il suffit de lire les livres écrits par les plaisanciers à ce sujet. Ça donne à peu près cela : « Cinq janvier. Reste six cent cinquante milles. Avons changé le génois ce matin. Pris un ris dans la grand-voile hier soir. Le loch affiche cent trente-cinq milles dans les dernières vingt-quatre heures. Soit un peu plus de cinq nœuds de moyenne. Ce matin nous avons récupéré deux poissons volants », etc. Et c'est la même chose le lendemain et ainsi de suite pendant vingt jours. Passionnant, non ?

Sur le *Coyote* c'est un peu différent parce que j'ai toujours pris soin d'embarquer au moins un équipier qui ait des choses à raconter qui sortent du commun. En l'occurrence cette fois c'est Andréa.

Pendant les longues heures de quart, le Grec remonte le fil de ses souvenirs, sans bravade, sans passion, il pense à haute voix. Aventures tour à tour bestiales, invraisemblables, mais toujours empreintes de poésie. Andréa représente la dernière lignée des marins de commerce des années cinquante et soixante, embarqués sur des cargos pourris battant pavillon grec ou maltais, turc ou chypriote. De ces hommes qui percevaient cette vie comme une malédiction, mais une malédiction librement consentie, car il ne pouvait exister pire épreuve que de vivre à terre. Captifs et déracinés à la fois, ils supportent le despotisme de leur capitaine, la tyrannie de leur métier de marin qui gravite inlassablement autour de trois obsessions : la mer, leur rafiot et les femmes. En fait leur femme idéale devrait s'appeler Marine, ses cheveux devraient être des algues, ses yeux avoir la transparence des lagons, sa salive le goût de sel. D'ailleurs quelle différence y a t-il entre les navires et les femmes ? Les navires portent bien souvent des noms féminins. Ils épousent le vent, vous culbutent, vous harcèlent de leurs faiblesses. Certains navires vous maudissent dès le premier jour, répugnent à la docilité, d'autres au contraire sont flexibles sans être résignés, vous procurent des sensations fortes sans pour autant être soumis. Ce ne sont pas les marins qui conduisent les navires, mais les navires qui les conduisent.

Pendant ces nuits de veille à la timonerie, Andréa me faisait voyager. Moi qui pensais avoir de l'avance, je retournais à la case départ. Cela démarrait toujours vers 22 heures. Sous ces latitudes, le temps est rarement mauvais. Les étoiles entraient par les fenêtres, elles descendaient si bas que l'on aurait pu les prendre dans la main, la lune au zénith écrasait la mer, douchant nos visages d'une lumière pâle et glaciale. Nous allumions nos cigarettes et tandis que la fumée montait vers le plafond en arabesques brumeuses, Andréa rompait le silence :

— J'étais coursier chez Zacharios, de 6 heures le matin à 6 heures le soir. Je parcourais Patras à vélo pour livrer du lait de chèvre frais qu'il faisait venir de Lambia, tout ça pour quelques centaines de drachmes. Toutes mes économies je les donnais à Mélina. Mélina mon amour, celle qui m'avait promis le mariage, elle n'avait que seize ans, moi vingt. Elle s'était toujours refusée à moi. Pas avant le mariage, disait-elle, cela profanerait cette belle cérémonie. Je bouillonnais, je ne vivais que pour elle, je ne travaillais plus que pour la couvrir de cadeaux, de bijoux que j'achetais chez Spyros, le bijoutier de la rue de Corinthe. Et puis un soir, il devait être 20 heures, j'avais terminé ma tournée et je ramenais le vélo au magasin, qui était fermé au public. Dans ce cas je faisais le tour par une petite cour où nous entreposions cartons et bouteilles vides. La porte n'étant pas fermée à clef, je rentrais dans le bureau saluer Zacharios et c'est Mélina que j'ai vue, ma Mélina, à califourchon sur lui, s'en donner à cœur joie. En me voyant, elle a essayé de s'enfuir mais Zacharios, qui n'avait pas fini, l'a retenue en la ceinturant de ses bras et la traitant de sale petite pute, qu'il avait payé et qu'elle ne devait pas se préoccuper de ma présence, d'autant que tout Patras savait que c'était une prostituée notoire et que donc je n'avais aucune raison de me fâcher. C'est dans ces conditions que je me suis embarqué la première fois, comme un désespéré, un mec qui n'a plus rien à perdre, qui vient de se faire brutaliser au dernier degré, écrasé, anéanti, humilié jusqu'au fond de son âme. Le bateau s'appelait le *Kéa,* un ancien liberty de cinq mille tonnes dont les tôles ne tenaient plus qu'avec la peinture. Pourri à cœur, ruisselant de rouille, avec un chargement de cellulose et de papier pour Pointe-Noire. À partir de ce jour, je n'ai plus jamais aimé une femme et me suis toujours appliqué à les considérer comme des produits de consommation. Ne me dis pas que c'est dommage, ça a déjà été fait mille fois. D'ailleurs, curieusement, je n'en ai jamais souffert. Après Pointe-Noire, on est partis charger de l'huile de palme à Abidjan pour Rotterdam. Au *Kéa* a succédé le *Lydia*, encore un nom de femme. Aussi pourri que le premier mais en plus sale. On ne dératisait jamais, les rats avaient la taille d'un chat, je suis allé deux fois en Chine avec. Une fois à Tsingtao, l'autre à Liu-Ta. On amenait des produits chimiques, on repartait avec du coton pour Hambourg. Liu-Ta c'était l'ancien Port-Arthur, en chinois il l'appelait « Lüshun ». C'était en 1955, les Russes venaient de le rétrocéder aux Chinois. C'est là que je me suis initié à l'opium. Cela se passait le plus souvent sur des jonques, on n'était jamais plus de deux ou trois. Quand on sortait des vapes, une ou deux jeunes Chinoises venaient s'occuper de toi. Il n'était pas rare qu'au cours d'une escale de dix jours on dépense deux à trois mois de salaire. Parfois certains n'étaient pas rentrés à bord au moment de l'appareillage. Les capitaines n'attendaient jamais. Il n'y avait plus qu'à se rendre au consulat ou trouver un embarquement sur un autre cargo à n'importe quelle condition et n'importe quelle destination. J'en ai connu qui ne sont rentrés chez eux qu'après trois années d'errances entre la Malaisie et l'Australie. C'était ça ou se mettre en concubinage avec une indigène. Mais les femmes t'acceptaient tant que tu avais des ressources financières, après tu pouvais aller faire le clochard dans la rue. Pas longtemps, d'ailleurs, car la police t'arrêtait pour te jeter en prison. Ensuite, pour sortir, il fallait payer, c'était le cercle vicieux. Après l'Extrême-Orient, au début des années soixante je me suis embarqué sur un vraquier. On transportait le ciment de Turquie sur la mer Rouge : Port-Soudan, Aden, Djibouti. Pendant des journées entières, sous des températures de plus de cinquante degrés, les Noirs déchargeaient les sacs. Gris de poussière, les yeux brûlés par la poudre de ce ciment, ils clopinaient sur les tôles du pont brûlant en chantant des airs en couchitique. Sur les bateaux français, les équipages les surnommaient les « nègres-vapeur ». Ça datait de l'époque où les navires étaient propulsés avec des chaudières à charbon. Les seuls individus qui pouvaient résister à des températures de soixante degrés pendant des heures dans la salle des machines, à charger la chaudière à la pelle, étaient les Somaliens, Éthiopiens, Soudanais et Yéménites. Les plus souvent employés étaient ceux de l'ancienne côte française de Somalie. Les Affars et Issas. C'est pour ça que dans la marine marchande française on les nommait ainsi, mais aussi Djiboutis ! Quand un capitaine avait besoin de main-d'œuvre pour charger ou décharger, il disait à son maître d'équipage : « Va me chercher une dizaine de Djiboutis, ou une dizaine de nègres-vapeur ! » Je me rappelle qu'à l'heure où le soleil atteignait son zénith, où il écrasait les collines cendreuses dominant la ville, la chaleur extrême dépouillait le ciel de toute couleur. Aden ne présentait aucun autre intérêt que ses boutiques hors taxes où l'on pouvait se procurer à bon compte radios, parfums, montres ou appareils photo japonais. Quand l'ordre était donné de quitter cette ville de schiste poreux, terrifiante d'aridité et de fournaise implacable, c'était toujours un soulagement.

À 2 heures du matin je vais chercher le thermos de café dans la cuisine. En passant sur le pont, j'observe les étoiles un instant. Véga de la Lyre, Sirius du Grand Chien, Rigel, Betelgeuse... la galaxie brille de tous ses feux tandis que sur tribord quatre dauphins nous escortent dans un ballet luminescent, traînées d'argent aussitôt démantelées par notre vague d'étrave qui les submerge d'une nébuleuse de lucioles planctoniques.

Chaque fois que je monte du café à la timonerie, je ne peux m'empêcher de penser au cuisinier chinois que j'avais embarqué il y a trois ans sur un autre bateau. C'était le seul de l'équipage capable de monter une tasse de café sans la renverser, et ce, quels que soient l'état de la mer et la hauteur des vagues. Un jour où je le félicitais pour cet exploit acrobatique, qu'il renouvelait plusieurs fois par nuit, il m'a expliqué sa technique : « Facile cap'tain, avant sortir cuisine mettre tout café dans bouche, ensuite monter toutes les échelles et avant rentrer dans timonerie recracher tout dans tasse ! »

Je me souviens qu'à l'époque j'avais été partagé entre lui mettre ma main dans la gueule et en rire. J'avais finalement opté pour la deuxième solution. Très fort, le Tong !

C'est depuis cette époque que je me suis équipé d'un thermos.

Le café nous fait du bien, je tends la bouteille de rhum à mon bosco, qui s'en verse une bonne rasade dans sa tasse.

D'ailleurs, à propos des « Djiboutis », dans les années cinquante, soixante, il y avait une recrudescence de passagers clandestins originaires de la mer Rouge, les bougres embarquaient en cachette à Mogadiscio, Port-Soudan et même Suez pour tenter leur chance en Europe, le plus souvent ça se terminait mal. À l'époque les capitaines de cargo n'étaient pas des tendres. Aussitôt démasqués, les clandés étaient balancés par-dessus bord *manu militari.* Ils n'étaient pas assimilés à des émigrants, mais à des criminels ou des déserteurs en fuite. Quand tu parlais avec les Noirs aux escales, ils avaient vite enregistré sous quel pavillon il ne fallait pas tenter une traversée illégale. Ceux qui avaient la pire réputation étaient mes compatriotes au sud et les Allemands au nord. Jamais personne n'a dénoncé ces procédés, car non seulement toi, le matelot, tu n'aurais jamais trouvé d'embarquement dans aucune compagnie, mais en plus, devant un tribunal, la parole d'un capitaine est incontestable ! Il a fallu attendre les années soixante-dix pour que des scandales éclatent et que des capitaines soient condamnés. Cependant c'était encore des cas isolés. Tout le monde s'en foutait à l'époque. C'était peut-être le crépuscule des colonies, pourtant les idées persistaient. Les Africains étaient corvéables à souhait chez eux, comme les nègres-vapeur, mais pas question de voir débarquer des négros en Europe. C'était l'idéologie de l'époque il y avait encore peu de temps, à cause d'un chauvinisme exacerbé et de demi-vérités historiques truquées, chez les Anglais le mot « instruction » s'écrivait avec un grand I. D'où la croyance tenace, quasi religieuse, que si tous les étrangers sont socialement inférieurs aux Britanniques, les gens de couleur, eux, sont à égalité avec les animaux domestiques.

Cela me fait penser à Suez. C'était en 1956, juste avant les événements du canal de Nasser. Un soir, au bar d'un hôtel de Louxor, un Anglais en spencer leva son verre à la hauteur de la lumière comme pour porter un toast : « Ces verres ne sont pas bien lavés ! Après tout ce que l'Angleterre a pu faire pour l'Égypte, c'est véritablement choquant et scandaleux ! »

Pourtant les Anglais sont intelligents, mais comme beaucoup de gens intelligents, ils commettent souvent de graves erreurs en ne croyant pas les autres intelligents aussi. S'il était difficile de s'entendre avec les Anglais, il faut savoir que ce sont leurs institutions, leurs grands collèges qui sont largement responsables de leur arrogance et des mauvaises manières qui les rendent si impopulaires. Une autre fois, c'était dans un bar de Galveston, j'étais témoin d'une discussion entre un capitaine de cargo anglais et celui d'un pétrolier australien. Le débat portait sur Michel-Ange et la chapelle Sixtine. An bout de quinze minutes environ, l'Australien s'absente de son siège, visiblement pour aller aux toilettes. Alors l'Anglais se retourne vers moi, lisse sa moustache, et avec toute la hauteur et la condescendance d'un élu de Sa Gracieuse Majesté me lâche : « Incroyable, ne trouvez-vous pas ? Un Australien cultivé ! »

Bien sûr, il existait des capitaines indulgents qui déclaraient à la première escale leurs clandestins avec toutes les tracasseries administratives que cela générait. Les illégaux étaient remis entre les pattes des gendarmes et on les renvoyait chez eux. Mais beaucoup d'autres étaient balancés de nuit aux requins dans la mer Rouge !

À l'époque tout se savait dans les marines marchandes de tous les pays. On se passait les informations entre équipages dans les ports du monde entier. C'était une sorte de confrérie de fait. Les terriens n'imaginaient pas un instant ce que l'on pouvait vivre tant à bord qu'à terre. D'ailleurs on ne racontait pas nos histoires aux non-initiés. Prends le coiffeur de Dakar par exemple, même les Européens qui vivaient à Dakar ignoraient qu'il existait ce type de Figaro dans leur ville...

— C'était quoi, le coiffeur de Dakar ?

— Oh rien d'autre qu'un salon à la sortie du port où moyennant un pourboire modeste tu avais droit au double service. Pendant que, la tête rejetée en arrière, un gros Sénégalais te faisait la barbe ou la coupe, quelqu'un se faufilait entre tes jambes sous la blouse qui te recouvrait pour te faire un shampoing à la salive.

— Oui, bon, c'était pas bien méchant tout ça, les putes ont toujours gravité dans le voisinage des marins.

— Oui t'as raison, sauf que là c'était pas une gonzesse qui te faisait la gâterie, mais un gamin de sept, huit ans ! Un des fils du merlan en général !

— Remarque bien que dans la rubrique « dépravés », à New York, ça ne valait guère mieux. J'ai fait quatre ou cinq voyages là-bas. On transportait de l'aluminium que l'on chargeait à Gènes et on revenait avec des céréales. Sur Riverside Drive, à la hauteur de la 105e rue, il y avait des vieux clodos avec de longues barbes, eh bien moyennant un dollar, ils te laissaient pisser dans leur barbouze ! Ça portait bonheur soi-disant. Quant aux vioques, c'était leur manière à eux de faire le tapin.

J'interromps un instant mon bosco pour lui confirmer qu'en matière de débauche et de perversité, les hommes ont une imagination sans bornes.

— Tu sais, le coup de la barbe ça ne me surprend qu'à moitié, il y a trois ans, dans une boîte de Tarpon Spring, pas très loin de Clearwater, deux fois par semaine il y avait concours de lancer de nains sur une piste de bowling. Les lilliputiens étaient harnachés d'un casque et d'une casaque à numéro façon Longchamp et il se faisaient envoyer par le col et le fond du froc le plus fort possible sur le parquet vitrifié. Bien sûr, les lanceurs étaient tous des clones d'ours grizzli, et c'était celui qui allait le plus loin sans sortir de la piste qui gagnait. Comme quoi en Floride, il n'y a pas que Disney World pour se distraire...

— Oh ! là là ! Mais attends un peu, dans cette rubrique, j'ai assisté moi aussi à quelques manifestations de l'intelligence humaine. À Karachi, par exemple, quand ils sont en forme pour les jours de fête, ils attachent un ours à un piquet avec une longue corde et ils lâchent quatre chiens enragés. Bien entendu tout le monde parie pour savoir qui va déchiqueter l'autre. Quand tu sais que ces mecs-là disposent de l'arme nucléaire, tu peux te faire un peu de soucis, non ? Remarque bien qu'au Niger, qui ne bricole pas encore l'atome lui, ils ont une distraction pas mal non plus. Là c'est un grand Noir athlétique qui, armé d'un fouet de dompteur, corrige avec zèle, pour ne pas dire fureur et cruauté à la limite de l'équarrissage, des volontaires qui ont besoin de se faire de l'argent. Tout le monde parie, et c'est celui qui tient le plus longtemps à la dégelée qui gagne le tournoi, pas plus compliqué que ça !

Ainsi se consument les heures chaque nuit. Les souvenirs permettent de résister à l'érosion du sommeil. Il n'y a pas de moment plus favorable que la nuit pour écouter des infamies. Entendre le pire plutôt que le meilleur satisfait davantage la curiosité. Et puis j'avais moi-même croisé au hasard de mes voyages pas mal de raclures, de sans-visage, de sans-race ni religion. J'avais connu des situations tellement invraisemblables que je ne me posais jamais la question de savoir si Andréa disait la vérité ou non.

C'est bientôt l'aurore, la mer change de couleur, passant du noir au vert-de-gris. En quelques minutes, une bande violette commence à auréoler le ciel dans un archipel de nuages séparés de trouées roses. Les dernières étoiles nous font un ultime clin d'œil. Peu à peu la lueur envahit la timonerie, dévoilant nos visages tandis que des traînées de feu serpentent sur la mer, embrasant notre sillage. Avec l'arrivée du jour, les derniers souvenirs d'Andréa se dissipent, il est question de Port-Saïd la cosmopolite. Cette vieille prostituée racoleuse de tous les carrefours maritimes au sourire puant l'ail et à la main gluante tendue vers les poches des marins. De Lagos, la chaudière bouillonnante de la côte Ouest d'Afrique. Il devient lyrique le Grec au petit matin. Surtout quand il parle des ports du Nord :

— Sur les terres basses de dunes et de marécages que sont les Pays-Bas, la côte on ne la devinait que grâce aux nuages qui planaient entre la lisière humide de la mer et la sécheresse des vents de terre. C'était au début de l'été. L'hiver on y accédait à travers d'épaisses draperies de pluies côtières dans le rugissement des bouées qui jalonnaient le delta de la Meuse et du Rhin. Les ports du Nord c'était toujours la même règle pour y accéder, d'où que nous venions. Le même prix à payer. Celui des paquets de mer denses comme du plomb et noirs comme de l'encre, éventrés par l'étrave qui s'abattaient en avalanche sur le gaillard, submergeant le guindeau. Sur le pont on se débattait en silence comme si on voulait tempérer les éléments en folie qui nous écrasaient. En bas, dans la chaudière, dans cette étreinte de fer, dans une jungle de tuyaux morts, on s'accommodait du roulis et des odeurs putrides. Et puis il y avait le brouillard où toutes les minutes la sirène reprenait son meuglement sinistre, où de tous les cotés on scrutait les réponses affaiblies de nombreux échos. Le long des flancs des navires, des algues glaireuses glissaient vers l'arrière, vers le fouet des hélices qui les transformaient en dentelle. Et pourtant Philippe, malgré tous ces souvenirs, depuis que les vieilles flottes à voile ont été désarmées, le romantisme du cap Horn a disparu de notre globe, un jour viendra où ce sera la mer qui devra s'adapter à l'homme et non le contraire...

Le dixième jour, à 21 heures, nous passons par le travers du phare de la Punta Galera, extrémité est de Trinidad, tandis que celui de Scarborough nous signale la présence de l'île de Tobago au nord.

Nous longeons la côte de Trinidad. Après dix jours d'air salin, nous sommes envahis par les effluves venant de la terre. Odeurs des arbres, des plantes, des fleurs, des feuilles et des bois morts en décomposition de la grande jungle amazonienne de l'Orénoque tout proche. À soixante milles au nord, l'île de Grenade, la plus au sud du chapelet des îles du Vent des Petites-Antilles.

Le passage dans ce secteur n'est pas sans me rappeler mes années de charter où je faisais invariablement la navette entre Trinidad et les îles Vierges, avec escale tous les jours dans des îles plus belles les unes que les autres. Mais cela me fait aussi penser à ma première opération d'épave. C'est la Compagnie générale transatlantique qui, à cette époque, va m'offrir sur un plateau ma première entreprise d'envergure.

Le commandant du paquebot *Antilles* de cette prestigieuse compagnie ne trouva rien de mieux à faire que d'aller s'échouer sur un haut-fond au nord de l'île Moustique dans les Grenadines. Haut-fond qui selon lui n'existait pas sur les cartes. Tout cela, avec plusieurs centaines de passagers à bord. Joli scandale !

Comme quoi, sortir de l'école d'hydrographie ne met pas à l'abri des conneries. Je dis ça car cet accident n'aurait jamais eu lieu si le pacha avait respecté sa route qui le faisait passer à plus de quinze kilomètres de là. La mer étant calme et le temps dégagé, tout le monde put être évacué et il n'y eut aucune victime. Malheureusement pour le commandant, son bateau n'ayant pas été englouti mais seulement échoué, il ne put réparer cette honte en disparaissant dans les abîmes comme son confrère du *Titanic*. Mais ce dernier était sujet britannique.

Autre époque, autres mœurs. Il ne lui restait donc plus qu'une alternative, se faire hara-kiri pour sauver l'honneur de sa compagnie. Mais, à deux ans de la retraite, il s'est dégonflé le tonton. Les traditions se perdent... Enfin merci quand même de l'aubaine pour moi et quelques autres.

Le bateau étant posé sur le fond dans ses lignes d'eau, seule la partie inférieure de ses œuvres vives était envahie par la mer. Je me trouvais à la Martinique au moment de l'accident. J'attendis une semaine que les clameurs s'apaisent et mis à la voile avec deux copains pour l'île Moustique. Le monstre d'acier était bien là, défigurant les plages de cocotiers et les petits îlots environnants.

Le paquebot s'étant perdu dans les eaux territoriales de Saint-Vincent, il en devenait sa propriété dans la mesure où les assurances ne le renfloueraient pas. De ce fait, l'accès en était formellement interdit.

Pourtant, au cours de notre première inspection, force était de constater que la partie émergée avait été partiellement pillée par les indigènes du secteur. Ils s'étaient emparés de tout ce qui était facile à transporter et à démonter. Chaises, tables, miroirs, fauteuils, robinetterie, etc. Il y a plus d'une case de pêcheur aujourd'hui qui est meublée Compagnie générale transatlantique !

Moi ce qui m'intéressait le plus, c'était d'inspecter les cales. Harnaché d'un bicorailleur, je suis donc descendu à travers les coursives, les échelles, les cabines jusqu'à atteindre le fond du bateau, amas de ferraille arraché par la vitesse de l'échouage. Je ne m'attarderai pas au cours de cette première reconnaissance. Je voulais seulement me rendre compte des difficultés d'accès. J'y retournerai deux autres fois les jours suivants et finirai par trouver ce que je cherchais.

Quelques jours plus tard, nous apprîmes que le gouvernement de Saint-Vincent projetait de sauver une partie des équipements ainsi que tout ce qui pouvait être encore récupérable. Une commission d'enquête s'était rendue sur place pour apprécier l'étendue du travail et du matériel à mettre en œuvre.

Elle considérait comme beaucoup trop dangereux d'envoyer des plongeurs par la partie supérieure et envisageait de pratiquer une brèche dans la coque, de manière à travailler de l'extérieur.

Il est vrai que les trois fois où j'avais plongé par l'intérieur ne m'avaient laissé aucun doute sur ce qui serait arrivé si je n'avais pas retrouvé la sortie ou si j'avais eu un problème de détendeur.

Nager dans une demi-pénombre à travers cette cathédrale de ferraille, de tuyaux, de portes ouvertes, de câbles... n'était pas très rassurant. Mais la certitude de trouver quelque chose de valeur était suffisante pour me stimuler.

L'idée de pratiquer une brèche n'étant pas tombée dans l'oreille d'un sourd, je pris les autorités de vitesse, ce qui n'était pas bien difficile. Le temps que ces messieurs les fonctionnaires pondent leurs rapports en dix exemplaires, qu'ils se réunissent, qu'ils prennent contact avec des consultants, qu'ils se mettent d'accord sur le budget et qu'ils débloquent celui-ci, cela devait bien prendre quelques mois avant qu'ils n'interviennent !

Je mis exactement dix jours pour me procurer six kilos de C4 et douze détonateurs pour la modique somme de deux cents dollars par mon ami Allen Sturges, responsable des travaux sous-marins et portuaires de Port of Spain.

Après avoir apaisé les états de conscience des deux gardiens avec deux cents autres petits billets verts, je fis tout péter !

Ma caverne d'Ali Baba, c'était la cave du bord où se trouvaient entreposées des milliers de bouteilles millésimées... bordeaux, bourgognes, fines, champagne, cognac, armagnac, calvados hors d'âge, etc.

Le pillage dura quatre jours entiers, nous plongions comme des possédés, des forcenés, à la limite de l'accident de saturation. Au soir du dernier jour, mon petit ketch avait l'allure d'un pinardier à voile. Nous fêtâmes dignement ce premier succès à trois, dans une débauche de langoustes à l'armoricaine arrosées d'un déluge de Meursault et Chassagne-Montrachet. Toute peine mérite salaire, c'est bien connu.

Un mois plus tard, les puits de science du gouvernement n'ayant toujours pas réagi, nous y sommes retournés pour récupérer le bronze cette fois. Mais là, changement de panorama, nous n'étions plus les seuls.

Une dizaine d'Anglais plus malins que les autres s'en donnaient à cœur joie, faisant sauter les rivets des hublots à coup de défonceuse pneumatique. Dire qu'ils étaient enchantés de nous voir arriver serait exagéré. Ils se considéraient chez eux et voyaient d'un mauvais œil la concurrence s'installer. Le commandant du paquebot nous ayant ridiculisés une fois de plus aux yeux des meilleurs marins du monde, je me devais de réagir pour sauver le peu qui restait de notre honneur.

Bien sûr entre Trafalgar, Aboukir et Mers-el-Kébir, je partais avec un certain handicap. Aussi leur fis-je remarquer que les revers les plus cuisants qu'ils avaient subis des Français sur les mers n'étaient pas le fait de certains de nos amiraux, fils de familles dégénérées, mais bel et bien de corsaires comme Surcouf ou Duguay-Trouin dont je revendiquais la paternité. Que d'autre part, cette épave était française et me revenait de droit, et que s'ils prétendaient nous en interdire l'accès, la poudre allait parler.

Que le grand amiral Horace Nelson, duc de Brontë, nous avait peut-être mis en déroute à Trafalgar, mais au prix d'un boulet bien fondu qu'il avait morflé en pleine gueule et, de ce fait, été mis hors jeu définitivement.

En clair, si ces dignes successeurs d'Hawkins et Morgan persistaient à nous interdire le passage, nous devrions les prendre à l'abordage à coups de fusils à pompe, même à trois contre dix.

Nos vaillants émules de Francis Drake ayant de l'humour, la polémique tourna vite à la dérision et la paix fut signée avant même que la boucherie n'éclate. Nous répartîmes démocratiquement chacun un bord et pendant huit jours, comme des ouvriers consciencieux, à raison de dix heures par jour, nous procédâmes à un nettoyage en règle.

Entre la centaine de hublots, les kilomètres de câbles électriques, les tuyaux de cuivre, les poignées de portes, mon bateau se transforma rapidement en vraquier à voile et nous en chiftirs de la mer. Je revendis le tout à un ferrailleur de Port of Spain et tous les hublots moins huit à mon copain de Fort Lauderdale, Ismaël Maldonado, déjà lui. Ensuite je gardais trente caisses de vin millésimé pour moi et tout le reste je le vendis à des restaus de Martinique. La vente de tout ce butin me permit de vivre un an comme un Sidi des Émirats.

5

Eldorado

CUMANÁ, situé à l'entrée du golfe de Cariaco, est l'un des plus importants ports de pêche du Venezuela. Il est aussi utilisé par les compagnies pétrolières comme lieu de transit pour le matériel d'équipement des champs pétrolifères de l'intérieur. Les quais étant occupés par d'énormes thoniers senneurs, nous restons au mouillage à une centaine de mètres environ. Les formalités d'immigration accomplies, nous allons nous dégourdir les jambes en ville et nous offrir notre premier restaurant de parilla. En Amérique du Sud, la parilla de viande est une institution, elle est présentée sur un brasero que l'on pose sur la table et chacun se sert. Elle est composée de viandes de bœuf, de porc et de mouton, en steak et côtelettes mais aussi de foie, de rognons et de tripes, le tout accompagné par différentes sauces toujours très relevées. De Buenos Aires à Caracas et de Lima à Bogotá, c'est toujours tellement copieux que l'on a du mal à en venir à bout. Pour agrémenter cette abondance, nous vidons quelques bouteilles de Concha y Torro, le fameux vin chilien qui peut honorablement rivaliser avec ses homologues de France.

Tandis que mes équipiers vont musarder dans la vieille ville coloniale du côté de la maison de Bolívar, je me rends au centre des télécommunications appeler un vieux copain restaurateur à Caracas. Le restaurant en question s'appelle le « Gazebo » et lui c'est Robert Provost. Normand d'origine élevé par les bons soins de la DASS. Robert, je l'ai connu à la Martinique, il tenait un bar restaurant de luxe sur le front de mer, Le Foyal. Il a le physique d'un bourgeois nanti de la Troisième République. Petit, énorme, la tête ronde barrée par une magnifique moustache impériale, l'œil pétillant de malice, toujours prêt à faire une connerie. Ami des plus grands chefs français, lui-même ayant passé douze années chez Maxim's en qualité de maître saucier.

À Fort-de-France, Le Foyal servait de refuge à toute une faune de riches békés alcooliques, d'équipages de yachts et d'hommes dits « d'affaires de passage ».

C'était l'époque où je faisais du charter de prestige avec un magnifique trois-mâts de quarante-cinq mètres. Parfois, quand nous n'avions pas de clients, le gros Robert, pour me faire gagner un peu de sous, organisait les dîners du Lyon's ou du Rotary à bord. C'était plus original. Nous acheminions les plats tout préparés du Foyal jusqu'au bateau avec un grand Zodiac ainsi que de charmantes Martiniquaises en tenues traditionnelles pour assurer le service.

Un jour, l'aspect des plats de viande me parut suspect. Je goûtai donc dans une assiette. Stupeur, c'était du Canigou !

Je demande des explications au gros qui avait la manie d'appeler tous ses copains « Kiki » :

— Tu prends toujours tes clients pour des croûtons comme ça ?

— Oh ! Te fais pas de soucis, Kiki. J'ai pas été maître saucier chez Maxim's pour rien. Je leur ai préparé une petite sauce, ils n'y verront que du feu. Tu comprends, avec ces gens-là, c'est toujours pareil, ils se comportent en suffisants, mais ont de tout petits budgets. Et puis, entre nous, les Martiniquais, ce ne sont pas des Curnonsky, alors...

Le fait est que personne ne trouvait rien à redire et que tout se passait bien. Mieux que ça, je l'ai vu servir à des touristes des fous de Bassan bien dessalés avec une sauce à l'orange et au Grand-Marnier, en leur affirmant que c'était des colverts venus de France. Il est vrai que les touristes en question étaient américains, enfin quand même !

— Tu sais, Kiki, à partir du moment où les Américains me réclament des glaçons pour mettre dans le Chambertin, je n'ai plus aucun scrupule à avoir. En plus, ils les trouvent bons, les fous de Bassan.

Ces fantaisies mises à part, notre Jonathan Livingstone Provost est un grand professionnel, capable de réaliser des plats de très grande qualité.

Pendant quelques années, tout se passa bien pour lui, jusqu'au jour où ces messieurs de la Sécurité sociale et les rapaces des impôts débarquèrent dans sa tanière. Étant donné qu'il ne payait jamais rien, à part les salaires, à ces honorables institutions de prédateurs et qu'en plus il osait changer ses francs en dollars pour les planquer sur un compte à Porto Rico, un typhon administratif s'abattit sur lui.

Un soir, alors que je dînais chez lui, il me tombe dessus tout excité :

— Kiki, j'ai un problème. Est-ce-que tu as des clients ces jours-ci pour une croisière ?

— Non, pas avant dix jours, pourquoi ?

— Parfait, alors tu m'envoies ton équipage cette nuit et on déménage à la cloche de bois tout ce qu'on peut récupérer dans le restaurant et chez moi. Mon copain l'huissier m'a prévenu qu'il avait un ordre de saisie exécutoire des impôts et qu'il débarquait à 7 heures demain matin.

— Pas de problème. On les emmène où tes casseroles et tes meubles ?

— Sur ton bateau, bien sûr ! Et on lève l'ancre aussi sec pour les Grenadines où mon copain André m'attend dans son hôtel.

— Rien que ça ! Et comment je vais viser les passeports et le rôle d'équipage à cette heure-là ? L'immigration est fermée !

— Ah... M'emmerde pas avec des détails, Kiki ! Tu ne fais rien viser du tout, on se tire et baraka.

C'est ainsi que j'appris qu'il devait cent soixante-dix mille francs à la Sécurité sociale, deux cent mille aux impôts et une amende de cent mille francs pour infraction à la réglementation des changes et trafics de devises ! Joli palmarès pour un petit bar restaurant.

Je fis l'aller-retour en quarante-huit heures, ni vu ni connu, et le perdis de vue pendant des années.

Lui, un an plus tard, grâce à un milliardaire vénézuélien, ouvrait le plus luxueux restaurant de Caracas, après avoir vendu des merguez pendant six mois dans les rues. Je le retrouve ce soir, six ans plus tard, il n'a pas changé d'un poil, Robert c'est un aventurier dans son genre. N'importe qui d'autre avec le curriculum professionnel qu'il avait serait resté en France pour finir dans le peloton de tête des grands chefs des années soixante-dix, quatre-vingt. Mais voilà, Kiki c'est avant tout un pionnier, pas un tiroir-caisse. Lui son truc c'est les chuckwagons de la conquête de l'Ouest, c'est un amoureux de la vie et des grands espaces. Le Canigou de la Martinique c'est de l'anecdote, son côté fanfare des Beaux-Arts, mais quand il faut assurer, il est là le Robert. À Caracas, c'est une brigade de quinze personnes comprenant charcutier, pâtissier, chefs de partie venant tout droit des meilleurs restaurants de France. Le genre de cuisine où ça ne rigole pas, surtout à mille cinq cents francs le repas.

— En voilà une surprise, te voilà de nouveau dans nos eaux, qu'est-ce que tu viens magouiller par ici ?

Je lui explique par le menu notre voyage depuis la Mauritanie, je prends des nouvelles de sa femme et des enfants et annonce la couleur.

— ... Écoute vieux rat, essaye de voir dans tes relations si tu n'aurais pas une combine pour me trouver un travail avec le bateau qui ne soit pas du trafic illicite !

— Bon, puisque tu es à Cumaná, ça tombe bien. Je vais te passer le numéro de téléphone d'un certain Marcel Goyeneche, c'est un Français, un Basque pour être plus précis, s'il n'est pas là demande Michel Etcheverry c'est son associé, basque aussi. Ce sont les armateurs de deux thoniers senneurs qui sont installés au Venez depuis plusieurs années. Ce sont des copains, tu vas les voir de ma part et tu leur racontes ton histoire. Rappelle-moi ce soir, d'ici là j'aurai réfléchi à d'autres possibilités...

Sans perdre une minute je téléphone au bureau d'armement, pour m'entendre dire que ces messieurs sont absents pour deux semaines et donc de bien vouloir rappeler. Je n'aime pas les temps morts, alors je décide de profiter de cette conjoncture pour aller faire un tour dans les mines d'or du Sud de l'Orénoque. El Callao, Margarita, El Dorado, Las Claritas à la frontière de Guyana. Six cents kilomètres de routes et de pistes vers le sud, vers les monts Paracaïma à travers la Sabana Grande.

Le soir même, je réunis tout l'équipage à bord autour d'une bonne ripaille pour leur faire part de mes projets. Personne ne veut m'accompagner. Guillaume souhaite profiter de cette occasion pour essayer de trouver un embarquement pour Panamá, Andréa compte rejoindre par la terre le port de Maracaïbo où il a un compatriote qui tient un hôtel, quant à Mouloud, il reste à bord en m'attendant pour donner à manger à Nitrogène. Du moins c'est ce qu'il me dit. En fait, il a un tel retard d'affection qu'il a bien l'intention de tirer profit de la situation pour s'instruire des penchants voluptueux des Vénézuéliennes. Dans un sens ça m'arrange, au moins le bateau sera gardé et mon chien aura de la compagnie et surtout sa gamelle.

Le surlendemain, après avoir loué une Toyota Land Cruiser et fait mes adieux à tout le monde, je me lance sur la route d'El Tigre et Ciudad Bolívar. J'ai toujours été captivé par l'or, plus par énigme que par profit. Explorer la mémoire de la terre procure un sentiment d'excitation, tout comme prospecter une épave au fond de la mer. Et puis même s'il existe des compagnies aux moyens gigantesques sur la planète, l'or est à la portée de presque tout le monde. Quels que soient les moyens dont on dispose, on peut tenter sa chance. J'ai été orpailleur au Brésil, en Guyane, au Costa Rica et en Équateur, la fièvre de l'or n'est pas un vain mot. C'est un métier dur, hasardeux, parfois dangereux, une entreprise en dents de scie où l'on perd plus vite que l'on gagne, mais peut-être la dernière vraie aventure du XXIe siècle. Je parle là de toutes petites exploitations à peine mécanisées bien sûr. C'est un monde où les faibles et les hésitants n'ont pas leur place, où la chance joue un rôle presque aussi important que la détermination, où enfin, très souvent, dans les coins reculés, tous les coups sont permis.

À Ciudad Bolívar, je franchis l'Orénoque qui avec plus de deux mille kilomètres de long fait partie des plus grands fleuves d'Amérique du Sud ; à partir de là, la route n'est plus asphaltée que par tronçons et se transforme en piste après Surama. Je ne ralentis pas pour autant et le Land Cruiser avale le ruban de latérite dans un nuage de poussière qui n'est pas sans me rappeler mes randonnées dans le Sud marocain entre Mhamid et Foum El Hassan. Pas loin de quatre cents kilomètres dans la poudre de sable que nous franchissions avec des copains en 4L. C'était dans les années soixante et nous n'avions pas les moyens de nous offrir des 4X4 comme mon Toyota de location. D'ailleurs la R.4 était increvable et passait partout. En plus, elle consommait trois fois rien, ce qui avec deux jerricans d'essence nous dispensait une autonomie qu'aucun 4X4 n'aurait pu avoir. Nous partions le plus souvent à deux 4L et deux par voiture. Nous dormions dans le désert sous une tente loin des sentiers battus à touristes, c'était l'âge d'or du Maroc. D'ailleurs c'était l'âge d'or un peu partout dans le monde. Peu ou pas d'interdit et de règlements, les audacieux pouvaient s'en donner à cœur joie. Aujourd'hui on oblige des adultes à porter un casque pour faire de la luge ! De la bicyclette ! Et pourquoi pas une armure ? Dans pas longtemps, il faudra passer une visite médicale et être assuré pour faire des randonnées en montagne, peut-être même faudra-t-il une licence d'ailleurs. Je n'aimerais vraiment plus avoir vingt ans aujourd'hui. Encore que ceux-là, n'ayant pas connu ce que c'était avant, trouvent tout à fait naturel d'utiliser des bâtons de ski pour faire de la marche à pied sur terrain sec. Il est vrai que dans la rubrique excentricité, il y en a une qui bat tous les records, c'est celle qui consiste à faire payer des gens pour les faire marcher sur un tapis roulant dans une salle bien chauffée ! Enfin, par les temps qui courent, ça a au moins le mérite de créer des emplois. D'abord celui qui fabrique le paillasson de course multi-vitesses, ensuite le magasin qui vend les collants multicolores de rigueur sans lesquels cette activité ne pourrait pas se faire, et enfin le maître marcheur de la salle chauffée. Ce dernier, licencié trot et course, explique au client comment marcher, clopiner, ou sprinter. Moyennant un supplément, il est agréé pour former à la montée et la descente d'escalier, voire reculer ! J'exagère à peine et je ne serais pas étonné d'apprendre que le maître Tartemolle ait reçu effectivement une formation paramédicale pour surveiller certains excès. Car on peut s'attendre à tout et n'importe quoi de la part d'un rombier qui est capable de donner son argent pour marcher sur un tapis à roulettes dans une salle chauffée !

Il est 20 heures lorsque je franchis le pont sur le río Caroní à Canaïma. C'est là que je vais passer ma première nuit d'hôtel. Canaïma est un des lieux touristiques les plus connus du Venezuela à cause de ses cataractes sur le río Caroní. Sans atteindre l'importance de celles du Niagara ou d'Iguaçu, elles demeurent une attraction spectaculaire. Cela explique la présence d'un aérodrome, car il n'est pas question de martyriser des touristes dans un bus pendant une dizaine d'heures sur des routes chaotiques.

Le lendemain après-midi, après cent quatre-vingts kilomètres de pistes parcourues en six heures, j'atteins Las Claritas au pied du mont de la Vierge, à la frontière du Guyana. À dix kilomètres du village, sur une piste boueuse et rocailleuse, un panneau « Mina del Condor », but de ma première étape. À l'entrée de la mine, une barrière et un gardien armé jusqu'aux dents me demande ce que je viens faire ici. J'explique que j'étais moi-même orpailleur au Brésil et que je voudrais parler au responsable. Le type me dit de ne pas bouger, retourne dans sa cahute, téléphone au campement éloigné de trois cents mètres environ, et revient vers moi.

— Tu vois la cabane jaune là-bas ?

J'acquiesce.

— Le chef t'y attend, il s'appelle Diego, mais tu laisses ta voiture ici, c'est le règlement.

Je gare le 4X4 devant sa cabane afin de libérer le passage, glisse le pistolet dont je me suis muni dans son holster et m'engage sur la piste fangeuse. Le gars me laisse passer sans même me fouiller, ce qui n'est pas dans les habitudes de ce genre d'endroit.

Au premier abord, le dénommé Diego paraît sur ses gardes. Ici on ne voit pas de gringos, des métis oui, mais des Blancs jamais. Le gars doit avoir la cinquantaine, de petite taille, il mâchonne un cigare et m'attend les deux pouces engagés dans son ceinturon auquel un énorme colt est suspendu. Des gaziers dans son genre j'en ai rencontré plein quand j'étais orpailleur. Autant dire que je les connais bien. Ce sont avant tout des cupides super-méfiants dont le cerveau fonctionne essentiellement de manière alternative entre la mémoire ancestrale et l'instinct de conservation immédiat. En bref, le genre de gonze qui a le coup de flingue facile. Pour le reste, leurs certitudes chaloupent entre le foot, le rhum et les putes. À partir de là, il faut s'attendre à tout et ne pas les contrarier, ces types sont doués d'un sixième sens pour sentir l'embrouille et les mensonges. J'y vais donc franco de jeux aussitôt échangés les salamalecs d'usage.

— Je veux acheter des pépites, minimum dix grammes, je peux aller jusqu'à trois mille dollars si elles sont belles.

Le Diego me regarde méfiant un instant, puis se détend.

— Ça peut se faire éventuellement mais avant tout, tu me donnes le pistolet que tu caches sous ta chemise. Les armes sont interdites ici. Le gardien a fait une très grosse faute en te laissant passer sans te fouiller. Il sera sanctionné. Les trois mille dollars, tu les as avec toi, gringo ?

— L'argent est à Las Claritas. Tu me montres ce que tu as à m'offrir, et si on fait affaire je te paierai là-bas. Pour le pistolet, garde-le avec toi le temps de la visite si ça t'amuse, maintenant allons-y.

Le campement de Diego est constitué de cinq cabanes en contreplaqué. Deux servent de dortoir, une de cuisine réfectoire, la quatrième est séparée en trois chambres et la dernière sert d'atelier. C'est dans la cuisine qu'il me fait entrer pendant qu'il va chercher sa récolte.

Bien entendu, mes dollars ne sont pas au village voisin où je ne connais personne, mais camouflés dans le tableau de bord de la Toyota, que j'ai pris le soin de démonter avant mon départ de Cumaná. Ici on vole les voitures comme partout ailleurs, mais pas celles de location, elles ont des marques indélébiles sur le châssis et la carrosserie qui les font repérer tout de suite par les flics. Comme il est pratiquement impossible de faire plus de cent kilomètres sans tomber sur un contrôle policier ou militaire, il y a trop de risques à voler ce genre de véhicule.

Diego vide deux sacs en plastique sur une des tables du réfectoire. Les pépites s'éparpillent. Il y en a bien une centaine allant de trois grammes à trente. Certaines ont des formes arrondies tandis que d'autres sont plus découpées. Ce sont ces dernières les plus belles. J'en sélectionne une quinzaine des plus admirables tandis que Diego installe sa balance. À toutes fins utiles, je lui demande de peser ma montre histoire de m'assurer que ses poids ne sont pas trafiqués. Ma montre pèse exactement cent soixante-douze grammes avec le bracelet. Il me regarde, étonné, mais se prête à ma requête quand il comprend pourquoi je lui demande ça.

— Pas de problème gringo, cette balance sert à partager l'or avec les employés, alors...

Effectivement elle s'avère bien réglée et les poids justes. On peut donc commencer le business.

Le lot fait trois cent vingt-quatre grammes à deux cent quatre-vingts dollars l'once : j'en ai pour deux mille neuf cent trente dollars. Bien entendu, ce prix est en dessous du cours officiel, car l'or de Diego titre moins de vingt-quatre carats. Ceci n'a d'ailleurs pas grande importance, étant donné que je ne compte pas le fondre. À la première occasion, je vais me trouver un bijoutier et faire monter mes pépites sur des chaînes en or afin de les revendre comme sautoir. C'est ce qui est le plus rentable et le plus facile à vendre. Sur mes bateaux, j'ai toujours eu des pépites, montées ou non, et des émeraudes. J'ai rarement rencontré de femmes qui résistaient à la tentation. Surtout avec les émeraudes.

C'est ce qu'il y a de plus rentable parce qu'il en existe à tous les prix.

J'ai donné rendez-vous à Diego à Las Claritas pour faire la transaction comme convenu. Il m'a promis d'être là dans une heure à la Casa Pepe, le bar-épicerie-quincaillerie du village. J'ai extrait les trois mille dollars du tableau de bord et je l'attends en buvant de la Polar, la bière vénéz, et en fumant des cigarillos du Honduras.

À 3 heures tout est réglé. Je ne préfère pas trop m'attarder et je récupère la route principale de Cuidad Guyana au PK 88. Cap au nord vers El Dorado et El Callao, deux endroits mythiques concernant les mines d'or. J'y suis déjà passé il y a trois ans. Dans cette région, on arrive des quatre coins du pays pour laver la terre. C'est le nouvel Eldorado où flirtent misère et désespoir. Car ici, comme au Brésil, les garimperos s'entassent dans des favelas au beau milieu de la forêt équatoriale. Pour eux, c'est l'or ou la mort. Écrasés par la poussière, les pieds dans la boue dans une chaleur moite suffocante, des centaines d'orpailleurs creusent, piochent jusqu'à épuisement total. Dans pas mal d'endroits, l'alcool, la drogue, le racket et la prostitution règnent en maître. Les grands gagnants de ce nouvel Eldorado sont les putes, bien sûr, mais aussi les magasins qui vendent tout ce qui est nécessaire au garimpero. Alcool, vivres, outils, armes, munitions. Ici on paye en dollars ou bolívars, et également avec de l'or, ça rapporte plus. Ainsi, sur les comptoirs de ces magasins, pas de caisse enregistreuse, seulement un trébuchet, la balance de précision. Bien entendu, tout coûte ici le triple du prix normal et ça peut aller très loin. J'ai vu des bazars qui échangeaient une bouteille de mauvais rhum contre un gramme d'or. Dix dollars la bouteille qui en vaut normalement deux dans les villes. Ceux qui n'ont pas froid aux yeux ouvrent des « boîtes ». Ce sont de grandes cabanes en planches où l'on boit jusqu'à plus soif, où l'on joue sur des billards pourris jusqu'à la corde, et surtout où l'on dilapide la poudre jaune dans les bras de filles qui dansent à demi nues sur des estrades. La plupart ont entre quatorze et vingt ans, on les surnomme les « croqueuses de pépites ». Évidemment, la police ne met jamais les pieds chez les garimperos, ce qui encourage la création de milices qui font la loi sur leur concession et règlent les différents avec la poudre.

C'est dans ces lieux charmants que je vais passer une dizaine de jours pour acheter de l'or au prix le plus bas possible, que je revendrai plus tard aux bijoutiers et autres dentistes qui n'auront pas besoin de le déclarer. Petite combine pas bien méchante, mais qui peut rapporter pas mal si on sait bien acheter. Pour ce faire, je suis parti avec presque tout l'argent gagné ces derniers mois. Aucun risque à part se faire détrousser.

L'avantage pour les garimperos de vendre leur or sur place est de pouvoir faire leurs achats avec des billets, cela évite le coulage, dans les boîtes notamment. Sortir de sa poche un petit sachet en plastique pour payer ses consommations est compliqué, car à chaque verre il faut peser. Alors qu'avec des billets, c'est beaucoup plus facile. Il est vrai aussi que vendu sur place, l'or est moins bien payé qu'en ville, cependant les ouvriers ont besoin d'argent frais tous les jours pour leurs dépenses courantes, et ceux qui arrivent à économiser suffisamment pour qu'un déplacement à la ville se justifie sont rares. Non seulement ils dépensent tout sur place, mais une majorité est endettée d'une semaine sur l'autre, notamment sur les achats de vivres. Pour les distractions, aucun risque, la prostituée qui fait crédit n'est pas encore née !

Pendant cette dizaine de jours, tous les soirs vers 6 heures, je m'installe sur la table de la cuisine du camp et ceux qui veulent des bolívars m'amènent leur récolte. La plupart du temps ce sont de toutes petites quantités que j'achète, entre dix et cinquante grammes, même s'il arrive parfois de récupérer plus de cent grammes. Souvent je passe la nuit sur place et je dors dans la voiture pour des raisons de sécurité. Le risque de se faire attaquer est beaucoup plus important dans les hôtels borgnes ou sur la route qu'au milieu des garimperos. Quand je roule, je garde toujours le pistolet chargé posé sur le siège du passager et je ne prends jamais la route ou la piste à l'heure que j'ai annoncée, mais entre deux et trois heures plus tôt. En général, les embuscades ont presque toujours lieu en fin de journée. Juste avant la nuit, vers 6-7 heures sur les routes. Pour les pistes, ça peut être n'importe quand. En dehors de ça, il faut prendre certaines précautions. Ainsi ne jamais s'arrêter quand on vous fait signe, même si c'est un flic ou un militaire. Il y a neuf chances sur dix que ce soit un faux. En effet, sur les routes, les flics ou les militaires doivent forcément avoir leur véhicule garé sur le bas-côté. Il y a aussi le faux accidenté : une personne est allongée sur le bord de la voie, les vêtements et le visage ensanglantés, tandis que deux ou trois autres font des signes de désespoir pour demander du secours. Aussitôt arrêté, vous vous retrouvez avec un revolver sur la tête, le temps que ces messieurs se sauvent avec votre voiture. Il y a plus d'un touriste qui se fait avoir chaque mois à ces petits jeux-là.

Enfin ça ne sera pas pour cette fois encore, car douze jours exactement après mon départ, je rentre dans Cumaná où j'espère retrouver le bateau et Nitrogène en bon état. Mouloud, lui, je ne me fais pas de souci, à part une bonne blenno carabinée, je ne vois pas ce qui pourrait lui arriver d'autre.

6

Livreurs de thons

Marcel Goyeneche et Michel Etcheverry sont des Basques pure race. C'est-à-dire des brutes. Pas le genre joueur de boules du Vieux-Port à Marseille, eux ce serait plutôt le style demi de mêlée du XV de France. Pour qui ne les connaît pas, ils sont à la lisière du sociable avec les étrangers. Les étrangers étant tout ce qui n'est pas basque. Les autres, ils s'en accommodent, sont polis, mais avec une bienveillance somme toute assez rustique. Ici ils font la pluie et le beau temps dans la grande pêche avec leurs compatriotes espagnols. Leur spécialité : la pêche au thon tropical à l'aide d'une flottille d'énormes thoniers senneurs pourvus d'hélicoptères. Ils partent pour des marées de plusieurs semaines et disposent de bases ici comme Cumaná, mais aussi Puerto Cabello où ils ont installé leurs chambres froides et leurs chantiers navals. Ils entretiennent d'autres bases sur la côte Pacifique, au Pérou notamment, et leurs prises sont vendues en partie aux Japonais, aux États-Unis ou mises en boîte sur place.

Mes deux hommes me reçoivent dans leur bureau enfumé après que j'eus pris rendez-vous. Je confesse que j'aime bien traiter avec ce genre d'individus car ce n'est pas le style à perdre du temps en palabres. Et ils sont de parole.

— Le gros Robert nous a dit que tu cherchais du travail avec ton bateau ? Ça peut se trouver en effet, mais avant tout il faut qu'on aille le visiter, ça nous donnera une idée de l'utilisation que l'on peut en faire.

Je leur explique par le menu les caractéristiques du *Coyote* avant d'y aller pour qu'ils aient un aperçu de ses possibilités.

— Si tu peux charger comme tu dis une cinquantaine de tonnes de fret surgelé, on peut te proposer une cargaison pour la Floride. Le prix c'est deux cents dollars la tonne et le plein de fuel. Ça serait du thon et de l'espadon.

— Ce serait une rotation tous les combien de temps ?

— C'est uniquement pour un voyage, le bateau avec lequel on est sous contrat à l'année n'a pas pu venir ce mois-ci à cause d'une avarie. Si ça t'intéresse, tu me décharges dix tonnes à la Martinique et le reste à Pompano au nord de Miami. Maintenant si tu veux, allons faire un tour à bord.

Pendant que nous visitons de fond en comble le *Coyote,* Mouloud, que j'ai retrouvé en pleine forme et sans maladie honteuse, nous prépare l'apéro car il est midi passé. Les deux indigènes d'Ascain et de Saint-Jean-de-Luz me complimentent sur le bateau.

— Sacrée bonne barque que tu as là ! J'ai navigué sur ce genre d'engin quand j'étais jeune. On faisait le germon dans l'Atlantique. Dommage que tu n'aies plus les équipements de pêche parce qu'ici, tu pourrais te défendre. Si un jour ça te tente, on pourrait trouver un accord...

— J'y réfléchirai, mais pour l'instant je préfère rester dans le fret, c'est moins contraignant, même si ce n'est pas toujours évident de trouver des cargaisons. Moi la pêche, c'est l'ultime recours, je ne suis pas comme vous, je ne viens pas d'une lignée de chaluteurs. Ce type de travail, il vaut mieux tomber dedans à la naissance.

Je sais pour l'avoir vérifié plusieurs fois que ce genre d'activité est réservé à une caste. Celle des travailleurs, des vrais. D'ailleurs, passer sa vie à racler les fonds de la mer d'Irlande ou du Nord, été comme hiver, ça prend plus des allures de sacerdoce que de travail. Ce n'est pas pour rien que de toutes les activités sur mer celle-là porte le nom de « grand métier ». Ce qui est justice si on la compare à ceux de la marine de guerre ou marchande dont je fais partie et qui s'apparente à un travail de fainéant comparé à ce que les marins de la grande pêche supportent. Il est vrai que depuis quelques années, les conditions de vie à bord s'améliorent et c'est louable, mais on est encore loin de l'excellence.

En attendant, Marcel et Michel sont rassurés pour leur marchandise, car il ne faut pas perdre de vue que cinquante tonnes de thon et d'espadon représentent une valeur marchande de plus de trois cent mille dollars pour eux. Ça ferait désordre si tout ça pourrissait en cours de route.

Afin de sceller notre accord, mes deux compères m'invitent à déjeuner avec Mouloud dans un restaurant de Cumaná. Il a été décidé de charger la cargaison et de faire le plein de carburant demain matin à 7 heures.

Pour cela, ils vont faire libérer une place le long du quai, qui est toujours occupée par des bateaux de pêche.

Le lendemain, à midi, nous embouquons le canal de Cariaco, cap sur la Punta Arenas. Sitôt dépassé, je branche le pilote automatique et vais rejoindre Mouloud dans la cuisine pour déjeuner – un Mouloud nostalgique d'avoir dû une fois de plus abandonner ses fiancées des bars louches de Cumaná.

— Alors Mozabite, qu'est-ce qui t'arrive, je te trouve un peu ombrageux ce matin ? Tu ne me couves pas une petite fièvre bidon pour échapper aux heures de veille par hasard ? Parce que maintenant que l'on n'est plus que deux, il va falloir que tu fasses le quart, de 6 heures à 11 heures le matin et de 3 à 6 heures l'après-midi. Huit heures par jour c'est pas bien méchant, d'autant que moi je vais m'appuyer les seize heures restantes.

— Pas de problème, mon zami, j'ai juste un peu de vague à l'âme par rapport à Soledad, ma fiancée du Pancho Bar. Elle m'avait tellement à la bonne qu'elle était d'accord de turbiner pour moi. Je n'aurais rien eu d'autre à faire que de compter les bolívars et l'honorer deux fois par jour.

— Intéressant tout ça, et pourquoi tu n'as pas accepté, vieux chacal ? Je t'aurais bien vu moi avec un costar blanc à rayures noires dans le rôle du bourdon argentin qui dégrossit sa gagneuse tous les matins pour aller flamber aux courses. Remarque bien qu'à Cumaná, les courses c'est pas trop l'endroit. Par contre, un petit poker ou une passe anglaise pipée avec les équipages en escale ça serait bien ton truc ça. Qu'est-ce que t'en dit, vieux kroumir ?

— Je préfère rester libre pour l'instant, ça c'est valable comme job, mais pour la retraite seulement. J'y penserai quand j'aurai cinquante ans, pour le moment j'ai envie de voir du pays.

— Bravo, voilà ce qui s'appelle être raisonnable. En attendant je vais faire la sieste jusqu'à 6 heures histoire d'être d'attaque pour la nuit. Alors je te confie le quart. Comme d'habitude, vérifications des manos du moteur tous les quarts d'heure, descente à la machine toutes les heures, et aussitôt que quelque chose te paraît suspect tu me réveilles. Surtout pas d'initiatives, ça conduit tout droit à l'échouage ou l'abordage. *Capito ?*

Trente-deux heures plus tard, nous glissons sur l'eau sans rides de la rade de Fort-de-France. Cela me ramène des années en arrière, à l'époque du charter ; la Martinique était alors mon port d'attache. C'est de là que je partais pour des croisières d'une semaine ou plus, soit vers le sud, aux Grenadines et Trinidad, soit vers le nord, Saint-Barthélemy, Saint-Martin et les îles Vierges. Il ne reste plus beaucoup de survivants de cette époque. La majorité de mes copains ont émigré. Certains en Amérique du Sud comme Robert, d'autres au Costa Rica ou dans les îles du Nord. Tout cela me rend un peu nostalgique, aussi vais-je écourter au maximum cette escale. Je sens que ce n'est plus le même pays que j'ai connu et je ne suis pas de ceux qui mesurent le temps qui passe ou qui cherchent à se raccrocher aux branches coûte que coûte. Il existe encore suffisamment d'endroits sur terre où s'installer pour connaître d'autres émotions, alors il faut savoir tourner la page au bon moment, éviter le combat de trop. C'est exactement le sentiment que j'ai au moment de mettre le *Coyote* au quai ouest pour décharger mes poissons.

Comme pour me conforter dans l'idée que je n'ai plus rien à faire ici, deux jours plus tard Mouloud vient m'annoncer qu'il souhaite débarquer à son tour.

— Qu'est-ce qui te prend, Aziz, de quitter le navire comme un rat ? Ne me dis pas que tu es tombé amoureux en quarante-huit heures !

— Mieux que ça. Hier, dimanche, je suis allé passer la journée à la piscine du Hilton. C'était plein de gonzesses et il y avait un buffet formidable. Eh bien tu ne vas pas me croire. J'ai fait un coup double. Je me suis levé une superbe Américaine blonde qui travaille au casino et à qui j'ai fait découvrir toute la nuit les secrets de l'amour à l'orientale, ça c'est un point. Et le second c'est qu'elle m'a appris que l'hôtel cherchait un maître d'hôtel parlant anglais et si possible allemand, car ils envisagent de faire venir des charters d'Allemagne. Alors tu me connais mon zami, aussi sec je me suis présenté au directeur qui m'a donné rendez-vous à 3 heures avec mes références.

— Parce que tu as des références toi ? Et d'abord où as-tu appris l'allemand ? Certainement pas au Grand Socco !

— L'allemand ? Mais en Allemagne, mon zami, à la prison de Francfort où j'ai séjourné six mois pour une erreur judiciaire ! Quant aux références, j'ai travaillé au Golden Tulip à Amsterdam en qualité de serveur, au Melia de Palma comme chef de rang, sur le paquebot *Renaissance* le temps d'une croisière, au Don Pepe à Marbella en tant que maître d'hôtel et puis plein d'autres endroits encore. D'ailleurs, s'il te reste du papier à en-tête de ton ancien trois-mâts de charter, ça serait pas mal si tu me faisais un joli certificat en insistant sur le fait que j'ai de la classe et que j'ai bossé pour toi pendant trois ans !

— Je vais te le faire ton papier, mais dire que tu as de la classe, ça par contre c'est contre nature, tu ne manques pas de souffle. À ce sujet justement, tu as des certificats des tauliers de bars à putes où tu travaillais dans le Barrio Chino de Barcelone ? Il serait édifié le *big boss* du Hilton, tu ne penses pas ?

À 18 heures, Mouloud est de retour à bord après son entrevue à l'hôtel. Tout s'est bien passé et il est engagé en tant que maître d'hôtel. Cela ne m'étonne pas vraiment, car effectivement il maîtrise assez bien le sujet, maintenant reste à savoir combien de temps ça va durer. Il passe sa dernière nuit à bord et me quitte à 8 heures le lendemain avec tous ses ustensiles de travail à savoir, smoking, chaussures noires vernies, nœud papillon, etc. qui ne le quittent jamais. Je lui souhaite bonne chance et deux heures plus tard je largue les amarres. Direction Miami, douze cents milles, une petite semaine à se faufiler entre les îles basses et les récifs des Bahamas avec mon seul compagnon fidèle, j'ai nommé Nitrogène.

7

Key West

CELA VA FAIRE deux jours que je suis amarré au port de Key West après avoir livré les quarante tonnes de poisson à la Seafood Bay LTD de Pompano. La traversée depuis la Martinique s'est faite sans histoire grâce au pilote automatique et aux alarmes branchées au moteur, mais surtout au radar. Key West est une station balnéaire d'une trentaine de milliers d'habitants située à la pointe méridionale de la Floride.

C'est un endroit sympa, surtout la vieille ville « coloniale » construite dans le pur style des années vingt et trente. Cette localité va connaître ses heures de gloire grâce à la fréquentation de célébrités telles que Humphrey Bogart, Errol Flynn et surtout Ernest Hemingway, qui, dans les années d'après-guerre, en avaient fait leur lieu de villégiature, tout comme Cuba et la Jamaïque.

Key West va connaître une baisse de fréquentation dans les années soixante, soixante-dix avant de renaître grâce à deux phénomènes économiques marginaux. Le premier sera l'implantation d'une importante communauté « gay » fortunée venant de la côte Est. Et le second est le boom de la cocaïne. De nombreux narcotrafiquants américains, qui ne se feront pas piquer, vont placer des centaines de milliers de dollars ici. Le premier groupe va investir principalement dans des boutiques de luxe et dans l'immobilier, et les narcos dans des bars, restaurants, discothèques. Cette brutale relance économique va transformer cette petite ville assoupie en Saint-Tropez américain. Toutefois, Key West reste, avant tout, avec Isla Morada, sa voisine, une des capitales mondiales de la pêche au gros, dont Hemingway se fera l'ambassadeur. Ici, ce vieux barbu d'Ernest est toujours une légende.

Le patron du Captain Tony's Saloon, où il avait ses habitudes et son tabouret attitré, ne manque pas de le rappeler à grand renfort de photos et autres enseignes peintes à son effigie. C'est, du reste, ce dernier bar qui sert de bureau à tout un tas de marins et autres marginaux qui s'y retrouvent le soir pour dire du mal des absents ou pour mettre au point quelques projets maritimes obscurs et aléatoires.

Si je suis venu m'amarrer ici, c'est pour rendre visite à mon copain Sam Elliot, qui vit sur son yacht à la marina de Pelican Key avec sa femme Lydia et leur petite fille de sept ans, Helena.

Sam, je l'ai connu quand je traînais en Amérique centrale du côté de Puerto Cortés, en Honduras. Il me restait à peine dix lempiras, la monnaie locale, soit un petit vingt-cinq francs.

C'était il y a quelques années, j'arrivais de France, de Bretagne avec un petit chalutier que j'avais acheté à Lesconil, près de Guilvinec. Tout allait mal, plus d'argent mais aussi rien en vue à l'horizon. Pour la première fois, le bateau commençait à prendre une sale allure d'abandon. La peinture éclatait par plaques, la rouille faisait son œuvre sur les parties métalliques et les vivres commençaient à se faire rares. Johanna ma blonde et tendre complice depuis Veracruz avait capitulé, écœurée, elle avait déserté l'épave qui nous servait d'abri, et moi je résistais tant bien que mal à grand renfort de Myers, le rhum de la Jamaïque qui, lui, ne manquait pas à bord.

C'est là qu'est apparu Sam. Il cherchait un petit caboteur pour transporter du café et des bois précieux de Puerto Cortés à Saint-Thomas aux îles Vierges. Une fois l'accord conclu, j'effectuerai quatre voyages qui allaient me remettre à flot. Depuis cette date, nous sommes toujours restés en contact. C'est pour ça que ce soir, les retrouvailles après trois ans sont chaleureuses et sincères. D'ailleurs, tout à l'heure, j'ai écrit « mon copain Sam » ; j'aurais dû dire « mon ami Sam ». Énorme différence, mais trop longue à développer ici, ce n'est pas le propos, alors je me contenterai d'une parenthèse. L'amitié, ça ressemble à de l'amour, je ne sais pas si c'est un complément ou un substitut, mais ça suppose de toutes façons les mêmes ingrédients : le temps, la patience, la générosité et la connaissance. L'échange sexuel est remplacé par l'action commune, un peu comme les sportifs, les marins ou les aventuriers, et Sam est mon ami comme je suis le sien.

Il me reçoit donc sur sa goélette de vingt mètres, l'*Helena* du nom de sa petite fille, immatriculée à Dallas, en plein Texas. En effet, contrairement à la France, aux U.S. les bateaux ne sont pas forcément immatriculés dans un port, mais à l'adresse fiscale du propriétaire ; or Sam est texan. Ainsi il n'est pas rare de voir des yachts américains enregistrés dans un bled des montagnes Rocheuses, du Nord

Dakota à deux mille kilomètres de la mer ou à Las Vegas en plein milieu du désert.

Tandis que Lydia sort les bouteilles et les glaçons, je leur relate mes péripéties depuis trois ans, ainsi que mes projets de recherches d'épaves anciennes.

— Et si ce n'est pas indiscret, tu comptes aller faire des fouilles sous-marines dans les eaux territoriales de quel pays ?

— Colombie et Panamá, principalement les bancs du large !

— C'est un projet ambitieux que tu as, et à double titre. Celui des risques liés à la navigation dans ces zones-là et surtout le fait que pour obtenir une autorisation de recherche des gouvernements panaméen ou colombien, ça peut prendre des mois ou des années, sans parler de ce que ça risque de te coûter en bakchich.

— Ça ne va rien me coûter du tout, et je ne vais même pas à Bogotá ni à Panamá, car il y a belle lurette que ces pays ne donnent plus aucun permis de ce genre, alors à quoi bon perdre son temps et son argent ?

— Et tu comptes pratiquer de quelle manière, si ce n'est pas indiscret ?

— En agissant clandestinement.

— Tu veux dire que tu envisages de rester plusieurs semaines sur des bancs du large sans permis ?

— Tu as tout compris Sam, on ne peux rien te cacher et…

— À tout hasard, tu connais le tarif si tu te fais piquer ?

— Oui, saisie du bateau, très très grosse amende et deux ou trois ans de taule, pourquoi ?

— Pour rien, ou plutôt si, pour savoir si ta tête te servait à autre chose qu'à faire pousser des cheveux ?

— Tu te fais du souci pour pas grand-chose, Sam, l'important c'est d'agir en douceur et de conserver dans le tiroir de la table à cartes une bonne liasse de dollars. Les garde-côtes colombiens sont comme tous les autres d'Amérique du Sud, ils préfèrent une pincée de billets verts à une médaille.

— Je te trouve bien confiant, et si tu tombes sur un récalcitrant, un qui ne mange pas de ce pain-là, ça existe tu sais, il ne faut pas croire !

— Écoute Sam, ce que je crois, moi, c'est que tous les métaux fondent, c'est juste une question de température.

— Bon je n'insiste pas, mais conduit de cette manière, je le sens pas bien ton projet. Sinon quoi d'autre ?

— À part ça j'ai besoin de trouver du fret pour augmenter ma trésorerie. Je suis loin d'avoir l'argent nécessaire pour financer mes expéditions, sans compter l'achat des équipements indispensables. Alors si tu as une idée pour me trouver des cargaisons, je suis ton homme.

— Tu sais, Philippe, que si tu as besoin, on est toujours là.

— C'est généreux de votre part, mais c'est plutôt d'un travail dont j'ai besoin, et de préférence avec mon bateau. Je vais aller traîner ce soir du côté de Sloppy Joe's, histoire de prendre la température. Qu'est-ce que tu en dis ?

— Bof ! À part le trafic de coke ou de marijuana qui fait les beaux jours de Key West, je ne vois guère autre chose qu'on puisse te proposer. La drogue a tout faussé ici. Imagine-toi un jeune de vingt ans, que tu connais comme barman un soir, tu le retrouves, deux mois plus tard, propriétaire du même bistrot, le temps pour lui de faire un ou deux voyages sur la Colombie. Mais un conseil : laisse tomber ce genre de job.

— Ne te fais pas de soucis pour ça Sam ; non je pensais à du fret comme autrefois, bois de balsa et de campêche, langoustes, café…

— Il y a un an que j'ai cessé toute activité, par contre j'ai gardé mes contacts en Amérique centrale. Laisse-moi quelques jours pour me renseigner.

Pendant trois heures, nous parlons du passé, du présent et des projets, tout en nous régalant d'un dîner de stone crab arrosé de chablis californien. Vers 22 heures, je prends congé de mes hôtes et me déhale vers Key West, à bord de la Mercury vert pomme que Sam m'a prêtée.

Après un passage éclair au Captain Tony's Saloon, je gagne à pied le Morocco, la boîte à la mode. Le genre d'endroit tout à fait propice aux rencontres avec les surfeuses en photo dans *Playboy.* Il me faut moins d'une minute pour commander une Bud à la barmaid cubaine à la poitrine surdimensionnée et quelques secondes de plus pour repérer deux superbes blondes canadiennes assises au bar, à moins d'un mètre. J'engage aussitôt la conversation avec les deux Miss Laurentides, possédant un accent à faire rougir d'envie n'importe quel bûcheron du Manitoba.

Alors que se diffuse un air langoureux, j'en invite une à danser le slow, qui est, comme chacun le sait, l'expression verticale du désir horizontal. Je suis rapidement gagné par une émotion grandissante que ne manque de remarquer ma cavalière, elle en profite pour me hurler romantiquement dans l'oreille :

— J'sens ben ton membre qui s'cambre, mais j'peux pas parce que je suis menstruée !

Aussitôt, de la volupté prometteuse, c'est le choc qui fait décambrer instantanément l'objet du délit et ramène son propriétaire au bar taquiner sa bière. La copine s'étonne de mon retour prématuré, et je lui en donne la raison. Elle manque alors de s'étrangler et me sort :
— Forcement, si tu comprenais le françois, tabernacle ! Y t'fallait lui répondre : « Un hussard n'a jamais peur d'ensanglanter son sabre ! »

Calice ! Quel hymne à l'amour !

Tandis que l'atmosphère et les clients s'électrisent au point de saturer la clim', vers 2 heures du matin, je n'y coupe pas. Deux marchands de rêve me racolent au bar, l'air souriant. Visiblement, ils savent que je possède un bateau, car l'un d'entre eux y va directement :
— *You want to carry some cocaïne from Colombia to Florida?*

Ils n'ont pas trente ans, genre plagistes de Saint-Tropez, bronzage de pro, dents blanchies à la chaux, Vacheron Constantin au poignet, chaîne en or autour du cou. Je décline leur proposition, pourtant l'un d'eux insiste :
— *Hundred and thousand bucks for the job!*

Pour couper court au dialogue, je les éclaire sur le fait que, au-delà de l'aspect moralement polluant de ce type d'entreprise, cent mille dollars pour vingt ans de taule, ça ne fait que onze dollars par jour ! Ce qui n'est pas bézef, surtout qu'en labourant dans le normal, onze thunes U.S., c'est ce que je gagne par heure quand la conjoncture économique est mauvaise, alors, *it's not a job for me.* Ils me regardent, surpris, mais n'insistent pas et partent draguer plus loin un futur livreur de farine.

Vers 3 heures, je regagne ma tanière flottante en solitaire, car, je dois le confesser, je n'ai pas eu la voracité d'ensanglanter mon sabre !

Je mets à profit les jours suivants pour aller rendre visite à quelques fameux chasseurs d'épaves vivant dans la région, histoire de connaître leur point de vue concernant les galions coulés sur les bancs du large, appartenant à la Colombie. L'existence de ces naufrages n'est pas un secret, surtout pour ces gens-là qui passent leur vie à chercher les trésors sous-marins.

Le plus fameux d'entre eux se nomme Mel Fisher, un Américain de cinquante ans qui vit à Key West avec sa famille et qui, depuis trente ans, recherche des épaves sur les côtes des États-Unis. Endetté jusqu'au cou, Mel ne se découragera jamais ; après seize ans passés sur la même épave, il finira par enfin la débusquer sur les récifs de Floride. C'était un galion espagnol de cent cinquante tonnes coulé en 1622, la *Nuestra Señora de Atocha.* Sa découverte fera le tour du monde et lui rapportera plus de neuf cents millions de dollars. Même si une grande partie de cette somme servira à rembourser ses emprunts et un certain nombre de procès en cours, il lui en restera quand même une quantité non négligeable. Par la suite, Mel Fisher construira un musée de l'Atocha à Key West, où il exposera quelques-unes de ses trouvailles et où, moyennant dix dollars l'entrée, les touristes se bousculent l'instant d'un rêve.

Mel me confirme l'extrême difficulté d'aller plonger dans les eaux territoriales colombiennes depuis la fin des années soixante, où le gouvernement de Bogotá s'est doté de moyens aériens et maritimes pour surveiller ses côtes et les bancs du large. Un de ses compatriotes, Robert Marx, fera plusieurs tentatives en 1963, mais sans succès. D'autres comme Burt Webber ou Art McKee, qui exploreront la zone en 1964, ne trouveront pas les galions. Depuis ces années, à part peut-être quelques clandestins, à sa connaissance personne n'a remis les pieds dans ces zones – avec des permis en bonne et due forme – Je n'insiste pas, car, ce que personne ne sait, même mon ami Sam Elliot à qui je n'en ai pas parlé, c'est que je dispose d'un joker, et qui n'a rien à voir avec la corruption.

En l'espace d'une dizaine de jour, Sam contacte par téléphone toutes ses relations en Amérique centrale et ailleurs. Ça va de Veracruz à Panamá en passant par la Jamaïque et Porto Rico. Eh bien malgré tous ces efforts, cela ne rapporte rien de concret. À peine des « faut voir, peut-être le mois prochain, etc. » Alors, avant d'épuiser mes ressources entre les bières du Sloppy Joe's et les formes des jolies touristes, j'ai décidé de reprendre la mer vers le sud. Aux Bahamas, il n'y a pas beaucoup de débouchés pour un bateau comme le *Coyote,* sinon du petit cabotage entre les îles qui est payé une misère. Cuba, c'est quasiment impossible avec le blocus U.S.. Alors cap sur Saint-Martin où je connais du monde. Si je ne trouve rien là-bas non plus, je n'aurai plus qu'à retourner au Venez.

8

Saint-Martin

AUJOURD'HUI, l'île de Saint-Martin est devenue une pépinière à touristes, à gendarmes et CRS, à individus interlopes et surtout à promoteurs qui bétonnent gaillardement les plages désertes.

À l'époque où je fréquente l'île, tous ces fléaux ne sont pas encore arrivés.

Marigot, la sous-préfecture, n'est qu'une bourgade assoupie. L'autorité de la République est représentée par un sous-préfet aux cocotiers, un juge de paix qui se fabrique des souvenirs en siégeant sous le palmier de la cour du tribunal, et enfin quatre gendarmes qui assurent l'ordre entre sieste et ti-punch ! Nostalgie d'un petit coin de l'A.O.F de jadis, où il faisait bon vivre, surtout comme fonctionnaire. Mais cela ne durera guère plus de dix ans, le temps que les Attila de l'environnement débarquent avec plans, bulldozers et tracteurs pour apporter le progrès.

Nous n'en sommes pas encore là, ce qui explique ma présence ici. Quand ce fléau s'abattra, j'aurai déjà été voir ailleurs, fait route vers l'ouest, vers les étendues encore inviolées des Andes et des jungles équatoriales.

Ce soir, c'est au bar du Mini-Club que je retrouve mes copains. Le patron de ce restaurant, c'est Henry Bouvet. Un grand gaillard originaire de Carpentras, qui trouvait le Midi de la France pas suffisamment chaud alors qui a émigré ici au début des années soixante. La première fois que je suis venu à Saint-Martin c'était en 1968, avec mon premier voilier de treize mètres. Je faisais du charter à la journée : j'embarquais les touristes américains ici, j'allais passer la journée à Saint-Barthélemy et je les ramenais le soir.

À cette époque, il n'y avait que deux voiliers qui pratiquaient cette activité. Le mien et un autre qui s'appelait le *Holly.* Il appartenait à un certain Pierre Plessis, qui quelques années plus tard se fera appeler « Duplessis ». Pierre et sa femme étaient ce qu'il est convenu de nommer des virtuoses dans leur genre. Lui, ancien avocat à Casablanca, décide un beau jour de partir courir les mers sur un voilier, ce sera le *Holly,* d'une vingtaine de mètres. Petit détail, Pierre n'avait jamais navigué de sa vie quand il est parti. Cela ne l'a pas empêché de partir aux États-Unis, en Méditerranée, dans le Pacifique et de revenir finalement échouer aux Antilles. La caisse du bord étant vide, il va se lancer dans le charter. Il aura d'ailleurs pas mal de succès, notamment grâce à sa femme Claude, le cordon bleu du bord. Je garde le souvenir de quelques dîners de précision pris sur le *Holly,* où Claude servait dans de la vaisselle en argent avec des verres en cristal de Bohème. Quelques années plus tard, lorsque Henry Bouvet disparaîtra tragiquement, ce seront Pierre et Claude Plessis qui reprendront le flambeau du Mini-Club avec succès. Le *Holly,* lui, finira sa vie dans le lagon de Saint-Martin, échoué sur un banc de sable.

Ce soir, l'ambiance est loin d'être morose et le tour de bar est animé. Henry Helle, dit « Monsieur H. », la cinquantaine, ancien trafiquant de cigarettes à Tanger dans les années d'après-guerre. Jean Bonabel, dit « J.B. Soda », analogie aux deux bouteilles qu'il sèche par jour. Le genre de mec qui, un soir de cuite plus carabinée que de coutume, a essayé de décoller de la piste de l'aéroport avec sa voiture. À cette époque, le tarmac n'était pas clôturé, alors J.B. Soda, qui avait décidé de rejoindre Porto Rico, s'est aligné en bout de piste, a fait hurler les quatre pistons de sa Volkswagen pourrie et a lâché les freins. Résultat, il a enquillé les deux kilomètres de piste avant d'aller se manger le remblai en corail, de faire trois tonneaux et de finir dans le lagon où la fraîcheur nocturne de l'eau l'a réveillé. Jacques Boone, ancien forestier du Gabon, qui s'était construit un voilier à cent kilomètres de la mer en pleine forêt et qu'il a tiré avec un tracteur sur des rondins. Jean-Louis Martinet, qui s'était fabriqué lui-même un sous-marin de poche avec des tôles de récupération sur le *slipway* de Casa. Le bateau s'appelait l'*Aventi.* Le jour du départ pour les Canaries, Martinet-Nemo a rempli les ballasts à la sortie du port et l'*Aventi* a percuté le fond devant les Roches Noires, et n'a jamais réapparu. Le capitaine, lui, s'en est tiré, car c'était un plongeur confirmé. Aujourd'hui, Jean-Louis fait du charter avec un voilier de sa fabrication, le *Ia Orana,* qui coulera lui aussi entre Antigua et la Guadeloupe deux ans plus tard. Il en réchappera une nouvelle fois. Il finira quand même par se tuer, en avion cette fois, en décollant de Saint-Barthélemy de nuit, sans balisage.

Pourtant, ce soir, c'est avec un flibustier d'un autre genre, en la personne de Robert Choisy, que je me raccorde. Sans doute le plus connu de tous, mais sous le pseudonyme de « Capitaine Tortue » ou « Tortue » tout court, suite à une affaire qui l'avait rendu célèbre dans toutes les îles. Tortue. C'est un aventurier qui n'a pas du tout le physique d'Indiana Jones, mais plutôt celui de Michel Serrault. Ce personnage, monégasque de nation, haut en couleur, faisait il y a encore peu la contrebande d'alcool et de tabac avec sa goélette de vingt-cinq mètres. Il s'approvisionnait à Saint-Martin ou à Saint-Barthélemy, où ces produits sont hors taxe, pour aller les débarquer nuitamment dans toutes les îles françaises ou anglaises, où les droits de douane sont trop élevés.

Partant du principe que si les riches peuvent se payer des alcools de qualité, il est indécent que les démunis soient condamnés à boire des tisanes s'apparentant au White Spirit, il était donc urgent de réparer cette injustice. Car Tortue, on l'aura compris, est un humaniste. Cela étant, deux fois par an il abandonnait cette lucrative activité pour aller capturer des tortues de mer aux îles d'Aves, qui sont des bancs de sable à deux cents kilomètres au large de la Dominique. Il les revendait ensuite à la Guadeloupe et à la Martinique, où leur chair est très recherchée par les habitants depuis des siècles.

Un beau jour, il entre dans la darse de Point-à-Pitre, le pont grouillant de ces chéloniens. Le douanier de service, interloqué par cette cargaison singulière, ne savait pas s'il devait ou non la taxer. Il s'en référa donc à son manuel du petit douanier d'outremer et ne trouva rien à la rubrique « tortue », mais seulement un paragraphe concernant les animaux marins vivants. Ce qui, présentement, était le cas. Ceux-ci étaient donc soumis à une taxe d'importation.

— Capitaine, votre cargaison étant sujette à payer l'octroi de mer, je vous demanderai de bien vouloir passer à la brigade avant midi afin d'acquitter ce droit.

Notre capitaine ne se tracasse pas et promet d'obtempérer… À 11 h 30 précises, il franchit la porte du bâtiment des douanes et demande au receveur de bien vouloir l'accompagner jusqu'à son bateau.

Quelle n'est pas la stupéfaction du gabelou en découvrant sur le pont des centaines de tortues égorgées, nageant dans un bain de sang !

Notre capitaine se retourne alors vers le galonné à casquette et lui lance :

— Alors, monsieur le receveur… Et animal marin mort, ça paye toujours des taxes… ?

Un jour où je lui faisais remarquer qu'il était doué, pour le moins, d'un esprit fort pragmatique, il eut ce mot en guise d'oraison funèbre, notre Bossuet des bananiers :

— D'après toi, donner de l'argent à un gabelou, c'est pas contre nature, ça ? Et puis, elles étaient destinées à être mangées. Alors, un peu plus tôt, un peu plus tard, hein !

Depuis cette époque récente, il parcourt encore les îles, mais en avion cette fois, pour vendre des peintures naïves haïtiennes et des T-shirts qu'il imprime lui-même. Il n'a plus de bateau car il a perdu le sien en jouant au mah-jong avec un épicier chinois de la Barbade. Il aurait mieux fait de l'affronter au poker, le Tong !

Quand il me voit, il est tout souriant, le natif de la Principauté.

— Ça alors, un revenant ! Où étais-tu passé depuis tout ce temps ?

— J'étais en Europe, en Afrique et puis je me suis acheté un nouveau bateau, le temps de faire un peu de business, quelques patrouilles culturelles à droite à gauche et me voilà de retour.

Ça semble l'étonner que l'on puisse s'absenter des îles. Il est vrai que, lui, ses patrouilles se réduisent au Black Angus, le plus grand bordel de Porto Rico, le punch au Mini-Club, et, une fois par an, son toubib de Martinique, pour faire réviser un pacemaker qui soutient comme il peut son palpitant qui part en couilles depuis deux ans.

— Patrouille culturelle ?

— Ben oui quoi, les bars à tapas d'Andalousie, les bouchons à Lyon, les Relais & Châteaux en bon équipage, les caves de Bourgogne et j'en passe… Crois-moi, on ne voit pas le temps passer, sans compter que pour trouver mon bateau j'ai fait presque tous les ports du Danemark à Gibraltar en Volkswagen Coccinelle. Et crois-moi, faut pas être pressé avec un engin pareil…

— Mais dis donc, ça a dû te coûter un maximum tout ça ?

— Tu ne peux pas mieux dire, vieux pirate, c'est pour ça que je ne suis plus qu'un vestige du billet vert, une carcasse de dollar et qu'à ce titre les tournées de ce soir sont pour toi.

— Tu veux dire que tu n'as rien trouvé à faire depuis tout ce temps ?

— Bof ! Un petit peu de transport par-ci par-là, juste de quoi faire tourner la boutique, c'est pour ça que si tu avais un coup dont tu as le secret sur lequel me brancher, ça ne serait pas de refus.

Il n'est pas long à réagir, l'ancien guillotineur de reptiles à carapace. Ses yeux étincellent, car des plans, c'est pas ça qui lui manque, il en est saturé. Non, ce qui lui fait défaut, comme tous les générateurs d'idées, c'est la trésorerie. Alors après s'être reversé un coup de « Trois Rivières », il articule, le cardiaque. Cardiaque qui, d'ailleurs, mourra à soixante-dix ans, non pas d'un arrêt brutal de sa pendule à batterie, mais d'une bonne vieille cirrhose carabinée !

— J'ai une idée, mais il faut du matériel de plongée.

Je l'interromps aussitôt.

— J'ai de quoi équiper six plongeurs, pourquoi ?

— Parce qu'à chaque fois que je passe en Martinique, on me réclame à cor et à cri des oursins et des lambis, et que je n'en trouve pas à acheter. Alors, si toi, tu as ce qu'il faut pour plonger, le coup est non seulement jouable, mais rentable.

— Dis-moi Tortue, je croyais que tu donnais dans la peinture naïve maintenant ?

— Forcément, puisque je n'ai plus de bateau. Mais ça n'empêche pas de garder les contacts avec mes anciens acheteurs et amis. Ils payent *cash* à la livraison et s'occupent des formalités douanières. Alors, qu'est-ce que tu en dis ?

— Je dis que c'est un travail de misère que tu me proposes là, sans compter qu'il faut des plongeurs, et ces gens-là, on les paye, et pas au SMIC !

Ça le fait sourire, ce vieux requin, que je puisse être aussi candide.

— Pour les plongeurs, tu recrutes des Haïtiens. Il y en a autant que tu veux dans le bidonville de Sandy Ground. Je ne serais même pas étonné que tu en trouves qui savent nager. Pour le prix, c'est dix francs le kilo d'oursins et vingt de lambis. Alors réfléchis avant de t'exciter.

— Tu les payes combien par jour tes Haïtiens ?

Ça dépend. En principe, quand ils sont au rendement c'est vingt-cinq pour cent du net. Mais comme là, ils plongeront, tu peux aller jusqu'à trente !

— Je vois. Mais à propos, tu vas les chercher où, tes lambis ?

— Tu as le banc de Saba juste en face. Profondeur de quinze à vingt-cinq mètres. Rien de plus facile. Si tu veux, je t'accompagne les premiers jours. Mais ne compte pas sur moi pour plonger, Lefort me l'a déconseillé !

Lefort, c'est le toubib de Grand Case, un ancien légionnaire. Ça m'étonne de sa part, ça ! Lui, ce serait plutôt le genre de morticole à utiliser les manières fortes. Qu'il puisse conseiller à un quinquagénaire cardiaque d'éviter la plongée, c'est pas dans ses habitudes. De deux choses l'une : ou le cœur de la Tortue est complètement faisandé, ou il a pris un coup de vieux, Lefort. Dorénavant, il faudra que je me méfie de ses diagnostics à l'empirique.

Le lendemain matin, J.B. Soda me prête sa jeep camionnette pour me rendre dans le bidonville de Sandy Ground, à la sortie de Marigot. Ce ghetto abrite une communauté d'immigrants clandestins, haïtiens pour la plupart, qui ont fui leur pays, mis en coupe réglée par « Baby Doc », le dictateur boursouflé mangeur d'*ice-cream*.

Tous ces sans-papiers survivent ici en suant dans la construction ou à la pêche pour les hommes, comme employées domestiques, voire comme prostituées, pour les femmes. Leurs maisons en planches ont quelques touches de couleurs rappelant leur pays. Ainsi, le rouge et le noir de leur bannière sont omniprésents. Dans la communauté noire des Antilles, les Haïtiens sont tout à fait singuliers. Ils seront la première république noire du monde et la première à se libérer de l'esclavage. Le champion de leur indépendance sera un esclave de Guinée, Jean-Jacques Dessaline, qui mènera contre les Français une guerre d'une violence inouïe avant de se proclamer empereur, la même année que Napoléon. Pour s'en convaincre, il suffit de se rappeler la phrase de Boisrond Tonnerre, son aide de camp : « Pour dresser l'acte de notre indépendance, il nous faut la peau d'un Blanc comme parchemin, son crâne pour écritoire, son sang pour encre et une baïonnette pour plume. »

Résultat des courses, la « Perle des Antilles », comme on l'appelait jadis, n'est plus qu'un caillou aride où les dictateurs se succèdent et où la population fout le camp, à coup de *boat-people,* se noyer entre Miami et le Cap-Haïtien. Ceux qui arrivent à passer se retrouvent dans des ghettos, de New York à Caracas. Celui où je me trouve ce matin doit bien recenser un millier de personnes, et ce n'est qu'un début.

Pendant deux heures, je bats le rappel dans les ruelles rendues boueuses par les pluies nocturnes. Tout le monde veut embarquer dans le Toyota de J.B. Soda, qui commence à plier sous la charge. Je suis obligé de gueuler pour me faire entendre.

— J'ai dit six, pas plus, et qui savent nager ! Prenez un short ou un maillot, on commence le stage dans une heure !

Je les laisse se chamailler entre eux un moment, le temps de discerner le *leader*. Comme c'est souvent le cas dans ce genre de communautés, il y a un chef qui place les hommes en fonction de leur ancienneté, de leur spécialité et de la commission qu'il faudra lui verser. Dans le tiers-monde, rien n'est gratuit ; mon patron du Manpower des tôles ondulées, qui s'appelle Félicien, m'assure que les six gaziers qu'il m'a sélectionnés sont nés avec des nageoires. Pour ce qui est des bouteilles de plongée, il suffit de leur montrer, ils auront vite fait d'apprendre, les intrépides de Sandy Ground.

Il a raison, Félicien. J'embauche sur le champ mon équipe et prends la direction de Philipsburg, où le bateau m'attend au mouillage.

Une fois tout le monde rendu à bord, je décide de leur faire un petit topo sur les risques encourus à utiliser les bouteilles de plongée n'importe comment.

Ils m'écoutent en rigolant, ne comprennent rien et, visiblement, n'en ont rien à faire de mon baratin de G.O. du Club Med. Alors, rien ne valant la pratique face à une crise d'éloquence, je décide de passer à l'action. Je n'ai pas vérifié s'ils savaient nager, comme ils l'affirment tous, mais on sera fixés dans pas longtemps.

Sous le bateau, il y a trois mètres de fond. J'ai balancé des coquilles vides de lambis et il faut qu'ils me les remontent. Toutefois, par sécurité, je vais les tester l'un après l'autre, histoire d'éviter une noyade générale.

Mathurin, le premier à plonger, paume son masque immédiatement, panique, suffoque et coule comme une pierre. Je saute le récupérer pendant que les cinq autres, penchés sur le bastingage, sont explosés de rire ! Le deuxième à se lancer dans l'inconnu, c'est Léonard. Visiblement, il n'a jamais respiré par la bouche de sa vie, le bougre. Il inhale donc comme une bête par le nez, ce qui a pour effet d'écraser le masque sur sa gueule qui commence à virer au gris-vert. Voyant alors qu'il s'étouffe, il respire enfin par la bouche, mais chasse l'air ensuite par le nez, ce qui, non seulement lui décolle le masque, mais le remplit d'eau aussitôt ! Donc, le mec est immédiatement aveuglé et il arrache aussi sec masque et embout. À ce moment, pris de panique et ne sachant plus par quel côté respirer, il bascule vers le fond comme une gueuse. Exit le Léonard !

Bref, tout ça s'annonce un peu embrouillé et je ne suis pas persuadé que l'on pourra partir demain matin pour notre première campagne de pêche. Car on l'aura compris, je ne suis pas le genre de rombier à faire de la théorie pendant des semaines. Il faut que ça *speed.*

En fait, au bout de deux jours de formation accélérée et d'une sélection, je déclare ma fédération de pêcheurs d'oursins opérationnelle. Certes, ce n'est pas l'équipe Cousteau, ma coalition, mais après quelques jours de pratique en haute mer, ça devrait gazer. Du reste, ils ont assimilé le principal, à savoir ne pas enlever leur masque, même pour se gratter le nez, ne respirer que par la bouche sans jamais s'arrêter, ne pas déchausser leurs palmes pour marcher sur le fond, ne pas attendre que leur réserve d'air soit vide pour remonter, et, enfin, rejoindre la surface lentement et jamais en apnée !

Pour commémorer la réussite générale de l'examen, je fais tourner un paquet de cigarettes et une bouteille de Barbencourt, le rhum de leur pays. Après quoi je raccompagne tout ce joli monde à leur maison. Demain, c'est le grand jour, alors autant qu'ils passent une bonne nuit avec leur femme, peut-être la dernière, du reste, pour ceux qui demain auront tout oublié.

De toute manière, « on meurt de hasard en allongeant les pas », comme disait Brel. Alors, *Mektoub !*

Quatre heures du matin, mon équipe arrive à l'heure, ainsi que Tortue, qui voulait voir ça de plus près. Pensez, la première section d'hommes-grenouilles de l'histoire haïtienne. D'ailleurs, il en manque un à l'appel, de mes vaillants *frogmen.* Les autres m'expliqueront que Clémentin, c'est son nom, a préféré renoncer pour aujourd'hui parce qu'il avait fait un mauvais rêve pendant la nuit. Je n'insiste pas, je distribue du café à tout le monde, lève l'ancre et met le cap à l'ouest.

À 9 heures, nous sommes à pied d'œuvre sur le banc de Saba. J'ai choisi un fond de quinze mètres pour commencer. Une fois le bateau mouillé, je fais distribuer les équipements à chacun, à savoir un bloc avec détendeur, une paire de palmes, un masque, un tuba, une ceinture de plomb et un sac de riz vide pour la récolte. Nous n'utilisons pas de combinaison, pas de gilet de sauvetage, pas de couteau, pas de lampe, pas de gants et autres accessoires. Nous ne sommes pas là pour jouer les sportifs mais pour récolter. Pour éviter d'avoir à revenir au bateau à chaque fois que les sacs sont pleins, j'ai mis le Zodiac à l'eau avec son vingt-cinq chevaux. Je pourrai ainsi récupérer mes gars très rapidement, même s'ils se trouvent très éloignés du *Coyote.*

À 10 heures, tout le monde est à l'eau. Pour cette première plongée, j'ai décidé de les accompagner, histoire de les mettre en confiance, mes associés : le courant est faible et l'eau très claire. Nous descendons groupés comme je l'ai exigé, car il suffit qu'un seul panique et les autres risquent de péter les plombs en série. Je suis un peu inquiet, mais tout se passe normalement, encore que je sois extrêmement attentif à leur moindre réaction. Une fois arrivés sur les fonds de sable, je leur indique comment tenir le sac pour le remplir. Nous avons convenu que la moitié récupérerait des lambis et l'autre des oursins.

Aussitôt, ils se mettent en ligne et commencent la récolte. Suspendu trois mètres au-dessus d'eux, je surveille leurs moindres gestes suspects. Mais non, tout va bien, j'avais tort de m'inquiéter. Je les accompagne ainsi une vingtaine de minutes, puis je rejoins en surface le bateau, où m'attend Tortue, l'air interrogateur.

— Alors, comment ça se passe ?

— Plutôt bien, je crois qu'ils ont compris. De toutes manières, c'est quand tout va mal que l'on différencie les bons des dilettantes et, même bien entraînés, j'en ai vu dans ma vie des mecs craquer. À les entendre, ils savaient tout et quand une merde arrivait, il n'y avait plus personne. Alors…

Je me débarrasse de mon équipement et saute dans le Zodiac pour aller patrouiller au milieu des bulles d'air qui remontent à la surface. En une heure de ratissage, ils vont me remonter six sacs de lambis et quatre d'oursins. Cela fait une moyenne de deux sacs par plongeur. Pour un début, c'est pas mal, surtout pour des gus qui savent tout juste nager. Au fur et à mesure que les bouteilles se vident, je récupère mes gars un par un et nous retournons à bord. Ils ont tous le sourire d'avoir relevé le défi et se sentent plus en confiance. Je les félicite et fais tourner la bouteille de Barbencourt, car ils ont un peu froid. Seule remarque d'ordre technique, ils montent et descendent trop vite. Heureusement qu'il n'y a que quinze mètres de fond, sans quoi à la fin de la journée ils seraient saturés d'azote et c'est des cadavres que j'aurais ramenés ce soir. Je leur fais une nouvelle fois la remarque, et une nouvelle fois, eux me donnent du « oui, patron ! »

Pendant que les bouteilles se rechargent, Tortue nous cuisine un blaff de lambis et d'oursins que mes vaillants plongeurs commencent à nettoyer. Les oursins, on se contente de les ranger bien à plat dans la cale réfrigérée du bateau. Quant aux lambis, on les débarrasse de leur coquille. Après avoir pratiqué un trou dans la partie supérieure du cône, on passe une lame pour sectionner le gastéropode à la tête ; ensuite, il n'y a plus qu'à le tirer vers le bas. À ce petit jeu, les Haïtiens sont des champions, un peu comme les anciens écaillers savoyards des brasseries de Paris. Après les avoir rincés abondamment, les lambis sont stockés dans des sacs en plastique par paquet de cinq et dix kilos, avant d'atterrir dans la glace.

L'après-midi, une nouvelle plongée d'une heure nous permettra de doubler la mise du matin, et en pesant la récolte de ce premier jour, je serai bien obligé de reconnaître que ce vieux flibustier de Tortue avait vu juste. Du reste, il ne se prive pas de me le rappeler.

— Qu'est-ce que je t'avais dit ? Et encore, ça reste à améliorer : ne serait-ce que, dans un premier temps, d'embaucher dix plongeurs. Ceux-là pourront former les suivants. Quant aux scaphandres, tu en trouves d'occase en bonnes conditions dans les petites annonces des marinas et des clubs de plongée de Guadeloupe et de Martinique.

Pendant plusieurs mois, ce seront des milliers d'oursins et de lambis qui transiteront sur le pont du *Coyote* avant d'être expédiés en Martinique. Pendant cette période, je ne déplorerai aucun accident de plongée ; mes Haïtiens enverront des tas de mandats à leur famille de Port-au-Prince et de Jacmel, moi, je renflouerai ma caisse, rembourserai le crédit de quarante repas au Mini-Club et me paierai le luxe d'offrir quatre équipements de plongée à Hippolyte, le meilleur de l'équipe, qui ne tardera pas, avec trois autres complices, à prendre la relève avec une petite barque de sept mètres que je leur financerai en partie.

Quand j'ai cessé cette activité, elle était en plein essor alors on peut raisonnablement se demander pourquoi ne pas continuer ? C'est vrai, ça ! J'aurais pu engager trente plongeurs, ouvrir une conserverie, envoyer ma production chez Hédiard ou Fauchon et me payer des séjours à Paris au George-V pour surveiller mes grossistes. Eh bien non.

Rien de tout ça. Seulement que mon bateau commençait à trop sentir le lambi. Mes fringues sentaient le lambi, mes draps, mes cheveux, mon haleine… jusqu'au jour où même Nitrogène, mon teckel, s'est mis, lui aussi, à foisonner le lambi. C'est à ce moment précis que j'ai compris qu'il fallait tout arrêter si je ne voulais pas être moi-même réincarné en lambi pour finir sous la lame effilée d'un émule de Boisrond-Tonnerre !

Alors, après avoir livré mes derniers sacs de gastéropodes et embarqué la flambante Carmen du Love Bar de Back Street pour assurer la vaisselle et les caresses, j'ai mis le cap dix jours sur une île déserte.

Entre les journées consacrées à faire griller les langoustes, écouter Mozart, relire saint Augustin, et les soirées à chahuter avec Carmen, les jours poussent les nuits sans se presser. Pourtant, au bout du huitième, je suis repu. L'inaction me pèse, je commence à devenir ombrageux.

Cette nuit-là, affalé dans mon hamac avec Nitrogène entre les jambes, je balaye la Voie lactée du regard. Un « Manuel

López » double Corona bien calé entre les dents et une bouteille de Krug hors taxe à portée de main. Je planche sur mon existence décousue. Je pense à ce que je dois faire et ne pas faire, je pense aussi que si je n'avance pas, je recule. Je me dis également que si je bouge, je ne suis plus immobile, en effet, comment peut-on être immobile dans l'action ? Et pourtant, les galaxies qui s'éloignent les unes des autres au-dessus de ma tête, aux confins de l'univers, à la vitesse de la lumière, me paraissent pourtant bien immobiles ! Arrivé à ce stade de réflexion et au cinquième verre de Krug, je ne sais plus quoi faire. *To move or not to move?* Alors je me dis qu'au fond, tout ça n'a peut-être pas grande importance, sinon, que voudrait dire « éphémère », monsieur ?

Et puis il y a Nitrogène, qui ayant suivi avec bienveillance mes spéculations, vient soudain me lessiver le visage avec sa langue d'iguane tout en me glissant « allez c'est fini, dors et cuve ton champ', profite de la caresse tiède de l'alizé. Tu veux que j'appelle Carmen ? Non ? Alors oublie, ça ira mieux demain ! »

9

Les zébus d'Amazonie

IL EST 20 HEURES lorsque, à vitesse réduite, nous coupons la ligne de l'Équateur. Le disque blanc de la lune qui s'élève à l'est, loin au large, altère le défilé de nuages au-dessus de nos têtes, dans un mélange gris argent de franges scintillantes. Devant nous, les bribes vermeilles d'un jour fatigué se dissipent dans le vert obscur des arbres géants de la forêt amazonienne, tandis que de légers voiles de brume apparaissent devant l'étrave.

Le *Coyote,* de sa forme tulipée, remonte le courant et les eaux boueuses, souvent chargées de végétaux du río Acarapireira. Cet affluent de l'Amazone, tout proche de l'embouchure, serpente entre les bancs de sable de l'île Jurupari au nord et les mangroves des îles Machadinho et Marajo, qui forment le delta du Sud. La profondeur de ce passage varie de cinq à quinze mètres d'eau mêlée de vase.

La navigation dans cette région est difficile et dangereuse. Il n'existe aucun balisage, les relevés de cartes sont approximatifs et les bancs se déplacent au gré des violentes pluies équatoriales qui saturent les rivières et renforcent les courants. Je dois me résoudre à accorder ma confiance au radar, au sondeur et à l'expérience de Joa Silva, mon homme de barre.

Embarqué à midi, au large du banc de Santa Rosa, ce pêcheur de soixante ans a passé son existence à fendre les flots des innombrables dédales de cours d'eau qui ceinturent la Grande Île pour y traquer le poisson. C'est la troisième fois que je l'embarque en qualité de pilote. La première fois, c'était il y a trois mois…

Depuis ma pause libertine sur l'île déserte avec la ravissante Carmen, plusieurs semaines s'étaient écoulées. J'étais bien loin d'avoir réuni les sommes nécessaires à l'achat de mon matériel de détection et celles qui devaient couvrir au moins six mois d'autonomie. Il fallait absolument que je trouve quelque chose de plus rémunérateur que la pêche aux lambis. J'avais croisé d'île en île, cherchant à louer les services du *Coyote,* sans trop de succès. Le Carnaval de Trinidad auquel je rendais gloire avec quelques copains de Martinique touchait à sa fin. Un matin, alors que nous déjeunions sur le pont, nous vîmes approcher une barque à rames, montée par trois personnes : deux Noirs et un Asiatique. Une fois à bord, c'est ce dernier qui s'adresse à moi, pour savoir qui était le capitaine et s'il pouvait monter à bord. Je me présente et le laisse gravir les échelons.

Il se présente en français, ce qui prouve qu'il s'est déjà bien renseigné sur la nature de mon équipage.

— Hue Sin Yang, commerçant tout commerce !

Il doit mesurer un mètre soixante-cinq et peser un demi-quintal tout mouillé. Pour l'âge, entre trente et soixante-cinq ans, difficile à dire, avec des paupières éteintes comme tous les Chinois. Il m'explique qu'il cherche un bateau pour transporter des bœufs de l'île de Marajo à l'entrée de l'Amazone jusqu'ici. Une partie sur pieds, l'autre en carcasses dans ma cale réfrigérée.

Après dix minutes d'explications, j'apprends que les zébus en question sont volés par les propres gardiens de troupeaux pour arrondir leurs fins de mois. J'en touche donc un mot à mon Mandarin :

— En somme, c'est rien d'autre que de la complicité de vol, ton business ?

— Non, c'est pas vol, c'est commerce zébus !

— Comment ça, commerce zébu ? Tu chouraves du bétail pour aller le revendre et t'appelles ça du commerce, toi ?

— Oui, quand c'est vendre, c'est commerce !

— Mais dis-moi, Beaucitron, le commerce, ce n'est pas seulement vendre, c'est acheter aussi !

— Oui, moi c'est acheter gardien troupeau et vendre vaches… C'est commerce !

En voyant mes copains se marrer, ça le fait rigoler aussi, le descendant des Quing ; il en profite pour me taper dans le dos et de rajouter :

— C'est pauvre, gardien vaches, moi c'est aider, toujours bien payer eux !

— Évidemment, si c'est pour les œuvres, c'est différent, et moi, combien tu me payes pour ta combine humanitaire ?

— Moi c'est payer à capitaine cent dollars par vache, Sin Yang, toujours bien aider.

— Tu te fous de ma gueule, Hue ? C'est quatre cents mon prix, et si je me retrouve en taule, c'est toi qui payes la caution ?

— Pas aller taule. Avec Sin Yang, toujours bien payé commerce. C'est donner deux cents dollars pour bon capitaine, pas plus possible.

— Bon, alors on laisse tomber…

Je le plante au milieu du pont et je vais dans la timonerie démarrer le moteur pendant qu'il gamberge. Il rapplique aussitôt au bas de l'échelle :

— C'est dernier prix possible, trois cents, mais prix trop cher, capitaine très dur avec Sin Yang, mais Sin Yang va aider capitaine.

C'est ainsi que d'éventreurs de lambis on se retrouve maquignon pirate. Huit jours après cette discussion, le temps de ramener mes copains à la Martinique et d'embarquer Mouloud, je suis de retour à Trinidad.

Oui j'ai récupéré Mouloud, exactement trois jours après qu'il s'est fait virer du Hilton. Le directeur a vu d'un très mauvais œil que le Larbi couche avec sa femme, alors il te l'a lourdé, le Tangérois. À grand coups de pompe et cette fois sans certificat de travail. Tout juste s'il n'a pas appelé les flics, le cocu. Quant au Mouloud, grâce à un instinct de conservation immédiat et une morale très élastique, il n'a eu aucun problème pour s'adapter aux circonstances. Il reprend donc sa place à bord comme s'il avait débarqué la veille.

Je lui ai expliqué quel était l'objet de la mission et qu'il faudrait avoir l'œil en permanence sur les complices de Hue Sin Yang. Alors, après m'avoir assuré qu'il ne les lâcherait pas, il est parti à la cuisine effiler son rasoir.

Mes yeux se sont maintenant accoutumés à l'obscurité. J'ai fait éteindre tous nos feux de navigation. Seules luisent les lumières tamisées des manomètres du moteur, la petite ampoule du compas et celle de la table à cartes. Il ne faut pas révéler notre présence.

Penché sur le bastingage arrière, je me perds dans la contemplation des bulles et des tourbillons d'eau noire qui marquent notre sillage. Notre rendez-vous est fixé pour 21 heures à l'est de Chaves sur la Grande Île.

Plus grande que la Belgique, Marajo est un territoire principalement à vocation d'élevage de bovins. Dispersés dans d'immenses *haciendas,* une pincée des quatre-vingts millions de têtes de bétail que compte le Brésil se trouve ici. C'est là que nous devons prendre livraison de notre cargaison moitié vivante, moitié morte. Pour les vivants, pas besoin de les nourrir pendant les quatre jours de voyage jusqu'aux Antilles. Le zébu, avec sa bosse adipeuse comme les chameaux, est paré pour les jours de disette. Cet animal rustique est très apprécié dans les îles, car il est économique, ne demande pas de surveillance particulière et produit une viande de bonne qualité.

Le fournisseur dans cette affaire, c'est Ernesto Figueiredo. Ernesto est le responsable de l'*hacienda* Da Costa à Marajo. Quinze mille hectares de pâturages pour environ huit mille têtes de bétail, lui-même ne sait pas exactement. Pour gérer tout ça, une cinquantaine d'ouvriers agricoles avec leur famille, répartis sur quatre zones, chacun ayant sa ferme et ses hangars.

Ernesto fait partie de ces damnées de la terre qui, venus des favelas de Belém, pensaient trouver avec leur famille un coin de paix pour cultiver quelques hectares de terre. Mais c'était sans compter sur les folies des grandeurs des gros *fazendeiros* d'Amazonie qui, par *pistoleros* interposés, ont liquidé ou fait fuir des centaines d'Ernesto. À partir de là, et en toute impunité, ces gros *fazendeiros* ont pu commettre le plus grand crime écologique de la planète en détruisant par le feu des centaines de milliers de kilomètres carrés de forêt primaire. Faire fructifier la terre, tel était l'ordre du jour. Une fois les paysans floués de leurs droits et réduits à la misère, les tribus indiennes ont été rayées de la carte, repoussées ou assassinées. Ils n'étaient déjà pas immunisés contre nos microbes, alors que dire contre les balles de 38 ? Si bien qu'Ernesto, dans cette période de ténèbres, n'avait que deux possibilités : ou s'enfuir et retourner dans son bidonville, ou travailler comme semi-esclave pour un richissime *fazendeiro*.

Comme c'est la coutume au Brésil, ainsi que dans toute l'Amérique latine, les grands propriétaires sont milliardaires, tandis que leurs employés sont payés au lance-pierres et toujours bien endettés pour des années. Ainsi, ils n'ont donc aucune autre option que de travailler pour leur maître. Alors ce système va imposer un usage, celui de se payer sur les bêtes chaque fois que l'opportunité se présentera. Ernesto ne déroge pas à la règle et vend par-ci par-là une cinquantaine de têtes par mois. Il garde un quart des gains et répartit le reste à ses hommes. De cette façon, il ne risque pas d'être dénoncé et tout le monde peut ainsi soulager son existence précaire.

Quelques animaux sur un aussi grand cheptel, ça ne se remarque même pas. Pour ma part, ce sera mon dernier voyage, car les risques encourus ne sont pas à la mesure du gain ; si je me fais pincer, le nombre de chefs d'accusation ne manque pas. Ingérence dans un pays sans déclarer aux autorités d'immigration et de douanes sa présence, navigation tous feux éteints dans des chenaux réglementés, recel de zébus, etc.

En clair, si je me fais pincer et que les cinq mille dollars que je garde précieusement dans ma cabine ne suffisent pas à apaiser la conscience élastique des fonctionnaires de tous poils, ça risque de faire mal. Saisie du bateau, séjour à la prison de Macapa et grosse, très grosse caution pour en sortir ! Tous ces risques pour butiner soixante mille francs par voyage, je me demande certains jours si j'ai toute ma raison. Mais on ne se refait pas. J'ai toujours aimé prendre des risques, ça stimule mon existence. Et puis j'ai besoin de fric, de beaucoup de fric pour acheter mon matériel de détection électronique et tous les équipements nécessaires à la recherche d'épaves.

Le martèlement assourdi des pistons me ramène à la réalité. La nuit est claire et chaude, les effluves de la terre proche omniprésentes. Comme chaque fois, l'équipage sur le pont n'est guère rassuré. Même s'ils ne laissent rien paraître, je les sens tendus, les trois disciples de Mao qui ont embarqué pour s'assurer des intérêts de leur patron. Ce sont eux qui vont payer les bêtes et vérifier qu'elles ne sont ni malades ni blessées. Ils savent ce qui les attend si ça tourne mal, les cachots brésiliens, ce ne sont pas les maisons d'arrêt suisses. Mouloud, lui, n'a pas ce genre de soucis car il vit par procuration en fonction de mon comportement. Si je suis bien, il est tranquille, si je commence à me faire du souci, il est très mal. Ainsi, il n'aime pas me voir sortir de ma cabine avec des armes, et à chaque fois c'est pareil.

— Eh ! Aziz, tu crois qu'on pourrait nous…

— Je ne crois rien, je prévois, c'est tout. D'ailleurs, prends le fusil à pompe et va t'installer sur le gaillard avant. Si je te crie « tire ! », tu balances tout dans le tas sans faire de détail. Mais pas avant que je te le dise. C'est moi qui estime le moment de non-retour, compris ? Surtout pas d'initiative perso, ça conduit tout droit au bagne ou à l'Éternel.

C'est à cet instant précis que la V.H.F. se met à grésiller. C'est Ernesto.

— Lagarto, Lagarto, est-ce que vous me recevez ?

Lagarto, c'est moi. Ça veut dire « caïman » en quechua. Ici, personne ne connaît mon nom et on ne doit pas prononcer non plus celui du bateau.

— Ici Lagarto, j'écoute.

— Bonsoir. Où êtes-vous, Lagarto ?

— On approche du rendez-vous, on y sera dans vingt minutes.

— Bien reçu, tout est prêt, tu verras le signal habituel pour te guider.

— Rogers !

Joa a tout entendu, il est toujours à la barre, le verre à portée de main. Il fixe le compas, silencieux, il maintient le cap. Il débarquera au lever du jour, le temps de me sortir de la mosaïque des bancs de vase et des hauts-fonds du canal do Sul, pour déboucher sur l'Atlantique. Il doit penser aux trois cents dollars que je vais lui donner, l'équivalent de quatre mois de salaire de pêcheur par ici, des millions de cruzeiros. Il va pouvoir se payer un filet plus grand et réparer sa tapouille qui en a besoin. Normalement, le prix, c'est cent dollars, mais comme c'est mon dernier voyage, je lui fais une fleur, au vieux Joa, en lui offrant en plus un fusil de chasse russe et tout plein de cartouches.

Nous repérons bientôt le feu de mes maquignons. Il clignote à un demi-mille sur notre droite. Je dis à Joa de mettre le cap dessus, c'est la fin du jusant, l'heure de l'étale de basse mer. Je reprends la barre et quand je ne suis plus qu'à vingt mètres des arbres, je donne un violent coup de moteur. Le bateau laboure le fond vaseux de sa quille puis s'immobilise. Nous sommes échoués, il est 21 heures pile. Dans quatre heures, nous flotterons de nouveau. Cela nous laisse largement le temps de charger et arrimer le troupeau.

Sans perdre de temps et toujours à l'éclairage lunaire, les dix hommes qui accompagnent Ernesto fixent six gros madriers en guise de passerelle ; celui-ci monte à bord et, après m'avoir salué, prend la direction des opérations : le panneau de cale est ouvert et les compresseurs frigo tournent à plein régime. Alors qu'une buée froide de condensation s'échappe de l'entrepont, les hommes commencent à charger les quartiers de viande fraîchement découpés. Ils sont aussitôt suspendus à des crochets dans la chambre froide, tandis que les morceaux les plus petits sont rangés dans des cartons. Entre les bêtes vivantes et celles qui sont découpées, c'est l'équivalent de quarante zébus qui vont passer de la collection Da Costa à celle de l'honorable Hue Sin Yang, commerçant en tous commerces.

À minuit, le travail est achevé, mais le poids de ce fret singulier a enfoncé le bateau, si bien que nous ne flottons pas encore. Une heure d'attente à boire des tasses de café et à discuter et nous pouvons enfin nous déhaler. Le flot ascendant de la mer est largement compensé par le courant de l'Amazone qui déverse ses eaux boueuses à plus de cent kilomètres au large.

C'est le moment le plus dangereux du retour, je reste avec les armes à portée de main. En effet, on peut très bien avoir été dénoncés après une indiscrétion d'un des ouvriers d'Ernesto. Jouer sur les deux tableaux est un sport normal et fréquent dans ce genre de bled. Au-delà de la police qui, heureusement, ne possède pas de bateaux et n'est donc à craindre qu'à terre, il y a les militaires et les pirates. Les premiers se limitent à racketter tandis que les autres peuvent tuer pour voler une montre. C'est ce qui est arrivé au fameux navigateur Peter Blake, juste à l'endroit où nous nous trouvons cette nuit. La règle d'or dans ce type de parage, c'est de ne jamais laisser la moindre embarcation approcher et encore moins vous aborder. Aussitôt à portée de chevrotine, il faut tirer. Ça peut paraître démesuré comme conduite, mais c'est une question de survie. Des gens comme Peter Blake, il y en a malheureusement des dizaines par an qui se font avoir de Mexico à Buenos Aires et de Lagos à Manille. Du fait de notre culture occidentale, on a tendance à attendre que le danger se déclare avant de réagir, et c'est souvent trop tard. Peter était un homme courageux habitué à affronter les dangers des mers australes, mais la vie qu'il menait ne l'avait pas préparé à croiser le fer avec des criminels qui ne craignent ni la prison ni la mort.

C'est aussi un peu pour ça que j'ai décidé que ce serait mon dernier voyage ici, dans ces conditions clandestines. C'est toujours contrariant d'être obligé de buter quelqu'un, même si c'est un malfaisant avec ou sans circonstances atténuantes.

Pour l'heure, le *Coyote* déboule à douze nœuds vers l'île de Mochadinho, à l'est, qui n'apparaît pas encore dans le radar. Joa a repris la barre et j'ai envoyé l'équipage dormir.

À 6 heures, alors que le soleil fait son apparition en dispersant ses bandes oranges derrière des cumulus bleu nuit, nous débordons la pointe est du banc de Santa Rosa. Dans le sud, le faisceau du phare de Maguari commence à se confondre avec le jour naissant. Nous sommes libres de tout obstacle. Joa a rempli son contrat une fois de plus. Je respire mieux ; le troisième voyage ne sera pas le combat de trop. Devant l'île de Las Flechas, les deux fils de Joa attendent dans leur tapouille notre passage. Je ralentis afin qu'ils puissent m'aborder. Ils n'ont pas de moteur, juste une grande voile latine et manœuvrent cette barque non pontée de neuf mètres avec adresse. Ils ont le sourire, les deux fils, bien contents de retrouver leur père. Joa saute à bord, le fusil de chasse russe en bandoulière, les boîtes de cartouches dans sa musette et les dollars bien au fond de sa poche. Adieu Joa, et bon vent !

Je remets le moteur, en avant toutes, cap au nord-ouest.

Au troisième jour de navigation, le long des côtes du Brésil, des Guyanes et du Surinam, après avoir dépassé l'embouchure de l'Orénoque, nous nous engageons dans les bouches du Serpent entre Trinidad et le Venezuela. Les jours et les nuits défilent au rythme monotone des quarts de veille, du contrôle des moteurs et du nettoyage à la lance d'incendie des bouses de zébu. Avec le soleil aidant, tous les animaux du bord sont à la fête. Les zébus, c'est un peu difficile à dire, parce qu'ils sont aussi serrés que des sardines en boîte. Par contre, Nitrogène bronze sur le toit de la timonerie et mes deux primates nains s'en donnent à cœur joie, sautant d'un zébu à l'autre.

Je n'ai pas eu l'occasion d'en parler, mais depuis trois mois, j'ai hérité de deux singes modèle sapajou, qui sont montés à bord la première fois que j'avais échoué le bateau. Je les avais trouvés lovés l'un contre l'autre, au milieu de la nuit, sur la banquette du carré ; ils pionçaient après avoir dévasté le sachet de sucre en poudre.

Ils vivent en totale liberté sur le bateau, et le soir, pour dormir, ils regagnent une petite cage que j'ai aménagée à l'arrière de la passerelle, dans laquelle ils retrouvent leur couverture. Jusqu'à aujourd'hui, ils n'ont jamais cherché à s'évader. Le seul moment où je les enferme, c'est quand je suis dans les ports, pour éviter les problèmes avec les flics ou les douaniers, qui ont toujours un règlement quelconque pour emmerder, même les animaux. Au début, Nitrogène a bien essayé de les déchiqueter, les deux primates, mais question vitesse, il n'assurait pas, le teckel. Alors, depuis, ils sont devenus copains. Pour l'instant, mes duettistes, bien assis sur la tête d'un zébu, sont en train de lui perquisitionner les oreilles, chacun d'un côté ; ils ont dû trouver quelque chose à bouffer, car ça fait un moment que ça dure. Sinon, comme ils passent le plus clair de leur temps à monter et descendre le long du mât de charge, je les ai appelés Roux et Combaluzier !

À midi, alors que je suis encore à cinq milles de Port of Spain, une vedette de douane fonce sur nous. Arrivé à notre hauteur, le capitaine me contraint de le suivre. J'aime pas ça du tout. Qu'est-ce qui a bien pu se passer pour qu'ils viennent me chercher si loin du port ? J'interroge les trois Chinois du regard, ils ont l'air aussi étonnés que moi. Ce n'est pas la première fois qu'un bateau rentre ici avec des bœufs sur le pont ; alors quoi d'autre ? Le café, aucun problème, les armes, je les déclare toujours… Alors, mystère.

Le capitaine de la vedette, une fois arrivé, me fait signe de m'amarrer au quai de la douane sur lequel semble régner une certaine animation. Mouloud a enfermé les singes dans leur cage et le teckel dans ma cabine. Aussitôt le moteur stoppé, trois douaniers et quatre flics armés montent à bord. La perquisition commence. Elle va durer deux heures pendant lesquelles ils ne trouveront rien d'illicite. Je ne comprends toujours pas à quoi rime ce remue-ménage. Pourtant, après s'être consultés, les flics me demandent de les suivre, tout en emmenant les passeports avec eux. Surprise, ce n'est pas au bureau d'immigration qu'ils me conduisent, mais à leur quartier général de la ville. On me fait entrer dans un bureau. Là, un grand Noir en civil, sans doute un commissaire, me fait asseoir et me demande si je parle anglais. Comme c'est oui, le cirque commence. Ça démarre par les vérifications habituelles, à savoir si mon passeport n'est pas bidon, si je n'ai pas un avis de recherche Interpol, si je me drogue, si j'ai un brevet pour commander un bateau de commerce, si, si, si… Et d'un seul coup, c'est l'estocade.

— Nous avons reçu une plainte des autorités brésiliennes concernant le vol de quarante zébus dont vous seriez responsable. Qu'avez-vous à dire là-dessus ?

— Que je suis transporteur de zébus pour le compte de M. Hue SinYang, résidant ici et que mon rôle se limite uniquement à les acheminer et rien d'autre. Ce n'est pas à moi de contrôler si les animaux sont malades, volés, payés cher ou pas. Vous comprenez ? Alors le mieux, c'est d'interroger M. Hue Sin Yang, qui est le propriétaire de ce bétail.

— Nous l'avons déjà fait, mais il confirme ne pas vous connaître et puis, de toutes façons, la plainte est à votre propre nom.

À partir de cet instant, j'ai compris que c'était une arnaque entre le Chinois et les flics, car, au Brésil, personne ne me connaît sous un autre blaze que Lagarto.

— Monsieur le commissaire, pourriez-vous me montrer cette plainte ?

— Ce n'est malheureusement pas possible ; ces documents sont réservés à la justice et doivent rester confidentiels jusqu'au jugement.

— Alors peut-être pourriez-vous convoquer M. Hue Sin Yang, afin que nous ayons une explication devant vous ?

— Je vous répète qu'il ne vous connaît pas. Nous l'avons interrogé au même titre que tous les importateurs de Trinidad. Mais à propos, personne ne vous connaissant à Port of Spain, où comptiez-vous aller livrer ces bêtes ? Peut-être pourriez-vous m'éclairer sur le véritable destinataire. Alors, qui est-ce ?

— Je vous l'ai déjà dit, il n'y en pas d'autre.

— Dans ce cas, je vais être obligé de croire que c'est vous, et vous seul, l'acheteur, enfin je veux dire le voleur de ce troupeau !

Je ne dis rien, car je sais que maintenant on va passer à la phase racket.

— Vous savez que selon les lois en vigueur à Trinidad, nous pouvons saisir le bateau ainsi que sa marchandise, vous jeter en prison et vous infliger une très forte amende. Bien entendu, on peut aussi vous extrader au Brésil comme le prévoient les accords avec ce pays !

Je ne réponds toujours pas, alors il continue :

— Vous ne répondez pas ? Mais peut-être avez-vous besoin d'un certain temps de réflexion, c'est parfois nécessaire quand on a des trous de mémoire !

Ça, c'est la deuxième phase, celle de l'intimidation. S'il pense me faire peur en me jetant dans une cellule avec un clodo ou un criminel, il tombe mal le gros lard, parce que ça me fait ni chaud ni froid. Non seulement je suis totalement hermétique au chantage, mais en plus ça décuple mon énergie.

C'est comme ça que je me retrouve dix minutes plus tard dans une cage du sous-sol, entre un trafiquant de came et un violeur. Je vais y rester jusqu'au lendemain après-midi pour être reconduit dans le bureau du gros faiseur. Aussi sec, il recommence sa litanie d'hier. À 16 heures, il m'avertit que je peux prévenir mon consul, deux heures plus tard, qu'il connaît un bon avocat et enfin, vers 22 heures, il finit par s'allonger, le suffisant.

— Malgré votre insolence, vous avez beaucoup de chance, Sir. En effet, notre gouvernement entretenant d'excellentes relations avec le vôtre de la Martinique, monsieur le juge n'a pas donné suite à votre affaire, qui est somme toute négligeable. Il a donc décidé que votre cargaison serait saisie et que vous acquitterez une amende de seulement trente mille dollars. Dollars U.S., naturellement.

Et voilà, le calcul est vite fait ! Trente mille dollars, c'est juste la somme moins mes frais pour les trois voyages à Marajo. Si l'on rajoute la tonne de caoua qu'il va revendre sur un pied de cinq mille dollars, ça nous fait trente-cinq mille. Comme il ne donnera pas plus de dix mille au flic, restent vingt-cinq mille net. Si on divise par cent vingt zébus morts et vivants, ça fait du cent vingt-cinq U.S. par tête au lieu de trois cents. Un mariolle, le Ping-Pong de Nankin. Sans parler des trois mille dollars que je vais filer aux deux Colombiens qui vont aller lui brûler sa maison et ses entrepôts, au Chinois, ça fait une perte sèche de trente-huit mille thunes U.S. ! Je l'entends encore le rat : « Hue Sin Yang toujours vouloir bien aider capitaine... » Ah l'enculé !

J'envisage de quelle manière je vais pouvoir me tirer sans payer, mais je ne trouve pas la solution. Avec leur vedette, ils auraient vite fait de me rattraper avant la haute mer. Si je refuse de casquer, ils vont me piquer le bateau, sous un prétexte quelconque, le juge en a plein ses bouquins, des délits. Il en trouvera bien un à ma pointure. Non, je suis marron. Après une deuxième nuit au séchoir du sous-sol avec mon violeur et mon narco, on vient me récupérer vers 8 heures. Je monte dans le bureau du gros signer tout un tas de papiers plus bidons les uns que les autres, qui finiront à la poubelle une fois la porte franchie. Une heure plus tard, nous sommes de retour sur le *Coyote,* où, en échange des passeports, je leur file les trente mille dollars. Bien sûr les zébus et le café se sont volatilisés il y a belle lurette.

Le gros commissaire m'informe que je dois rester consigné à bord jusqu'à mon départ, et que celui-ci doit se faire sous vingt-quatre heures. Je n'attendrai pas si longtemps. Une fois les quatre flics débarqués, je mets la machine en route et, une heure plus tard, Mouloud largue les amarres. Cap à l'ouest, direction Carupano au Venezuela.

Pendant que le pilote automatique fait son œuvre et que Mouloud prépare le déjeuner, je fais mes comptes. Si c'est pas la Bérézina, on n'en est pas loin. Il me reste deux mille dollars du reliquat des lambis. C'est pas demain la veille que je vais pouvoir m'acheter mes équipements de détection. Quand tout va mal, il faut savoir sortir son joker. Le mien s'appelle « requin » en français, *shark* en anglais et *tiburón* en espagnol.

10

Chasseur de requins

DANS LA PÊCHE à la ligne en eaux tropicales, la plus rentable est sans conteste celle à l'espadon. C'est le poisson qui se vend le plus cher, surtout aux États-Unis. Seulement c'est une pêche qui nécessite des connaissances et des instruments particuliers, comme ceux servant à mesurer les différentes couches de températures selon les profondeurs depuis la surface. On ne s'improvise pas pêcheur d'espadon pas plus que pêcheur de thon du reste. Le requin lui, par contre, peut se capturer facilement pour peu que l'on mouille ses lignes dans les zones où il abonde. De façon générale, les mers tropicales sont des lieux propices à ce genre d'activité. On pourra s'étonner que je n'ai pas pensé à me lancer plus tôt dans cet exercice, mais la pêche, comme je l'ai déjà évoqué, est un métier dur, et je n'aime pas me martyriser seulement pour de l'argent. J'ai besoin de sensations, or avec les requins, passés les premiers jours d'excitation, ça devient de la routine. Sans parler que c'est salissant, malodorant et que les risques d'accidents liés aux apparaux de pêche ne sont pas rares.

Mais nécessité faisant loi, il faut bien se résigner, sinon mes projets n'aboutiront jamais. Alors allons-y pour les requins tigres, marteaux, makos et autres bestioles à triple rangées de dents. J'ai choisi le port de Carupano comme base parce que les pêcheurs japonais y ont des dépôts et ce sont eux les principaux acheteurs de requins. Je fais part de mes projets à Mouloud, qui manque de s'étrangler.

— Mais, Aziz, c'est dangereux ça ! J'ai vu dans un film des plongeurs se faire niquer le bénéfice par des putains de requins blancs !

Je le rassure, mon couscoussier.

— On ne va pas plonger, on va les prendre à la ligne, Ducon !

— À la ligne ? Avec une canne et un bouchon ? Tu es fou ou quoi ?

— Bon, ça va, prépare-nous deux ti-punchs au lieu de dire des conneries. Ce soir, en arrivant, on ira dîner à terre et après je te paierai une ou deux putes histoire de te faire plomber ; dans trois jours, on attaque.

— Pourquoi dans trois jours ?

— C'est le temps nécessaire pour refaire du fuel, charger la glace, acheter une licence de pêche, recruter trois marins, vérifier les lignes et, accessoirement, que tu ailles faire un tour chez Wong !

— Chez qui ?

— Chez Wong, le toubib chinois !

— Et pourquoi veux-tu que j'aille faire un tour chez un toubib, mon zami ?

— Pourquoi ? Elle est bien bonne celle-là ! Mais parce que la pute brésilienne que t'as baisée il y a douze jours avant de quitter Trinidad a dû te refiler la « bête de Belém », pardi ! Et l'incubation, c'est quinze jours, tu piges ?

— Non, mais tu déconnes, là ? D'abord, c'est quoi, la « bête de Belém » ? Et puis qui te prouve que je l'ai attrapée, hein ?

— La « bête de Belém », c'est une sournoiserie tout comme le bouton de Hong Kong ou la mouche de Port-Saïd. Quand tu la choppes, il n'y a plus qu'à couper ! Quant à savoir si tu l'as agrafée, pas besoin d'être Nostradamus. Quatre-vingt-dix pour cent des putes d'Amazonie et de l'Orénoque sont plombées. Mais penses-tu, Monsieur travaille sans filet.

— Mais Aziz, quand tu mets la gabardine, tu ne sens pas le petit frottement !

— Ouais, eh bien là, tu vas le sentir. Pas le frottement, non, mais le sale coup de machette qui va envoyer tes couilles sur le carrelage !

Il fait une drôle de gueule mon Larbi, je sens qu'il a besoin d'un peu d'oxygène. Alors je continue :

— Un jour, il y a un mec comme toi qui avait son gourdin complètement putréfié parce qu'il avait trop attendu. Alors il a été voir un toubib, puis un deuxième et encore un autre et les trois lui ont dit la même chose : « Il est beaucoup trop tard, il faut couper ! » Alors le mec, complètement démoralisé, a été voir Wong, le spécialiste de la médecine chinoise et lui a dit : « Docteur, j'ai vu trois de vos confrères européens et les trois veulent me trancher la queue. Vous vous rendez compte ? Qu'est-ce que je dois faire, docteur ? » Alors le charlatan de Nankin, après avoir bien observé le gourdin du mec, a conclu : « Pas besoin couper, seulement mettre pommade Wong, houite jours ! — C'est sûr, docteur, avec cette pommade, on n'aura pas besoin de couper ?— Non, pas couper queue, avec pommade Wong, queue tomber tout seule ! »

C'est un Mouloud anéanti qui retourne en cuisine préparer les ti-punchs.

Dernière balise, dernière langue de récifs. Nous venons de franchir la passe. Tandis qu'un grain violent s'abat sur nous, le bateau pique du nez dans une houle verte venant du large. Derrière la poupe, l'œil du phare de Carupano clignote. Je mets le cap au nord-est, vers le banc de Cumberland. Nous sommes cinq à bord. J'ai en effet embarqué trois matelots vénézuéliens pour trimer avec moi pendant ces douze jours de pêche. Mouloud a le mal de mer et il est d'un sale jaune pisseux. Hier soir, après avoir honoré une grosse négresse à moustache, il s'est lancé dans une partie de dames tafia avec le capitaine d'un thonier basque. C'est le jeu de dames normal, simplement les pions sont remplacés par des verres de rhum ; alors plus tu gagnes, plus tu es bourré. À la revanche, c'est l'autre qui gagne et là où ça devient vraiment intéressant, c'est à la belle quand les deux joueurs sont déchirés. Bien entendu, tout le monde parie de l'argent sur l'un ou l'autre. Moi, j'ai misé sur le Basque, car je sais que si à la technique de jeu, mon Sidi est bien meilleur, le Basque, lui, encaisse beaucoup mieux la tisane. À minuit, tout est consommé, le Basque tient toujours tandis que l'autre a glissé de sa chaise. *Out,* qu'il se retrouve le Tangérois. Je n'aurai plus qu'à le ramener sur mon dos et le jeter sur sa couchette tout habillé.

Alors ce matin, en le voyant rendre gorge, j'ai pitié de lui et le renvoie dans sa cabine.

— Laisse tomber pour aujourd'hui, Mouloud, tu es trop amoché pour faire ton boulot. Je te pardonne parce que grâce à toi, j'ai gagné cinq cents dollars. Je savais qu'à la limonade, tu n'étais qu'un tocard et un bouffon. Ah ! On peut dire que tu en fais un beau, de musulman !

— Aziz, c'est pas sympa ce que tu me dis là et puis c'est injuste, car c'est vrai que je suis un bon musulman, simplement je ne suis pas pratiquant, c'est tout !

— T'as raison, vieux rat ! Ah ! Elles seraient édifiées toutes les ingénues que tu embrouilles avec ta tchatche, si elles voyaient dans quel état il est leur Apollon de basse-cour ! Allez, va dormir, je vais prendre la cuisine en main.

Entre deux hoquets, il rejoint sa tanière, le Mouloud. Il est complètement *destroy,* sans compter qu'il vit toujours avec l'angoisse de la « bête de Belém », ce qui n'arrange rien.

Bien entendu, il a refusé d'aller consulter un toubib de manière préventive. Et Dieu sait si dans ces régions, ils en voient défiler des hommes et des femmes faisandés, autant dire que pour ça on peut leur faire confiance. Eh bien non, mon Larbi préfère jouer l'autruche. Alors, *Mektoub !*

À midi, l'annonce du banc fait bondir le sondeur. Mes trois Vénézuéliens préparent les deux lignes que j'ai sorties ce matin. Elles font cinq kilomètres chacune avec un hameçon tous les dix mètres. Mille hameçons à requins et espadons, qu'il faut appâter un par un avec des lacks qui sont des sortes d'orphies. Les lacks, je les achète congelés par boîte de douze kilos aux entrepôts frigorifiques des pêcheurs coréens ou japonais qui se trouvent à Carupano ou Cumaná.

Une fois tous les hameçons amorcés, je donne l'ordre aux hommes de laisser filer la ligne, tandis que je maintiens le bateau en droite direction, cela pour éviter que celle-ci aille se prendre dans l'hélice. Aussitôt le réa de la poulie s'emballe. Un mauvais geste, un faux mouvement et ce sont plusieurs doigts sacrifiés aux hameçons qui défilent à toute vitesse à vingt centimètres des mains de mes hommes.

La mer se tasse un peu et au nord-est, le ciel se dégage dans un tumulte de stratocumulus chassés par le vent. Dans une vingtaine d'heures, ce sera l'engagement. Un titanesque corps à corps entre ces bêtes de plus de cent kilos et nous quatre. Un duel à mort. Alors le sang empourprera d'écarlate le pont blanchi par le sel et martelé par la houle. Il faudra, dans cette mêlée furieuse, se protéger des coups de queue et de mâchoire. Éventrer, décapiter, couper les ailerons, humilier ces poissons qui, depuis l'Antiquité, ont hanté les hommes. Je pense au *Vieil Homme et la Mer.* Quelle ressemblance peut bien nous lier, sinon ces grosses bêtes que sont les requins et les espadons. La comparaison s'arrête là.

Lui, c'est un sage, sinon éclairé. Il ne mesure pas le temps qui lui sera nécessaire pour venir à bout de sa capture. Il respecte son adversaire avec la vertu souvent associée aux gens raisonnables. À son inverse, nous ne sommes que des forcenés qui, sans concession aucune, ne mesurons la taille ou le volume d'un poisson qu'en termes de dollars qu'il génère. Nous piégeons, traquons des jours et des lunes, à en oublier le sommeil, ensorcelés par la plus grande réserve d'or du monde : l'océan.

Les requins se pêchent plus facilement la nuit, car ils modifient leurs comportements. Dès le changement de lumière, il semble que leurs instincts millénaires se décuplent. Du reste, nos prises se font presque principalement de nuit. Les requins sont capables, grâce à leur sens de l'odorat élevé, de distinguer des odeurs à des kilomètres. À ce propos, nous utilisons une technique qui a mainte fois fait ses preuves et qui consiste à accrocher à un hameçon sur dix des viscères saignants, cela les attire de très loin et nous permet de vérifier si la zone est bonne ou pas.

On peut bien se demander l'usage qui est fait du requin, surtout des tigres ou makos qui dépassent souvent les cent kilos. Ce poisson a ceci de particulier qui peut faire penser au cochon, c'est que rien ne se perd : la viande procure une nourriture économique, les os et parties non consommables à faire de l'engrais, les ailerons sont très prisés des Orientaux pour accommoder leurs fameuses soupes et consommés, les dents servent aux bijoutiers, la peau tannée à fabriquer sacs et chaussures et l'huile de son foie riche en vitamine A est consommée, bien souvent d'ailleurs sous l'appellation d'huile de foie de morue. En Asie, on trouve également des cannes ou pieds de lampes fabriqués avec des colonnes vertébrales de requins.

Pour toutes ces raisons, aussitôt capturés, et en moins de temps qu'il ne faut pour le dire, ces poissons se retrouvent en pièces détachées. Les ailerons sont promptement découpés, la mâchoire équarrie, le foie mis à part, la tripaille balancée à la mer comme appât et enfin le corps sans queue ni tête nettoyé et mis dans la glace. Voilà quel est notre quotidien vingt-cinq jours par mois.

La corrida aquatique va durer six mois. Six mois à sonder les profondeurs sous des écrans de nuages et par des nuits noires, à violer les entrailles de la mer, à déverser tous les douze jours des tonnes d'animaux morts sur les quais crasseux de Carupano. Six mois à stocker les dollars des Japs, et à combler de billets des marchandes d'amour aux fragrances moisies de fond de cale ! Malgré tout je remonte la pente. Pendant ces six mois, tout en raclant l'océan, j'ai pris le temps de commander mon matériel électronique en Angleterre et d'envoyer trois Vénézuéliens régler le compte à l'immobilier du Chinois. Tout y est passé, hangar, dépôts, magasins et villa. « Captain Philippe, moi toujours bien aidé Hue Sin Yang… » Ah l'enculé ! Ça m'a coûté cher, mais au moins les pendules sont remises à l'heure. Je peux quitter Carupano l'esprit paisible.

Oui, il me faut repartir, car comme l'a si bien dit Cicéron, « donner son travail pour de l'argent, c'est se vendre soi-même et donc se mettre au rang des esclaves » ; joli sujet de dissertation de terminale. J'ajouterai qu'il y a des gens faits pour travailler et d'autres pour s'occuper, moi je fais partie de la deuxième équipe. D'ailleurs au-delà des allégations de l'orateur romain, j'en ai marre des requins, marre de ce travail de brute, marre de la vulgarité des gagneuses de la « Dolce Vita » et des Tongs qui essayent de me voler à chaque livraison ! J'ai besoin de changer d'air, d'aller fouiner au-delà de l'horizon, là où m'attend le mur vert d'un récif derrière lequel repose tout l'or des galions maudits !

11

Adieu vieux rat

Après six mois de travail intensif durant lesquels je n'ai guère eu le temps de m'occuper du *Coyote* à part la maintenance de la machine, je me trouve face à une montagne de problèmes à résoudre. Un bateau, s'il n'est pas entretenu en permanence, a vite fait de se détériorer. Ça commence par la peinture, ensuite vient la corrosion liée à la mer et l'air salé, sans compter la coque qui demande un carénage au moins une fois tous les huit mois. Autant dire que le *Coyote* a besoin d'une sacrée toilette. Ici, à Carupano, il n'y a pas les installations nécessaires, il faut donc aller à Puerto la Cruz ou Cumaná, ou à défaut la Martinique. Je téléphone donc dans tous les ports pour savoir lequel peut me sortir le bateau dans les deux semaines à venir. C'est complet partout sauf à Fort-de-France où le bassin de radoub doit recevoir un petit caboteur la semaine prochaine. Le responsable me confirme qu'il y a de la place pour deux, mais que c'est le premier inscrit qui décide du nombre de jours d'occupation. Dans le cas présent, le petit cargo compte rester cinq jours dans la forme, ce qui est largement suffisant pour moi qui n'ai que trois couches de peinture à passer.

Mouloud se réjouit de cette nouvelle. Après presque une année d'absence, il ne désespérait pas de retourner à la Martinique où, pendant son dernier séjour, il s'était fait un certain nombre de relations.

La veille de notre départ, c'est le drame. Au cours d'une altercation qui tourne mal, Mouloud se fait suriner par des Brésiliens de passage. Quatre coups de couteau, qu'il encaisse l'émir. Quand on vient me prévenir, il est 2 heures du mat' et je dors, mon teckel sur les pieds.

Au moment où j'arrive à la Concha, le bar où il se trouvait, les flics ont déjà agrafé les Brésiliens et Mouloud a été évacué à l'hôpital. Je le trouve inanimé et sous perfusion. Il est cireux. À ce moment-là, je sais qu'il est foutu. L'infirmier de nuit a fait venir un toubib en lui garantissant qu'on était des gringos et qu'il serait payé, donc qu'il pouvait se déplacer. Je l'interroge du regard.

— Votre ami a reçu deux coups dans le foie. Le temps de l'évacuer sur Caracas, il serait mort avant d'arriver ; de toutes manières, il n'existe aucun moyen de l'évacuer rapidement à cette heure-ci, je suis désolé !

— Comment ça désolé ? Mais il faut me le remettre d'équerre mon Kroumir, et au trot ! Y a toujours un moyen d'évacuer un mec, suffit de se bouger le cul. Alors faites venir un hélico.

— Il n'y pas d'hélico à part les militaires de Porlamar, mais ça va coûter au moins trois mille dollars et pour ça, il faut voir avec la garde nationale.

— Je m'en fous du prix ! On les trouve où les gardes nationaux ?

— À la sortie de la ville, je vais vous y conduire en voiture !

En arrivant au poste, je réveille le flic-troufion de garde qui pionce à côté d'une revue porno et d'une radio qui répand de la salsa dans la pièce. Je lui explique la situation pendant qu'il bâille et qu'il pète, sans même s'excuser, le mal rasé. Il regarde la pendule fixée au-dessus de lui. Trois heures.

— Trop tôt, *Señor,* pas de vacation possible avant 6 heures, ce sont les consignes...

— Écoute-moi, chef, les consignes, on va les modifier tout de suite avec ça !

Je lui balance cent dollars sur sa revue porno, alors il me dit qu'il va essayer. Il trafique ses boutons, bricole le réglage du cadran. Ça tousse, grésille, siffle, et finalement les bruits cessent : il peut parler le griveton.

— Porlamar ! Porlamar ! Ici le 108, est-ce que vous me recevez ?

Cinq fois il répète la même chose sans succès. Porlamar ne répond pas au 108. Porlamar doit pioncer aussi.

— T'es sûr que ton bordel est bien réglé ? Qu'il est bien branché sur la caserne de Porlamar et pas sur celle de Bogotá ?

— Mais *Señor,* Bogotá, c'est en Colombie, mon poste n'est pas assez puissant et...

— O.K., ça va ! Alors essaye encore, si t'es sûr de ton coup !

Au bout de vingt minutes, le tringlot de service de Porlamar répond enfin. Il fait répéter deux fois l'appel, avant de demander ce qui se passe. Mon troupier lui explique et l'autre enregistre.

— Bien reçu, *compadre.* Je vais transmettre au capitaine quand il arrivera, mais ce ne sera pas avant 6 heures !

— Rogers, Porlamar ! Je reste à l'écoute. Tu diras aussi au capitaine que ce sont des gringos et qu'ils peuvent payer tous les frais, mais faites vite !

Il raccroche son micro et se tourne vers moi.

— Je vous l'avais dit, *Señor,* pas avant 6 heures. Vous voulez un café en attendant ?

J'avale vite fait son caoua et demande au toubib de me raccompagner au dispensaire.

— Docteur, il faut absolument que vous me le mainteniez sur terre, mon pote, jusqu'à son transfert à Caracas. Là, vos collèges prendront la relève. Le foie de ce mec est déjà tellement faisandé par le rhum que ce ne sont pas deux malheureux petits coups de lame qui peuvent aggraver la situation. Je me trompe ou pas ?

— Malheureusement oui. Pour l'instant, j'ai fait tout ce qui était en mon pouvoir. Il n'y a plus qu'à espérer qu'il tienne jusqu'à l'arrivée de l'hélico. Je vous dépose et je rentre chez moi, je reviendrai à 7 heures.

Après avoir douillé le morticole, je retourne auprès de Mouloud. Il est toujours aussi jaune, mais il respire, alors je lui parle :

— Tu te souviens, vieux rat, quand tu es passé par-dessus bord l'année dernière ? J'avais réussi à te sortir de là parce que la mer, c'est mon élément. Mais, surtout, Moulana m'avait donné un sacré coup de main ce jour-là. Mais cette nuit, il est tout seul Mouloud, car moi je ne peux pas faire grand-chose pour l'aider. Alors crois-moi, t'as intérêt à tenir le coup parce que si tu présentes ton âme à Allah, ça risque de faire mal. Toi le « pas pratiquant », tu vas en prendre plein la gueule. Privé de gonzesses pendant mille ans. Parce que figure-toi que les flics m'ont expliqué pourquoi t'en étais là. C'est encore à cause d'une moukère. Forcément, t'as jamais été foutu de domestiquer ton gourdin ! Il a toujours fait la loi dans ta tête ! Tu entends ce que je te dis ou tu es déjà dans l'Éternel ? Bouge au moins les yeux enfoiré ! Enfin, tu as encore du bol dans tes conneries. Figure-toi que je fais venir un hélico rien que pour toi ; dans une heure on t'embarque direction Caracas. Et là, en deux coups, les gros, ils vont te fignoler une nouvelle santé, les vétérinaires. Dans huit jours, t'es de retour devant ton piano avec tes gamelles et on est repartis pour les Bahamas, la Jamaïque et Veracruz à danser la salsa et boire du miel de bambou...

À 6 heures, Mouloud m'a lâché, il n'a pas voulu attendre l'hélico, ni le miel de bambou ni Veracruz, il avait trente et un ans.

Tandis que je m'interroge sur les horizons barrés de la vie et les empreintes qu'on peut laisser sur les déserts de l'existence, la clarté du jour s'embellit d'un ciel bleu luisant, comme pour me rappeler que le spectacle continue.

Cet après-midi, j'ai enterré mon copain au cimetière chrétien. J'ai dû embrouiller le curé en racontant que Mouloud était baptisé. C'était ça et une tombe ou le dépotoir aux sans-nom ! Moyennant une poignée de bolívars, il a eu droit à la bénédiction du radis noir, le musulman. En plus, je lui ai casqué son loyer pour quatre-vingt-dix-neuf ans, après, je verrai.

On était cinq à l'accompagner. Les deux putes de la Concha, le barman, le Basque du thonier et moi. Les deux filles avaient des fleurs ; elles l'aimaient leur cousin du Maroc. Il faisait un peu partie de leur univers. Hier, j'ai donné ses fringues à deux « sans-rien » qui volaient dans les rues pour nourrir leur famille. Son passeport, je l'ai filé à un de mes marins vénézuéliens avant que les flics me le confisquent. Comme il a un visa américain valable encore deux ans, le marin n'aura que la photo à trafiquer. Avec ça, il pourra peut-être réaliser son rêve : immigrer aux U.S., dans une arrière-cuisine graisseuse du Bronx.

À 5 heures, en quittant le champ des morts, je retourne au bateau avec l'âme du mec qui vient d'apprendre qu'il a une leucémie. Mes animaux se doutent de quelque chose, car ils restent prudemment terrés sous la table à cartes sans bouger.

J'ai décidé de partir le soir même, ça m'évitera de traîner toute la nuit à noyer mon cafard au fond des bouteilles. À 20 heures, je largue partout. L'océan est calme et la nuit superbement étoilée. Je franchis la passe à petite vitesse pour que Mouloud ait le temps de voir une dernière fois le spectre de son bateau se dissoudre dans l'obscurité. Je jette mon verre de rhum à la mer et lance la machine en avant toutes ! Adieu, vieux rat, dors en paix ! Cap au nord !

Deuxième partie

Ferrailleur des mers

12

Rencontres à la Jamaïque

DEPUIS UNE SEMAINE, je coule des jours et des nuits paisibles à la Jamaïque avec Clara, la blonde hôtesse d'Air Florida. Après dix jours passés à la Martinique à remettre le bateau en état, je ne m'étais toujours pas accordé une minute de répit. Le *Coyote* avait repris une allure présentable et mes bestioles étaient de nouveau libres de vaquer à leurs occupations dans la journée après tous ces mois d'internement. Je suis venu ici pour prendre livraison de mon matériel électronique *British,* commandé il y a deux mois à Londres : magnétomètre à proton, sonar, détecteurs de métaux et autres bricoles dernier cri pour la détection sous-marine.

Clara, je l'ai rencontrée au Reef Club Hotel où descendent les équipages de sa compagnie. Cet hôtel me servant de boîte aux lettres, j'y passe donc chaque jour boire quelques limonades fermentées.

Pour l'heure, je suis installé à son bar en bermuda rose et liquette à palmier en tête à tête avec un planteur au maracudja. Je consulte le courrier que Desmond, le concierge, vient de me remettre. C'est une grosse enveloppe en provenance de Panamá, de mon copain Claudio, le président du club de plongée de Balboa. À l'intérieur, une lettre et huit photocopies d'un document officiel issu de la présidence de la République, qui attisent immédiatement ma curiosité. Après avoir parcouru les deux premières pages, je n'en crois pas mes yeux, j'en tombe des nues. En substance, ce document adressé à Claudio l'informe qu'une concession exclusive de trois ans pour des fouilles archéologiques sous-marines est accordée à la compagnie panaméenne C.E.D.I.S.U.B.

C.E.D.I.S.U.B., ça veut dire « Compañia de exploraciones y de investigaciones subacuáticas », et cette compagnie, c'est la mienne. Je l'ai constituée il y a deux ans dans le but d'aller fouiller les vestiges d'un riche galion espagnol, naufragé dans le Pacifique. Mais ma requête avait été classée sans suite. Et pour cause, cette épave était une des chasses gardées du président lui-même. Il fera intervenir sa propre équipe de plongeurs, qui ramènera en quelques mois tout ce qui était le plus facile d'accès. Ainsi, plusieurs millions de dollars en monnaies d'or et d'argent seront récupérés, de même que vingt-cinq canons et quarante-quatre barres d'argent. À la suite de ça, ils durent abandonner les recherches, la plus grande partie du trésor se trouvant sous le sable. Cela nécessitait la mise en œuvre d'équipements spéciaux dont ils ne disposaient pas. Sans compter que les millions de dollars déjà récupérés les avaient rendus un peu somnolents, car ils possédaient suffisamment de fonds pour se procurer tout le matériel nécessaire s'ils l'avaient voulu.

Je ne m'étendrai pas sur toutes les modalités décrites dans les trente pages de ce permis, qui stipulent entre autres les limites géographiques de son application, les droits et devoirs des deux parties, les contraintes archéologiques, écologiques et financières, la répartition des trouvailles et des pourcentages accordés, les assurances, la sécurité, etc.

À l'époque où j'avais constitué cette société, j'avais passé un accord avec Claudio et ses amis du club de plongée qui étaient pour la plupart des gens aisés et influents : « Débrouillez-vous pour obtenir un droit de concession ; moi, de mon côté, je me charge du financement de l'opération ainsi que du matériel nécessaire ! »

Aujourd'hui, les données du problème ont légèrement changé. Car si j'ai effectivement les équipements pour mener à bien une telle entreprise, je n'ai plus de quoi la financer. Mes quelque dix mille dollars d'économies, à ce jour, ne peuvent guère servir qu'à payer carburant et nourriture pendant tout au plus trois mois. Et douze semaines pour ce genre de projet, c'est très peu. Les aléas liés à ce type de mission ne manquent pas : défaillances mécaniques diverses, problèmes humains, financiers, caprices de la météo, etc.

Pourtant, cette fois, c'est peut-être ma chance et je ne dois pas la laisser passer. Pour me conforter à l'idée que je ne rêve pas, je commande un autre planteur à Stanley le barman et je relis la dernière page du contrat. Elle est bien signée de « Omar Torrijos », *Presidente de la República de Panamá.*

Je jubile, j'en connais plus d'un et pas des moindres qui louchaient sur cette épave. Des équipes de chasseurs de trésors superstructurées aux moyens financiers considérables. Alors quand ils vont apprendre que c'est le *Coyote* sans ressources qui a eu la concession, ça va tousser de Key West à Santo Domingo et de Séville à Carthagène. Moi qui ne fais pas partie de leur club ultrarestreint, je les entends, déjà, les quolibets au comptoir du Sloppy Joe's :

« Comment peut-on donner un permis à un illustre inconnu face à nous qui avons fait nos preuves ? Et puis s'il trouve quelque chose, le gouvernement va tout saisir et ne tiendra pas ses engagements face à ce naïf de Français. C'est pas à nous, Américains, qu'on risque de nous la faire avec tous nos avocats de New York et de Miami, etc. »

Il faut bien admettre que le milieu des chercheurs de trésors n'est qu'une jungle de pourris et surtout d'hypocrites où tous les coups bas sont permis. Bien entendu, l'arme principale demeure le gros billet vert U.S., qui peut corrompre à souhait. Il en existe une autre encore moins glorieuse qui consiste à subtiliser des documents des bibliothèques pour en garder l'exclusivité. Cela dit, je connais des grosses compagnies américaines qui, malgré leurs millions de dollars, se sont fait jeter du Mexique, de Colombie ou d'Équateur, où se trouvent les derniers richissimes galions connus du Nouveau Monde. Comme quoi, même les républiques dites « bananières » conservent un fond de moralité, surtout quand il s'agit de protéger leur mémoire historique et culturelle ! Ils n'ont pas été dupes longtemps, les différents responsables du patrimoine des pays d'Amérique latine, et ce, malgré les abus de certaines brebis galeuses. Ils n'aiment pas qu'on les prenne pour des cons ignorants, ce qui, en soi, est légitime, car c'est loin d'être le cas. Économiquement faible ne voulant pas dire intellectuellement attardé. Vérité déjà difficile à faire comprendre à un peuple dont la culture principale est le dollar. Alors que dire d'un chasseur d'épaves ? Celui-là n'utilisant les considérations archéologiques que pour légitimer ses fouilles, alors que seul le gain reste le mobile de sa démarche.

Enfin, pour une nouvelle, c'en est une, et pas des moindres. Ceci étant, je me trouve devant un dilemme. En effet, je n'ai pas encore eu l'occasion d'en parler, trop occupé par mes aventures de mer, mais tous ces mois passés à réunir des fonds étaient dans le but d'aller explorer le banc de la Serranilla, sur les traces de la flotte de Córdoba. Le banc de la Serranilla est un banc de corail situé en pleine mer au large de la Colombie, il affleure la surface de l'eau sur sa plus grande partie. Il est donc difficile à détecter pour peu que la visibilité soit mauvaise ou encore la nuit malgré les appareils de navigation modernes. C'est un véritable piège à navire. C'est sur ce banc qu'une flotte de galions espagnols commandée par le général Don Francisco de Córdoba ira se déchiqueter à la suite d'une tempête en 1605. Ces bateaux venaient de Carthagène chargés de l'or et de l'argent en provenance des mines du Pérou et se rendaient à La Havane. Il s'agit donc d'épaves extrêmement riches, sur lesquelles j'ai convenu d'aller plonger dans quatre mois avec des amis colombiens. Le rendez-vous est pris depuis déjà trop longtemps pour le reporter. Alors ce sera la Colombie d'abord et Panamá après. Surtout que la concession accordée étant valable trois ans, cela me laisse du temps.

Je vais téléphoner à Claudio ce soir pour lui expliquer tout ça. Je rejoins le bord avec enthousiasme et décide de m'offrir une petite soirée typiquement jamaïcaine. Je mets à profit l'absence de ma blonde hôtesse, qui fait une rotation sur Houston, pour aller passer la nuit avec les rastas. La Jamaïque abrite le culte rastafarien. Ce sont ces mecs qui, depuis une soixantaine d'années, se laissent pousser les cheveux comme les guerriers massaï du Kenya et de Tanzanie, qui ne lisent que la Bible et font une crise d'identité. Ils ne sont qu'une centaine de mille sur les deux millions d'habitants de l'île, mais ils ont su se faire entendre au-delà des océans. Alors pour en savoir un peu plus que la version « grands reporters *Paris Match* », le soir, je vais traîner dans les bars pisseux du ghetto en tôles rouillées de Trench Town. J'y vais sans Clara, car ici, ça craint déjà pour un homme blanc, alors une Blanche, n'en parlons pas.

Pendant des heures, affalé comme un clodo de Belleville, je vide des canettes de Red Stripe, la bière locale, en m'instruisant de l'esprit et des coutumes *dreadlocks*. En fait, leur religion se résume au culte inconditionnel qu'ils portent au « Roi des Rois », le Ras Tafari Makonnen, plus connu sous le nom d'Haile Sélassie Ier. Descendant de David et Lion conquérant de la tribu de Juda. Alors quand celui-ci décèdera en 1975, les cent mille va-nu-pieds déclencheront de par le monde le culte du Ras Tafari à travers des griots ambulants en relation avec les esprits. Tout un programme ! Et puis, pour faire bonne mesure, le reggae fera un raz de marée planétaire. Cela dit, la Jah Music, la musique du dieu des rastas, ne fait guère allusion directe au Négus trépassé, mais à la misère des ghettos.

Le seul problème quand je vais glander à Trench Town, c'est que je suis obligé de cloper des pétards de ganja, la marijuana locale, pour ne vexer personne. Un spliff de ganja, comme ils disent les chevelus, et moi, mon Jérusalem céleste, ce serait plutôt le havane double Corona ! Alors quand je rentre à bord vers 5 heures du mat', entre les boyards de ganja et les packs de Red Stripe, je suis un peu gris-vert. Du reste, la dernière fois, Clara, qui ne dormait pas, n'a pas manqué de me faire remarquer que j'avais la même gueule que Ribouldingue, le clodo de Maxfield Avenue. Elle n'oublie jamais non plus de me rappeler qu'un de ces jours je vais me faire suriner. Qu'il faut vraiment être débile pour traîner dans des lieux pareils la nuit quand on est blanc ou flic et que… et que… Allez donc expliquer à une Américaine, qui ne comprend généralement rien à ce qui n'est pas américain, que l'on puisse se faire copain avec des supporters du Négus Club dans un bidonville de la Jamaïque !

Une bonne nouvelle ne venant jamais seule, après le courrier de Claudio, c'est un heureux hasard qui va influer de nouveau sur mon avenir. Il se nomme Christian, ce hasard contre lequel je me heurte sur la plage de Montego, où je joue au touriste pour la journée.

Christian, c'est un coureur d'océans, va-nu-pieds, toujours fauché, mais d'un optimisme à toute épreuve. La quarantaine, tout en muscles. Cet éternel migrateur bourlingue de l'Europe à l'Afrique, des Antilles aux Amériques.

Le goût de la mer, il l'a pris il y a une dizaine d'années, en naviguant sur le *Bel Espoir,* le trois-mâts du père Jaouen.

Michel Jaouen c'est un curé jésuite qui embarque sur son grand voilier des cas sociaux, délinquants ou drogués, pour des croisières de plusieurs mois. L'abbé, il y a trente ans que je le connais et j'ai eu de nombreuses fois l'occasion de le rencontrer dans des ports comme Le Havre, Las Palmas, Fort-de-France, New York ou Montréal où je faisais moi-même escale à bord de mon trois-mâts *Erawan*. Quand je suis de passage à Paris, je ne manque jamais d'aller lui rendre visite dans son foyer où la porte est ouverte à tous. Il n'est donc pas rare de rencontrer, à l'heure des repas, des navigateurs célèbres ou des anonymes au même titre que des clochards, des putes, des flics, des voyous fraîchement sortis de taule. C'est la cour des Miracles où tout le monde est le bienvenu quel que soit son passé, sa race, sa couleur ou sa confession. Sur son bateau le *Bel Espoir,* il y a un équipage et un capitaine qui, comme chacun sait, est le seul maître à bord après Dieu ! Oui, sauf que sur le *Bel Espoir* Dieu c'est Jaouen ! C'est l'usage et personne n'y trouve à redire quoi que ce soit. Bref, Michel est un curé de choc comme j'ai eu l'occasion d'en rencontrer, de Roger Riou à l'île de la Tortue, du père Aspa à Dakar ou Gonzela Paredes dans sa mission d'Amazonie, sans parler des autres, tous des personnages hors norme et hauts en couleurs qui réconcilient avec la vie !

Après un séjour sur le *Bel Espoir* où il prendra le virus de la mer, Christian va se lancer dans la plongée *off-shore* sur les plates-formes de forage. C'est à partir de là qu'il réussira à se payer son premier bateau le *Jacques de Thézac*.

C'était il y a cinq ans, je faisais escale à Las Palmas sur un gros langoustier de Douarnenez avec lequel je me rendais au Brésil.

Un soir, un petit palangrier de Saint-Jean-de-Luz vint s'amarrer à couple de nous. À son bord, Christian et Martine qui arrivaient de France. Ils n'avaient plus de vivres, plus de fuel et plus un sou vaillant. Pendant une semaine, ils furent mes hôtes. Je leur fis le plein de carburant, de vivres et surtout je leur donnais quelques cartes que j'avais en double. Un soir, à table, je m'inquiétais justement des connaissances de Christian en matière de navigation :

— Dis-moi, vieux, de quoi disposes-tu comme équipement pour naviguer ?

— Heu… ben… à vrai dire, du minimum… J'ai une carte d'Europe, une d'Afrique, une des Canaries et une des îles du Cap-Vert où nous nous rendons. Côté bouquins, je n'en ai pas parce que ça coûte trop cher et qu'ils en vendent pas des comme ça chez Emmaüs. Pour le reste, j'ai un compas, un loch, et un sondeur en panne !

— Ouais, je vois. Donc tu ne navigues qu'à l'estime, c'est ça ? Note bien que savoir calculer une bonne estime n'est pas donné à tout le monde. Ce n'est pas aussi simple que ça paraît ! Je parle de l'estime occidentale, bien sûr ! Parce qu'il y a aussi l'estime orientale ou arabe, bien connue de tous les navigateurs de plaisance, son unité étant le « chouïa » et sa décimale le « poil de chouïa ». Tant qu'il n'y a pas de récifs ou un cargo noyé dans le brouillard devant toi, ça marche. Sinon, *Inch'Allah.*

Ça ne le trouble pas plus que ça, mon Ulysse de la banlieue sud :

— Tu sais, on en fait tout un monde de la navigation ! Mais moi, par exemple, qui suis plongeur mais pas marin, eh ben pour arriver ici, ça a été enfantin. De la France jusqu'au Sud du Maroc, tu gardes la terre à gauche du bateau et arrivé en face de Sidi Ifni, la barre quatre-vingt-dix degrés à droite et vingt-quatre heures plus tard, hop, les Canaries !

— Bon, d'accord, j'ai compris. Alors je te propose une chose : je te remorque pendant les cinq jours de mer jusqu'aux îles du Cap-Vert, qui sont sur ma route. Double avantage pour toi : économie de fuel et vitesse. En prime, tu es sûr de ne pas te paumer, genre louper les îles et atterrir un mois plus tard à Sainte-Hélène, ou pire, dans l'Antarctique !

C'est de cette façon que j'ai remorqué Christian, Martine et leur *Jacques de Thézac* de bateau jusqu'à l'île de Sao-Vicente. Il y passera deux ans à faire plonger quelques touristes rares, venus de France, jusqu'au jour où son petit palangrier prit feu, explosa et sombra au nord de l'île de

Maïo. Depuis des semaines, il s'acharnait à remonter du fond de la mer les restes des deux tonnes d'argent et d'ivoire de la *Princess Louisa*, vaisseau hollandais de cinq cents tonnes, perdu sur les récifs de Maïo, le 18 avril 1743. À la suite de ce contretemps fâcheux, il passa deux années à Mexico Beach, un bled perdu du nord-ouest de la Floride, à construire son petit ketch, sur lequel il vit aujourd'hui.

Le *Ruby* est un voilier de treize mètres que Chris a conçu pour sa passion : la plongée et la recherche d'épaves. Au gré des escales, il embarque une compagne qui reste avec lui quelques mois avant de retourner sur le plancher des vaches. Il redevient alors un navigateur solitaire pour quelque temps. Christian, je l'aime bien car ses perversions sont assez voisines des miennes sur la manière de considérer l'existence sur cette planète.

Pour l'heure, il est accompagné d'une ondine brune de dix ans sa cadette qui ne dépareillerait pas dans un concours de Miss Côte d'Azur. Il me la présente.

Maïa est chilienne par sa mère et française par son père. Elle vient de finir une licence de lettres à Paris et retourne au Chili par le chemin des écoliers. Elle a rencontré Christian à la Martinique il y a un mois. Il y a donc cinq ans que nous nous étions perdus de vue, aussi ces retrouvailles sont à la mesure de nos aventures passées. Nous commençons par squatter une table au bord de la piscine du Round Hill Hotel, où je les invite à déjeuner. Je lui fais part de mes dernières péripéties en Amazonie et de l'embrouille du Chinois, ce qui a pour effet de le faire éclater de rire.

— Tu trouves ça drôle ?

— Ah ça oui alors ! Qu'un mec comme toi, agrégé en tiers-monde, puisse se faire baiser comme un débutant par un immigrant niac, il y a vraiment de quoi se marrer… Dis-moi, papa, combien tu me donnes pour que je ne raconte pas ça à tout le monde aux Antilles ?

— Rien du tout, vieux rat, qu'est-ce que tu veux que ça me fasse d'être la risée de pierrots qui n'ont jamais pris un seul risque dans leur vie ? Et puis, de toute façon, on ne peut pas gagner à tous les coups, hein ? Mais toi, qu'est-ce que tu trafiques en ce moment ?

Christian me raconte que pendant ces derniers mois, il avait arraché à la mer des tonnes de cuivre et de bronze sur un cargo hollandais coulé au nord de Margarita.

— Décidément, tu as une prédilection pour les Bataves ! Au Cap-Vert aussi c'était un Hollandais ? Et t'en as fait quoi de ton cuivre ?

— Je l'ai revendu à Port of Spain à un ferrailleur libanais !

— Sans indiscrétion, t'as fait combien d'allers-retours entre Margarita et Trinidad ? Parce qu'un voilier de treize mètres, c'est pas vraiment adapté pour charger de la ferraille !

— J'en ai fait six avec une tonne à chaque coup. Tout sur le pont et au moteur, bien sûr. Heureusement que la distance était courte, ça limitait les risques.

Ce petit business de chiftir de la mer lui a permis de réunir un joli magot, de quoi tenir plus d'un an, comme il dit. Il est vrai que ce qu'il dépense en un an, je le carbonise en trois mois. Mais comme disait un copain : « La notion de richesse, c'est relatif. Ce n'est rien d'autre que le temps mis à dépenser une somme X. »

— Tu vois, Phil, un clodo qui dépenserait deux mille francs en une heure, eh bien il aura été riche une heure dans sa vie ; alors qu'un prolo qui dépense huit mille francs par mois toute sa vie n'aura jamais été riche une seule fois ! C'est une démonstration qui en vaut une autre, mais encore une fois, il faut bien se consoler des injustices, de la vie, surtout quand on est clodo.

Nous passons ainsi l'après-midi à débiter nos aventures réciproques des cinq dernières années et ce, à grand renfort de tafia, tant et si bien que je loupe mon avion pour Kingstown. Au crépuscule, nous rejoignons le *Ruby* où la discussion reprend de plus belle jusque tard dans la nuit. Une qui tombe des nues, c'est Maïa, quand elle apprend les exploits de son Christian qu'elle ne connaissait pas.

— Dis donc, Doudou, t'es un drôle de cachottier, c'est quoi cette histoire d'évasion de la prison d'Abidjan ? Et ce trafic de cigares cubains ? Tu ne m'en avais jamais parlé ?

— C'est de l'ancien, ça, ma Doudou, du passé, il faut vivre dans le présent, et le présent, ce serait que tu nous bricoles un ti-punch.

Enfin, là où elle reçoit l'estocade, la jolie Franco-Chilienne, c'est quand son Doudou d'amour me demande si j'ai de la dynamite sur le *Coyote.*

Pas des masses, mais suffisamment pour s'expliquer avec des roches ou des tôles récalcitrantes, voire avec des malfaisants. Pourquoi, t'as des problèmes avec un huissier ?

Il n'a pas le temps de répondre le Doudou, sa fiancée est trop remontée.

— Vous êtes des antisociaux tous les deux, de dangereux psychopathes ! Qui peut bien vendre de l'explosif à des gens comme vous ?

— Les militaires vénézuéliens qui le volent dans leurs dépôts. Normal, ils sont payés avec deux mois de retard, il faut bien qu'ils nourrissent leur famille, non ?

— Peut-être, mais ils pourraient choisir mieux leurs clients ?

Les gens ont souvent tendance à nous prendre pour des illuminés en écoutant raconter nos aventures dans les bistrots ou dans les salons, mais, contrairement aux apparences, nous sommes extrêmement pointilleux dans certains cas de figure et plus que tout quand il s'agit d'affronter les éléments naturels. Pour le reste, tout est permis, ce n'est qu'illusions ou dangers provoqués par l'homme, c'est-à-dire faux problèmes puisqu'on peut les stopper à tout moment si on le désire. Il ne faut pas oublier que la vie que Christian et moi menons est à la portée de n'importe quel individu en bonne santé. Il suffit d'en avoir envie et ensuite de se donner les moyens de réaliser ses rêves. Et ça c'est souvent moins compliqué que de créer sa propre entreprise ou de travailler pour un patron exigeant. Il y a deux mille ans, le fameux Sénèque écrivait déjà : « Ce n'est pas parce que les choses sont difficiles que les gens n'osent pas, mais c'est parce que les gens n'osent pas que les choses sont difficiles. »

— Tu ne m'as pas répondu, Chris, qu'est-ce que tu comptes faire avec des explosifs ?

— Je connais une épave de cargo dont l'hélice est en bronze. Elle doit peser plusieurs tonnes avec son arbre et le seul moyen de la remonter c'est de la fractionner. Alors sans explosifs macache !

— Pour ce genre de job, ce n'est pas du C4 qu'il faut, mais une bonne tronçonneuse pneumatique ou, encore mieux, un chalumeau de découpage, et j'ai tout ça à bord. Alors raconte un peu c'est quoi cette épave ?

— L'année dernière, après avoir terminé avec mon cargo hollandais sur Margarita, je suis allé passer trois mois aux îles d'Aves au large du Venezuela. En fait, j'y suis allé pour trois raisons : la première c'est que c'est désertique, je n'ai vu personne pendant tout mon séjour ; la deuxième, pour la chasse sous-marine car les fonds sont vierges et la troisième pour voir ce qu'il pouvait y avoir à gratter sur la barrière de récifs ! On a tous la liste des principaux bateaux qui se sont crashés sur les coraux, mais moi je me suis dit qu'il y en avait forcément d'autres. Tu connais la zone, c'est un vrai piège pour la navigation. Alors comme j'avais le temps et que je ne dispose pas de magnétomètre, mais seulement d'un vulgaire détecteur à métaux, je me suis tapé toute la barrière à la nage !

— Tu veux dire que tu t'es appuyé les cinq milles au vent des récifs ?

— Oui papa ! Avec palmes, masques et tuba. Tous les matins je partais avec le Zodiac. Je le mouillais au dernier point de la veille et j'avançais chaque jour entre sept cents et mille mètres sans me presser à chercher le moindre indice suggérant une épave. Je suis resté trois mois et je peux affirmer, sans prétention aucune, que personne au monde n'a un relevé aussi précis que celui que je détiens concernant toute la ferraille, le bronze, les chaînes, les ancres, les canons, etc. se trouvant le long des cinq milles que fait la barrière de corail.

— Ça je veux bien te croire, d'ailleurs pourquoi veux-tu que les chasseurs de trésor aillent se martyriser aux Aves alors que tout le monde sait qu'il n'y a aucun galion gavé d'or qui a coulé là ? À part peut-être la patache de 1613 qui venait de Margarita avec des perles, mais ça ne va pas chercher bien loin tout ça ! T'es vraiment pas net comme mec !

— Pas si sûr vieux rat ! Parce que sans bouquin, sans Lloyd Register, sans électronique, j'ai quand même découvert pas mal de choses intéressantes dont la carcasse assez bien conservée de ce cargo, qui à vue de nez doit dater des années vingt ou trente, mais dont la proue et la poupe ont été dispersées si bien que je ne connais pas son nom.

— Pas compliqué de savoir, tu l'as dit toi-même, suffit de faire des recherches au Lloyd pour savoir son nom, d'où il venait, où il se rendait et ce qu'il transportait.

— Eh bien moi, tu vois, le chiftir de la mer comme tu m'appelles, je peux déjà t'éclairer sur trois réponses. La première c'est qu'il devait être américain, car j'ai trouvé une poulie en fer sur laquelle était gravée : « Knock-Baltimore » ; la seconde c'est que vu la position de l'épave, il venait du nord et se rendait soit au Venezuela, soit à Curaçao et enfin question fret, en dehors du périssable disparu, il transportait des rails de chemin de fer, des roues de wagon et des caisses d'obus, ce qui confirme qu'il venait bien des U.S.

— Bon, c'est bien gentil tout ça, mais à part les quelques tonnes de bronze de l'hélice, qu'est-ce qu'il y a d'autre ?

— Eh bien puisque que tu es équipé pour le découpage, il y a des kilomètres de tuyaux en cuivre, les doubles hublots de bronze, une trentaine environ et enfin les douilles d'obus si tu te sens capable de les désolidariser de leurs projectiles. En ce qui concerne cette dernière option, tu m'oublies bien sûr !

— Naturellement tu as la position exacte de l'épave, qu'on ne la cherche pas pendant un mois ?

— Maximum deux jours pour la retrouver et encore avec l'électronique dont tu disposes maintenant, quelques heures pas plus.

— Et le bateau, on le mouille où par rapport au chantier ?

— Juste derrière le platier, la mer est calme et le fond de bonne tenue pour les ancres. Le seul moment où il faudra venir à la verticale de l'épave sera le jour où l'on chargera. Pour ça il faudra attendre que le vent faiblisse. Ça peut prendre une semaine ou deux donc pas très longtemps. Voilà petit papa, si ça t'intéresse je t'accompagne. De toute façon, moi je ne peux rien faire avec mon bateau, il est trop petit et je ne suis pas équipé. Ah ! Puis j'oubliais ! Pour vendre le bronze et le cuivre, le plus près c'est Trinidad, mon Libanais paye bien et…

— Impossible, je ne peux plus mettre les pieds à Port of Spain après ce qui s'est passé, il faudra trouver un autre acheteur.

— Alors Porto Rico ! Je connais un Américain qui paye *cash* et qui surtout se charge du dédouanement.

13

Rendez-vous avec l'histoire

— Clara !

— Oui, mon capitaine ?

— On dit pas « mon » capitaine dans la marine, mais « oui, capitaine » tout court, ce sont les biffins qui disent « mon ». Tu es toujours en vacances le 15 ?

— Oui, mon emmerdeur ! Et dis-moi capitaine, c'est quoi un biffin ?

— Un biffin, c'est un briscard, un grognard, un poilu, un soudard, un troupier, un piou-piou, un troufion, un tringlot, un soldat, quoi !

— Tout ça pour appeler un soldat. Nous, en américain, on n'a que deux mots.

— Pas étonnant, il vous manque deux mille ans de civilisation. Bon, mais ce que je voulais te dire c'est que je dois aller fouiller une épave au large du Venezuela. Alors si tu veux passer Noël et finir l'année dans un lagon, le départ c'est après-demain matin. Christian et Maïa sont déjà partis avec le *Ruby*, on les rejoindra sur place. Tu voles demain ?

— Le matin seulement un aller-retour Miami. Je serai de retour vers 13 heures, à moi les vacances et tout l'or des galions !

— On va pas chercher le trésor d'un galion, on va découper de la ferraille sur un vieux vapeur à charbon ! Allez, prépare-toi, je t'emmène dîner à la Morgan'Tavern.

Ceux qui ne voient pas l'arrivée de Clara à bord d'un bon œil, ce sont mes deux primates et Nitrogène. Ils se disent que si Clara rapplique, leur espace affectif risque d'en prendre un coup. On peut encore admettre une étrangère à bord, le temps d'un court séjour au port, mais de là à l'embarquer, c'est une autre histoire. C'est qu'ils se sont habitués à moi, les mammifères. Ils savent déguerpir au grand galop quand je suis de mauvaise humeur et venir se faire caresser quand je suis rayonnant. Ils sont comme mon banquier de Panamá. Ensoleillé quand tout va bien et ombrageux quand la merde se profile à l'horizon. Sauf qu'eux ne sont pas vicieux. Quand ils tapent dans les provisions, ils ne volent pas, ils se servent ! Alors l'arrivée de Clara peut être grave pour eux. Ils ne pourront plus se servir ni casser ce qui leur tombe sous la main en toute impunité. Finie la vie peinarde. Cette soudaine possession des lieux pourrait bien se terminer au zoo du Bronx vite fait. Là, plus question de rigoler. C'est au pas de course qu'ils te les materaient mes duettistes, les matons du bagne. Et puis, pourquoi pas, on pourrait aussi les fourguer à un trafiquant de bestioles qui te les enverrait dans une rue de Karachi, tapiner comme saltimbanques pour gagner la gamelle d'un proxénète à primates sans scrupules.

C'est vous dire qu'en voyant leur air abattu à tous les deux, je réagis illico en leur votant deux bananes pas mûres pendant que Nitrogène, dans mes bras, lèche mes oreilles.

Hier soir avec l'équipage d'Air Florida et Clara, on a fêté notre départ, alors ce matin, en gagnant le large, ce n'est pas la grande forme. J'ai le visage d'un sale gris acier. Celui des nuages des tempêtes d'ouest au-dessus d'Ouessant. J'ai aussi la gueule pâteuse d'un canard qui a bouffé des orties toute la nuit et pour couronner le tout, une sérieuse casquette de plomb. On ne devrait jamais fêter les adieux la veille d'un départ, mais l'avant-veille. Quel bordel, je ne suis bon à rien ce matin, heureusement, le pilote automatique et l'alarme radar font le travail à ma place. Une fois dégagé de Pointe del Morro, je confie la surveillance à Clara et je vais me coucher, car cette nuit, pas question de dormir et quand on navigue seul ou à deux, il faut bien savoir gérer ses heures de sommeil. La nuit, justement, pour m'occuper, je bouquine ou j'écoute Beethoven, mon préféré, en fumant de gros havanes. Quand la somnolence me guette entre deux cafés, je vais prendre l'air sur le pont, dans les embruns, ça fouette le sang. Et puis si je m'ennuie, je vais emmerder Roux et Combaluzier en leur braquant le faisceau de ma torche. Ils n'aiment pas ça du tout, être réveillés, mes simiens, et me le font savoir en poussant des cris de déments. Alors je gueule encore plus fort qu'eux et ça me maintient éveillé. Manquerait plus que ça que mes deux moteurs à bananes à qui je passe tout refusent de me filer un petit coup de main de temps en temps !

Cette nuit je n'ai pas sommeil, car j'ai dormi jusqu'à 18 heures, alors je les laisse tranquilles. Quant à Clara, qui n'a pas trop le pied marin, elle est partie se coucher sans dîner.

De la Jamaïque au banc des Aves, il y a environ six cent cinquante milles, soit un peu moins de trois jours de route, mais avec la houle moitié dans le nez, moitié par le travers. Autant dire que l'on se fait copieusement secouer, surtout qu'en ce mois de décembre, l'alizé est bien établi. Régulièrement, des paquets de mer embarquent par bâbord éclatant sur le bastingage en projetant des gerbes d'embruns dans les carreaux de la timonerie. J'ai une pensée émue pour Christian et Maïa, qui à l'allure de près à la voile, doivent en prendre plein la gueule. J'essaye de les appeler à la radio, mais personne ne répond. Il va mettre deux jours de plus que moi pour arriver à destination, c'est pour ça qu'il est parti plus tôt. En pensant à eux, je me félicite une fois de plus d'avoir abandonné mes voiliers pour un bon bateau à moteur bien marin et avec une grande autonomie. La voile c'est formidable quand on n'a rien à faire d'autre que de se promener, mais pour le reste cela représente beaucoup trop de contraintes et de fatigues inutiles. Du reste, Christian aussi changera son fusil d'épaule quelques années plus tard. Il revendra le *Ruby* pour se racheter un petit crevettier à moteur américain de façon à bénéficier de plus d'espace et avec quelques apparaux de pêche, il pourra s'assurer une qualité de vie correcte au gré de ses besoins. Avec un voilier, aucune chance de pouvoir vivre de son bateau, sauf en pratiquant le charter. Mais si cette activité était encore jouable à la fin des années soixante pour des petits voiliers comme celui de Christian, cela cessera rapidement dès les années soixante-dix avec l'arrivée de voiliers confortables, voire de luxe, construits expressément pour cette activité touristique. De plus, d'année en année, la surenchère ne fera qu'augmenter tant et si bien que pour trouver sa place au sein d'une agence de charter renommée, il faudra investir des sommes astronomiques pour avoir la chance d'obtenir du travail. J'en sais quelque chose pour être passé par là pendant quelques années.

À 2 heures du matin, le troisième jour, je ralentis ma vitesse car je suis près d'arriver sur le banc des Aves. Il ne s'agit pas de rajouter une épave de plus sur cette barrière meurtrière. L'écho que me renvoie le radar est équivoque, la ceinture de corail, trop basse sur l'eau, se confond avec la houle. Dans ce genre d'endroit, la prudence conduit à se présenter dans les passes parsemées de coraux quand le soleil est au zénith. Alors je mets à profit le reste de la nuit et la matinée à contourner prudemment le banc par l'ouest afin de m'engager par la passe du sud, qui est la plus débridée. À ce moment de la journée, les rayonnements solaires se répercutent sur les fonds de sable blanc, dévoilant, de-ci de-là, la masse sombre des pâtés de coraux effleurant la surface.

À 13 heures, je mouille mon ancre, stoppe le moteur et vais libérer Roux et Combaluzier. Soudain, c'est le silence après ces soixante-douze heures de chevauchée dans les vagues, le vent est tombé, le bateau immobile. Je ne peux m'empêcher de penser à un vieux copain qui avait passé sa vie à naviguer sur toutes les mers du monde et qui, un soir, dans un bar d'Esméralda en Équateur, m'avait dit : « Finalement, tout bien réfléchi, le plus chiant dans la navigation, c'est l'espace entre deux atolls. »

La réverbération sur ce demi-lagon est éblouissante et la chaleur de plomb, aussi je m'octroie sans perdre de temps deux Red Stripes glacées. La première pour la soif, la seconde pour le plaisir.

Depuis que le bateau est immobile, Clara a réapparu dans un bikini à rendre nerveux des objets inanimés. Il faut dire que physiquement, elle se situe à des années-lumière des danseuses qui agrémentaient nos soirées à Carupano avec Mouloud. Clara, ça serait plutôt le style surfeuse des magazines. Ça me change et ce n'est pas moi qui vais m'en plaindre.

Ce premier après-midi, je le mets à profit pour l'éclairer au maniement d'un moteur hors-bord et du Zodiac qui le prolonge. Sur un bateau-école, ça prend huit jours payants ; ici, c'est une heure gratis. Je l'initie également à la plongée. Nous allons faire une petite reconnaissance autour de l'îlot devant lequel j'ai ancré le *Coyote.* Ce n'est qu'un banc de sable que se disputent quelques buissons sur lequel se dresse un pylône avec un feu dont la base est en partie constituée de blocs de coraux entassés. Rien à voir avec le phare de Cordouan, à l'entrée de la Gironde. À l'extrémité nord de cette langue de sable, nous trouvons un amoncellement de coquilles de lambis, ainsi que des vestiges de tortues de mer. Preuve que de temps en temps, des pêcheurs viennent traîner ici. À propos de pêche, il me faudra moins de trente minutes pour assurer le dîner avec huit petites langoustes mouchetées, appelées « brésiliennes ».

Cette première soirée, nous la célébrons autour de ces savoureux crustacés et d'un chablis frais à souhait. Cela nous conduit plus tard à une nuit caressante sous la Voie lactée. Alors, avant de m'assoupir, comblé, je me dis que je suis quand même mieux ici que dans le plus prestigieux palace du monde.

À 7 heures le lendemain, je déborde le Zodiac en laissant la garde du *Coyote* à mes animaux non domestiqués et à Clara qui a besoin de plus de six heures de sommeil. Direction la caye du milieu. Dans le canot, outre mon équipement de plongée, j'étrenne mon magnétomètre tout neuf. Cet engin est capable de détecter des masses métalliques d'une tonne à plus de vingt mètres de distance. C'est pas mal car le moindre canon ou la moindre chaîne avec son ancre dépasse largement ce poids-là. Pour l'alimenter, j'ai une grosse batterie que j'ai mise en charge toute la nuit. Je le traîne donc derrière le Zodiac et à chaque anomalie enregistrée sur l'écran de la console, je saute à l'eau vérifier d'où vient l'écho. On peut aussi jeter une bouée pour revenir plus tard, ce qui est la technique la plus souvent pratiquée.

Le premier écho, je l'enregistre vers 9 heures, dans quatre mètres d'eau. Je stoppe immédiatement le Zodiac et jette un grappin. Cette faible profondeur m'évite de m'encombrer des bouteilles et c'est en apnée que je vais faire mon premier repérage. En fait, il ne s'agit pas de lingots d'or mais d'un amas de ferraille, vestige d'un bateau moderne. Je fouine quand même autour de ces tôles en décomposition histoire de voir s'il n'y aurait pas des hublots, ou même une hélice en bronze à récupérer. Mais je ne rencontre rien d'autre que des murènes et autres perroquets bleus qui ont élu domicile dans les débris de cette épave. Ce sera l'unique alerte de la journée, mais pas la seule émotion car la plongée en mer, avec ou sans bouteilles, demeure ma plus grande passion. J'ai dû passer des milliers d'heures sous l'eau depuis l'âge de dix ans. Mes premiers coups de palme, je les ai donnés dans le port huileux de Casa à tirer des mulets au trident sous la coque des bateaux du yacht club. Plus tard, au cours de mes navigations, je connaîtrai les eaux cristallines de la Méditerranée et des tropiques, ainsi que les eaux limoneuses d'Afrique et d'Amérique du Sud. J'ai même plongé dans l'opacité des fleuves d'Amazonie mais là, c'était pour chercher de l'or à l'aide d'une pompe à mammouth, sorte d'aspirateur sous-marin appelé aussi « suceuse-dévaseuse ». Pendant des heures, bien lesté au fond de la rivière, j'aspirais le sable et les graviers dans lesquels viennent se piéger l'or en paillettes et en pépites.

La plupart de mes plongées, je les ai effectuées seul. Sous la mer, plus de panneaux d'interdiction, plus personne pour m'emmerder. En cas de problème, je ne peux m'en prendre qu'à moi-même. Alors aujourd'hui, encore une fois, je plane dans les ondes, je me gave de couleurs, éclatantes de luminosité à l'aplomb du soleil, plus sombres au passage brutal des nuages. Je ne suis jamais sevré de l'incessant ballet de la faune sous-marine, de cet aquarium conçu à ma dimension. Avec le temps, j'ai appris à reconnaître les antennes de langoustes mêlées aux algues diverses, la grotte où débusquer un mérou, la zone sablonneuse où reposent les grandes raies pastenagues. Je suis en complète symbiose avec cet univers aquatique de jour comme de nuit. Celui-ci n'a de cesse de m'empoigner au-delà des jungles, des montagnes et des déserts. Il ne me manque que les branchies…

Vers 17 heures, au moment où le *Ruby* franchit la passe, je retourne à bord. Je ne ramène ni or ni argent, juste un mérou et quelques cigales de mer pour le dîner. Tout le monde m'attend sur le pavois. Clara par curiosité et, vingt centimètres plus loin, les singes parce que c'est l'heure des bananes. À ce moment, je pense que ces vingt centimètres d'écart sont la réduction de quinze millions d'années entre mes deux proconsuls de gauche et mon *Homo sapiens* blonde de droite. Stupéfiante révélation !

Après avoir mouillé le *Ruby* à cinquante mètres du *Coyote,* Christian et Maïa nous rejoignent à bord. Nous avons convenu que nous prendrions nos repas sur mon bateau, parce qu'il y a plus de place que sur son petit voilier. Je le renseigne sur mon premier repérage tandis que Clara met le mérou et les cigales sur le barbecue et Maïa confectionne des ti-punchs. Nous établissons la stratégie à adopter. Maïa propose de se charger de la mission essentielle que constitue l'approvisionnement en poissons, langoustes, tortues, lambis et oursins. Elle en profitera pour initier Clara aux subtilités de la chasse sous-marine. Ce ne sera pas très difficile, parce qu'ici les fonds sont vierges et la faune n'est pas craintive mais curieuse. Cela permet de sélectionner son menu sans destruction inutile et cela dans trois mètres d'eau.

Tard dans la nuit, nous étudions la carte de détail du banc des Aves, mais surtout celle dressée par Christian pendant les trois mois passés ici. Il me l'avait déjà montrée à Montego Bay, je n'y avais alors jeté qu'un coup d'œil distrait, trop occupé à évoquer nos souvenirs réciproques de ces cinq dernières années. Ce soir c'est différent et c'est de manière très attentive que j'écoute ses commentaires.

— Tu vois tous les points marqués en rouge, eh bien ce sont des vestiges d'épaves. Les bleus, ce sont des ancres avec leur chaîne et les verts ce sont des canons, en fonte ou fer malheureusement.

— J'imagine qu'une grande partie de ces canons provient de la flotte de l'amiral d'Estrées. Combien en ont-ils récupéré déjà ?

— Un peu plus de la moitié des cinq cents, ceci dit il y en avait un certain nombre en bronze dans le tas, alors avec un peu de chance, sait-on jamais…

— C'est qui l'amiral d'Estrées ?

Nos deux Américaines, du Nord et du Sud, ne perdent pas un mot des échanges entre Christian et moi et ont besoin d'explications. Il est vrai que pour nous qui avons passé tant de mois à fouiller dans les archives, à lire tout un tas de bouquins concernant les naufrages, cela paraît évident d'évoquer, de-ci de-là, l'amiral d'Estrées, Surcouf, Morgan, Lapérouse, Bougainville, Nelson et tant d'autres.

— Bon écoutez les filles, je résume…

14

Le désastre de la flotte française de 1678

NOUS SOMMES en 1665 et l'on peut se demander par quel miracle la France a pu garder ses colonies d'Amérique et des Antilles, colonies fondées grâce à Richelieu et Mazarin.

Quand on sait qu'à cette date, la France ne pouvait aligner guère plus de trois cents grands navires de commerce au long cours, pendant que les Anglais en disposaient de quatre mille et les Hollandais trois fois plus, cela laisse rêveur. C'était d'ailleurs les Hollandais qui détenaient le monopole de tout le trafic maritime de la planète.

Il fallait que cela cesse et c'est pourquoi, en 1672, Louis XIV démarrera la guerre de Hollande sur terre mais aussi sur mer. Ce sera sans conteste jusqu'à aujourd'hui la plus grande épopée maritime de l'histoire de France grâce à une poignée d'hommes audacieux emmenés par Colbert.

En quatre années, le 22 avril 1676, le grand amiral Abraham Duquesne mettra un terme à la suprématie hollandaise sur les mers d'Europe en battant la flotte d'un autre grand amiral que fut Ruyter devant le fort sicilien d'Augusta.

Après cette défaite, la Hollande en a assez, l'Espagne aussi. Seule l'Allemagne continue à se battre à terre mais sans succès face à Turenne et au « Grand Condé ». Pendant ce temps, les Anglais regardent tout ce beau monde s'entre-massacrer, mais Charles II ne bouge pas. Louis XIV est le maître de Gand et d'Anvers et surtout règne sur les mers et ce, grâce à un homme, Colbert. Homme de génie, à la fois grand faiseur de flottes, grand économiste et grand argentier du royaume qui n'a qu'une ambition, fonder pour le Roy et la France une éternelle puissance sur terre et sur mer. C'est à ce moment que Louis XIV va signer la paix de Nimègue.

Pendant ce temps aux Antilles, malgré la disparition de Ruyter et la paix signée, l'orgueil hollandais brûlait encore et leur vice-amiral Binckes avait pris Cayenne et Tobago. Pour contrer l'audacieux Batave, Colbert va envoyer à contrecœur l'amiral d'Estrées. À contrecœur parce qu'il s'était repenti de ne pas avoir frappé d'Estrées *en* disgrâce à la suite de sa lâcheté face à Ruyter en mer du Nord à la bataille de Texel trois ans plus tôt. Par sa faute, le débarquement sur la Hollande ne put se faire.

Aussitôt arrivé aux Amériques avec sa flotte, d'Estrées va attaquer Cayenne qu'il libérera des Hollandais. Puis ce sera au tour de l'île de Tobago où malgré une succession de maladresses et un véritable carnage des Français, plus de mille tués, il réduira l'escadre de Binckes, qui par chance s'était enflammée. Il pensait ainsi réaliser un coup d'éclat, en réalité ce n'est que la chance qui l'a servi. Le lendemain de cette victoire, d'Estrées voulut faire une conquête beaucoup plus flatteuse et décida d'aller attaquer Curaçao. Avant cela, il retournera en France où Colbert lui fait de nouveau confiance. C'est ainsi qu'en 1678, il prend la mer pour l'île hollandaise.

D'Estrées est un piètre navigateur et les ordres de route qu'il donne aux capitaines de ses vaisseaux sont mal perçus. Mais il n'a cure des remarques de ses subordonnés. Ces derniers lui préconisent entre autres d'embarquer comme pilotes quelques flibustiers français qui connaissent parfaitement les parages et qui sont tous dévoués au roi de France en plus. Mais, dédaigneusement, d'Estrées leur rétorquera : « Ceux qui vinrent ici pour la première fois n'avaient point de pilote ! »

C'est à partir de là qu'il décide de longer la côte du Venezuela, au large, au lieu de piquer directement sur Curaçao qui était la route normale.

Le 11 mai 1678, à 21 heures, la flotte se jette sur les récifs des Aves. Sept vaisseaux de ligne, trois frégates, trois corsaires et quatre cent quatre-vingt-quatorze canons sont engloutis, sans parler de plus de mille deux cents noyés, de toutes les cargaisons perdues. C'est la honte d'un amiral quittant le premier son vaisseau perdu par sa faute, la honte d'une foule d'officiers qui imitèrent la manœuvre de leur amiral, abandonnant leur navire sans se soucier de ceux qui pouvaient y rester. Somme toute, cette tragédie ne serait passée qu'au rang d'anecdote si les Français ne s'étaient pas rendu compte qu'une fois de plus on avait confié leur marine à des ignorants des choses de la mer. Si la leçon ne fut pas perdue pour Colbert, elle le fut pour la nation. Car cinq ans plus tard, il mourut et il ne fut jamais remplacé.

Il faut dire que Louis XIV, dédaigneux de tout ce qui concernait la marine, préférait mille fois les victoires de Turenne ou Condé à celles de Duquesne. Le désastre des Aves fut-il la goutte qui fit déborder le vase ? Toujours est-il que c'est un Colbert disgracié par le Roy et maudit par le peuple qui mourra en 1683, après avoir réussi à lui seul à faire de Louis XIV le monarque le plus puissant du monde sur mer et sur terre.

Mais comme les leçons d'histoire ne servent jamais aux dirigeants qu'ils soient rois, empereurs ou présidents, ce sera le propre auteur responsable du désastre des Aves qui sera reconduit dans ses fonctions. Il sera de nouveau envoyé croiser dans la mer des Antilles pour s'attaquer aux intérêts espagnols, et ce, malgré le traité de paix de Nimègue entre la France et l'Espagne ! Bel exemple s'il en est de montrer une fois de plus la haute moralité de nos dirigeants, toutes tendances confondues, de l'Antiquité à nos jours. Ça fonctionne encore très bien aujourd'hui et le degré de perversité de l'être humain en général et des politiques en particulier est sans limites, suffit d'ouvrir son journal chaque jour pour s'en persuader.

Cette fois-ci, d'Estrées va s'attacher à se pourvoir d'un pilote qui ne sera rien moins que le fameux flibuster Grammont, l'homme qu'il aurait fallu avoir pour éviter le naufrage de 1678. En conclusion, on peut dire que Louis XIV aura eu trois grands marins pour le servir – Duquesne, Tourville et Suffren – et c'est avec le désastre de la bataille de la Hougue que s'achèvera l'épopée de la marine royale à cause, une fois de plus, de l'ignorance du Roi-Soleil. En 1692, on peut dire que notre marine est presque morte. Louis XIV, acquis aux *fantasmagories du démon de la martingale,* abandonne alors la guerre d'escadre pour la course et les corsaires. Il faut dire qu'il n'a pas supporté la leçon de la Hougue, cette cuisante défaite, la première depuis plus de trente ans qu'il gouverne. Face aux quatre-vingt-dix-huit vaisseaux de la coalition anglo-hollandaise, Tourville ne peut aligner que quarante-quatre navires. D'un côté quarante-trois mille hommes contre vingt et un mille et six mille huit cents canons face aux trois mille Français. Voilà posé le problème de la Hougue. Et le génie manœuvrier de Tourville face à la stupéfaction du comte d'Oxford de tant de témérité des Français n'y suffira pas. L'escadre sera mise en déroute et détruite, dont le fameux vaisseau le *Soleil Royal.* Or, pendant toute cette bataille, on a attendu en vain l'arrivée de d'Estrées qui remontait de Méditerranée. Encore lui !

C'est donc à partir de cette date que Louis XIV se lance dans la guerre de course. Le seul problème c'est que l'on ne protège pas nos colonies ni les transports marchands avec des corsaires, mais bel et bien avec des escadres. Les corsaires peuvent désorganiser le commerce maritime par quelques coups audacieux, toutefois ils ne peuvent pas s'emparer d'une île ou d'un comptoir anglais ou hollandais de l'Inde ou des Antilles, fortement défendus. Du moins dans la théorie. Car dans la pratique, plus d'un flibustier ou autre corsaire ont réussi à s'emparer d'un comptoir portuaire ou de quelques villes même fortement défendues, mais on ne prête qu'aux riches…

Néanmoins, les corsaires français vont réussir à semer la panique dans le commerce anglais et cela grâce à quelques marins qui feront la fortune des négociants et armateurs de Nantes à Dunkerque. Les plus prestigieux seront Jean Bart, Duguay-Trouin, Ducasse, Forbin, Pointis et autres Cassard. Malgré leur talent et leur exceptionnelle audace, ils ne survivront pas à la mort de Louis XIV et l'on peut dire qu'en 1715, la marine française n'existe plus !

On retrouvera à peu près les mêmes ingrédients moins de cent ans plus tard quand Napoléon nommera l'amiral de Villeneuve pour aller combattre les Anglais à Trafalgar. Villeneuve était le pire qui aurait pu être choisi. Homme sans énergie, sans décision, sans persévérance, le type même de l'éternel vaincu, condamné d'avance au suicide. Comme Louis XIV à la Hougue, ni Napoléon ni l'empire ne se relèveront de Trafalgar. Seuls quelques corsaires signaleront de leur présence sur mer l'existence des marins français sur les océans, mais ce ne seront que des coups d'éclat ponctuels menés avec audace et courage par des capitaines dont le plus célèbre sera Robert Surcouf.

Voilà j'ai tout dit concernant l'origine du désastre des Aves et celui de la marine royale en général, mais ça ce n'est que le côté vu par les historiens.

Jusque-là, les deux femmes et Christian ne m'ont pas interrompu et c'est ce dernier qui intervient.

— Parce qu'il y a une autre interprétation selon toi ?

— Et comment ! Somme toute, si tu étudies de plus près les actions de Louis XIV à travers ses conquêtes tant terrestres que maritimes, tu te rends compte que Louis le Grand n'aurait été qu'un bouffon comme son fils sans : sa mère, Mazarin, Colbert, Louvois, Vauban, Turenne, Condé, Duquesne, Suffren, Tourville. Des dynasties ministérielles telles que les Le Tellier et même Fouquet ! Quant aux corsaires, on a tendance à oublier que quelqu'un comme Jean Bart capturera ou détruira plus de quatre-vingts navires hollandais. Le roi l'anoblira du reste, mais de là à lui confier une escadre, pas question, une flotte ça ne peut se confier qu'à un noble, certainement pas à un roturier ! Et que dire de Duguay-Trouin, qui, après s'être échappé du bagne anglais, se paiera le luxe de capturer plus de trois cents navires dont vingt vaisseaux de guerre anglais et d'envahir et de rançonner la ville de Rio de Janeiro en onze jours. Alors pardonnez-moi, mais si Louis le Grand avait été moins con, ce sont ces gens-là à qui il aurait dû confier son escadre des Antilles et ainsi non seulement les comptoirs hollandais des Indes seraient devenus français, mais les dernières années de son règne auraient été dans la continuité des Tourville, Suffren et Duquesne.

Et que dire de Napoléon, aussi ignorant des choses de la mer que le Grand Louis. Vous imaginez Surcouf commandant la flotte française de Trafalgar au lieu du veule Pierre Charles de Villeneuve ? Parce que pour information Trafalgar, avec quelqu'un comme Surcouf, aurait été le tombeau des Anglais. Au lieu de ça, les Anglais, malgré leur infériorité navale, nous ont coulé dix-huit vaisseaux, tué plus de trois mille Français, capturé sept mille, alors que de leur côté ils n'auront que quatre cent cinquante tués et surtout aucun, vous entendez bien, aucun navire de perdu ! Quand j'entends aujourd'hui les officiers de la marine nationale sortant de l'école navale dire qu'ils servent dans « La Royale », je me dis que d'une part ils n'ont pas peur des mots, et qu'ensuite ils feraient bien de lire leurs livres d'histoire afin de se souvenir de quand date la dernière grande bataille navale gagnée par la France qui ait eu une résonance telle que le sort de la nation en ait été bouleversé.

Alors je lève mon verre aux corsaires du Roi-Soleil et à ceux de l'Empire sans qui le prestige des marins français se réduirait à quelques anecdotes dues à l'incapacité notoire d'un grand nombre de nos *amir al-bahr !* C'est tout pour ce soir !

Tandis que tout le monde applaudit et que Maïa remplit nos verres de Cristal Roederer, Christian intervient :

— Même si tes conclusions ne sont pas forcément à prendre comme argent comptant, il n'en demeure pas moins que je ne te connaissais pas un tel lyrisme pour les vicissitudes de la marine française de l'Ancien et du Nouveau Régime. Et encore, j'imagine que je n'en ai eu qu'un aperçu et qu'il ne faudrait pas que je te lâche sur les deux dernières guerres mondiales, si j'en juge par les bouquins qui tapissent ta cabine. Ah oui, à propos, c'est quoi, des *amir al-bahr,* professeur Coyote ?

— *Amir al-bahr,* c'est l'origine du mot amiral, ça veut dire « prince de la mer » en arabe. Ça date de l'époque des barbaresques. Quand le frère de Saint Louis, Charles d'Anjou, était roi de Sicile, et combattait les pirates d'Alger et de Tunis, c'est à partir de cette époque que ce mot est entré dans notre langage. Alors je vous laisse le soin d'imaginer la suite… D'Estrées… Villeneuve… « princes de la mer » !!

— Bon, mais c'est pas tout ça ! Quel est le programme pour demain ? Car, en l'occurrence, ici, c'est toi l'*amir al-bahr* des Aves, le sultan des récifs, le marabout des épaves !...

15

Ferrailleur d'épave

LE LENDEMAIN, à 7 heures, nous sortons de notre abri avec le Zodiac du *Coyote.* Celui du *Ruby,* nous le laissons aux femmes pour aller faire leur marché. J'ai préparé six bouées avec quarante mètres de filin et vingt-cinq kilos de grosses pierres en guise de mouillage. Cela nous permettra d'avoir une marque à chaque écho du magnétomètre. Ainsi, nous pourrons revenir plus tard inspecter les alentours. Pendant que je suis concentré sur le bras du moteur pour ne pas me faire projeter sur la barrière, Chris met l'appareil en marche. Je rase le plus près possible les récifs, à la limite des rouleaux. Christian m'encourage à serrer encore plus près. Il est vraiment aussi accro que moi, le Chris ! Prendre de tels risques en exposant ainsi tout ce matériel coûteux pour nourrir notre passion, je n'en connais pas beaucoup qui seraient capables de ça. À la moindre erreur de barre, on est bons comme la Romaine. À quinze mètres sur les têtes de coraux que l'on serait projetés. Pendant une heure il ne se passe rien et puis, brutalement, l'aiguille du magnétomètre s'affole. Je fais un trois cent soixante degrés pour repasser sur le spot et là, rebelote, le signal se manifeste de nouveau. Christian balance aussitôt une bouée et nous continuons notre prospection. Deux heures plus tard, trois autres repères sont à la mer. L'excitation est maintenant à son comble. Qu'allons-nous trouver sous ces bouées ? Découvrir les restes d'une épave est toujours un moment d'émotion. On imagine les conditions dans lesquelles le bateau a péri, toutes les personnes qui se sont noyées, emportées par les déferlantes, déchiquetées sur les coraux acérés, toutes les cargaisons perdues et éparpillées sur le fond. Pathétique décor qui crée le trouble et l'enthousiasme à la fois.

— Tu es sûr que c'est par ici ?

— Absolument, d'ailleurs je te parie que c'est le premier signal qui est le bon, les autres sont trop loin de mes repères, il faut y retourner et plonger pour s'en assurer.

Sous la première bouée, quinze mètres plus bas, nous ne trouvons qu'un amas de tôles rouillées dans le même genre que celles découvertes hier. Visiblement, c'est une épave récente. L'avant et l'arrière ont été séparés par le choc répété des vagues qui ont dû s'acharner sur elle pendant des mois. Le moteur est posé bien droit sur le fond avec son arbre que prolonge une hélice aux pales de bronze.

Sur un côté légèrement couché et désolidarisé de la coque, le château central du cargo avec ses vestiges de passerelle. Aucun doute c'est bien l'épave de Christian. Pendant près d'une heure j'inspecte cette ruine. Je découvre sous les tôles de la coque les rails, ainsi que des quantités d'obus alignés comme à la parade, empilés au carré. Les caisses en bois qui les transportaient ont disparu avec le temps. Concernant les doubles hublots, j'en dénombre vingt-six, dont douze très grands. Enfin, je vais fureter du côté de l'hélice. Le découpage des pales ne devrait pas poser de problème, celui de l'arbre non plus, un certain nombre de tonnes de bronze en perspective.

Après cette première inspection des lieux, je rejoins la surface avec Christian et nous retournons sur le *Coyote* pour mettre au point une stratégie de travail. Autour d'une côte de bœuf saignante et d'une bouteille de Don Luis, je propose à Christian que nous commencions par l'hélice.

— Ça ne devrait pas prendre plus d'une journée pour la découper en tronçons de cent kilos et puis pour cela il n'est pas nécessaire de déplacer le *Coyote,* tout le matériel rentre sans problème dans le grand Zodiac commando. Reste seulement à le sortir de la cale, d'assembler sa structure rigide et de le gonfler. On peut s'attaquer à ça cet après-midi, car mine de rien ça prend du temps.

— Pour le reste comment tu comptes procéder ?

— Le problème ce sont les hublots. On ne peut pas les attaquer au chalumeau sauf en découpant la tôle autour, ce qui serait une solution. Reste à savoir si je vais avoir suffisamment d'oxygène et d'acétylène pour tout ça, car il y a également tous les tuyaux de cuivre du château et ceux éparpillés au fond qui proviennent de la salle des machines détruite.

— Et la tronçonneuse ? Tu ne m'as pas dit que tu avais une tronçonneuse pneumatique ?

— Oui, seulement pour la faire fonctionner on a besoin du compresseur. Et le compresseur on ne peut pas le mettre dans le grand Zodiac, ce qui veut dire qu'il faut déplacer le *Coyote* à la verticale de l'épave. C'est faisable, mais il faut attendre un jour où il y ait moins de vent et de houle, sinon c'est un coup à péter le mouillage et se retrouver sur le platier.

— Concernant les obus tu comptes faire quoi au juste ?

— On dirait du 150 ou 155. J'en ramènerai un demain et j'essayerai de le désosser sur la plage. Si ça vient facilement, ça vaut le coup de récupérer toutes ces douilles, sinon on laisse tomber.

À voir leur tête, ils n'ont pas l'air très convaincus mes coéquipiers, à l'idée que je puisse aller câliner ce genre de produit détonnant. D'ailleurs, Clara ne perd pas de temps pour le dire.

— Non mais je rêve là, j'espère bien que tu ne vas pas aller tripoter ça au risque de te faire exploser. Vous avez suffisamment d'autres marchandises à récupérer sur cette épave avant d'aller jouer au démineur !

Je préfère ne pas répondre car il n'y a rien qui puisse me mettre de plus mauvaise humeur que quelqu'un d'incompétent qui tente de m'expliquer ce que je dois faire et qui complique les choses simples.

Ce n'est finalement que le quatrième jour que nous viendrons à bout de l'hélice et de son arbre à cause de problèmes de fuite sur la bouteille d'oxygène. La découpe prendra quatre heures pendant lesquelles nous nous relayons Christian et moi. Chaque tronçon, une fois bien élingué pour sa remontée future, nous nous attaquons aux hublots. Finalement j'ai choisi l'option découpage de la tôle au chalumeau. C'est beaucoup plus rapide et surtout cela évite de déplacer le bateau. Nous en avons déjà ramené six sur le *Coyote* que nous avons libérés de leur couronne de ferraille en chassant les rivets à coup de perceuse et de défonceuse. Pourtant, ce sixième jour, nous cessons toute activité à midi, car ce soir c'est Noël, alors afin de fêter cela dignement nous nous octroyons une petite sieste l'après-midi. Il faut savoir que nos activités subaquatiques, plus les manipulations incessantes de lourdes charges ont vite raison de notre potentiel énergétique. Alors le soir, c'est dîner 19 h 30 et 21 heures au lit. En effet, n'importe quelle expédition digne de ce nom emploierait au moins quatre personnes pour réaliser ce que nous faisons à deux. Cela présente l'avantage de réduire le partage et ainsi d'augmenter les bénéfices de chacun, mais aussi de générer un surplus de travail.

Ce soir c'est Noël, les femmes ont dressé une table princière avec des décors ramenés de Miami et Clara a revêtu une robe à faire ressusciter mon vieux Mouloud. Christian et Maïa ont aussi fait un effort vestimentaire. Alors pour ne pas être en reste, j'ai ressorti mon bermuda rose et ma chemise à palmiers jaunes et verts. J'ai accroché un nœud papillon à Roux et Combaluzier et enroulé une guirlande argentée autour du cou de Nitrogène. Clara sort les bouteilles de Roederer et nous voilà parés pour ouvrir nos cadeaux. Car il y a même des cadeaux ! Pour les singes, sucre de canne en morceaux et confiture et pour le teckel un os plus grand que lui que j'ai décongelé ce matin. Après avoir sorti le caviar et la Stolichnaya glacée, nous pouvons fêter honorablement cet événement à notre façon ; à savoir sur un banc perdu de la mer des Caraïbes avec nos Pénélope, quelques bestioles, une épave prometteuse, tout en écoutant la messe du solo d'orgues.

C'est seulement le sixième jour, alors que nous avons fini de régler leur compte aux vingt-six hublots, que je me décide à ramener un obus sur la plage de l'îlot au phare abandonné. La dernière fois que j'ai tripoté un engin de ce type, c'était quand j'avais seize ans. Avec des copains qui passaient leurs vacances d'été dans le Pas-de-Calais, on allait fouiller autour des blockhaus de la plage de Wissant. Le déminage avait bien été fait après la guerre sur les côtes de France, mais malgré tout, les autorités militaires estimaient qu'entre 1945 et 1980, on avait extrait du sol treize millions de mines, vingt-trois millions d'obus et six cent mille bombes, tout cela ayant coûté la vie à près de six cents démineurs. C'est dire qu'en ce début des années soixante, on était loin de la fin de ces travaux. Chaque fois que l'on dénichait un obus, on l'amenait à la gendarmerie pour toucher une récompense. En appliquant ce système, l'administration ne se doutait pas des risques que nous, adolescents, pouvions prendre pour nous faire de l'argent de poche. Bien sûr, au bout du dixième obus en une semaine, les gendarmes nous ont pistés pour finir par découvrir le blockhaus d'où nous les sortions. Il en restait une centaine d'autres environ. Là ce ne fut plus une récompense mais la grosse engueulade. À partir de ce moment, ayant le sentiment d'avoir été trahis par les « képis », lorsque l'on trouvait un obus, au lieu de le ramener à la brigade, on séparait la douille du projectile pour récupérer la poudre. Ensuite on mettait celle-ci dans des bouteilles que l'on enfonçait dans le sable jusqu'au goulot. Après quoi, à l'aide d'une baguette, on incendiait la sortie de la bouteille, ce qui provoquait instantanément une colonne de feu qui s'élevait sur plusieurs mètres. On appelait ça « se faire un chalumeau ». Tout cela n'était en somme que de l'enfantillage de galopins. Par contre, ce qui n'en était pas, c'était la méthode que l'on utilisait pour décoller la douille. Pendant que l'un de nous bloquait aussi fort qu'il pouvait la tête de l'obus, l'autre tapait au marteau et au burin à l'intérieur de la collerette de la douille jusqu'à ce qu'elle se désolidarise. On s'en est fait un certain nombre comme ça et ça n'a jamais pété. Aujourd'hui, la situation est un peu différente. En effet, les obus allemands que nous trouvions à l'époque étaient dans un bon état de conservation, bien protégés dans leurs caisses, ce qui n'est pas le cas de celui que j'ai ramené sur la plage avec précaution et difficulté. Il est totalement oxydé et ce n'est plus qu'un suppositoire à éléphant couvert de rouille. Quelque chose me dit que ça ne serait pas très prudent d'opérer ce patient, aussi, après une demi-heure d'hésitation, je préfère renoncer. N'ayant pas le courage de le ramener dans les profondeurs, je le piège avec un détonateur et un peu de cordeau et le fais sauter. C'est plus prudent que de le laisser là, au cas où des pêcheurs de passage décideraient de le tripoter. C'est dommage, parce que ça nous aurait fait quelques deux tonnes de plus, ce qui au prix du cuivre n'est pas négligeable.

Pendant toute la deuxième semaine, nous arrachons des centaines de mètres de tuyau jusqu'à épuisement total des bouteilles de chalumeau. Nous ligaturons avec du fil de fer toutes ces tiges de deux mètres par fagots et nous les regroupons afin de faciliter leur levage. Finalement, le vingtième jour nous profitons d'une accalmie du vent et de la houle pour sortir le bateau à l'extérieur de la barrière. La remontée de tout ce cuivre et bronze va nous occuper deux jours, car je ne peux pas mouiller l'ancre et je dois manœuvrer sans cesse pour maintenir le *Coyote* à la verticale du fret à remonter. Christian fait la navette entre le fond et la surface pour aller crocheter le palan du mât de charge. Une fois tout récupéré, nous regagnons notre abri et pouvons descendre toutes ces marchandises au fond de la cale. Finalement, cette affaire aura été rondement menée, si on pouvait en trouver deux ou trois par an à se faire comme ça, je serais partant. C'est quand même plus sympa que le transport de zébus ou la pêche aux requins. J'en fais part à Christian pendant le dîner.

— T'en as pas d'autres dans tes archives personnelles des coups comme ça ? Parce qu'on pourrait faire équipe et ça pourrait être rentable.

— Tu ne pouvais pas si bien dire, vieux ferrailleur ! Dans mes archives personnelles, comme tu dis, des affaires de ce genre j'en ai une bonne trentaine. Par contre, la plupart des bateaux coulés se trouvent le long des côtes. De Grenade aux îles Vierges, de Porto Rico à Saint-Domingue, plus le littoral vénézuélien sans oublier toute l'Amérique centrale bien sûr !

— Et tout ça ne représente qu'une trentaine d'épaves modernes ?

— Évidemment que non, il y en a beaucoup plus, des centaines sans doute, mais moi je te parle de celles que je connais et dont j'ai relevé la position. Seulement voilà, il y a quand même un petit problème…

— Ah oui et c'est quoi ce problème ?

— Eh bien du fait que ces naufrages se soient produits sur les côtes, tu ne peux pas intervenir de façon clandestine, il faut absolument obtenir une concession du pays riverain.

— Ça recommence avec ces putains de permis, comme pour les galions, on ne s'en sortira jamais de cette paperasserie !

— Oui, sauf que là ce n'est pas difficile d'obtenir des autorisations et ça va assez vite, environ un mois. Là tu as affaire au ministre des Finances et de l'Industrie et non à celui de la Culture, grosse différence ! Là tu joues au ferrailleur et pas à l'archéologue, tu piges ?

— Comment peux-tu être aussi sûr de ça ? Tu as déjà fait une demande ?

— Oui monsieur, deux ! Une à Grenade et l'autre à Saint-Domingue et qui ont été acceptées, trois ans renouvelables. D'autre part, je sais, pour m'être renseigné auprès de la préfecture et des affaires maritimes, que concernant ce genre de job, les portes de la Martinique et de la Guadeloupe ne sont pas fermées. Bien sûr tu connais l'administration française, alors le cahier des charges qu'ils t'imposent est gratiné, mais ce n'est pas un non systématique comme pour l'archéologie. Tu penses bien que si j'avais un bateau équipé comme le tien, j'irais pas me mettre dans des embrouilles de zébus et de Chinois ! Ah, puis j'oubliais, il y a aussi Antigua qui donne facilement des permis pour la récupération. Et des naufrages sur l'île de Barbude, qui appartient à Antigua, il y en a un certain nombre. Je le sais, j'y suis allé il y a deux ans faire du repérage.

— Écoute vieux chiffonnier, cette année j'ai rendez-vous avec les quatre galions de l'armada du général Luis de Córdova et c'est pour essayer de financer cette expédition que je me martyrise depuis des mois de l'Amazone à Saint-Martin en passant par ici. Pour les galions je me donne quatre mois. Selon les résultats ou je marche avec toi et on continue les découpages, ou je passe à Panamá où un autre galion m'attend dans le Pacifique. D'ailleurs qu'est-ce que tu comptes faire maintenant ? Quel est le programme ?

— Eh bien pendant que tu vas à Porto Rico vendre tout ça, moi je remonte à la Martinique revoir le père Jaouen et le *Bel Espoir*. Je t'attends là-bas et selon l'argent que tu ramèneras, je prendrai une décision. Pour l'instant, il ne me reste plus que cent dollars, alors c'est un peu juste pour faire des projets.

— Tu veux que je te passe de l'argent ?

— Penses-tu ! Avec cent thunes plus la pêche, je tiens un mois facile ! Pas vrai ma Doudou qu'on n'est pas dépensiers tous les deux ?

Doudou Maïa a beau opiner, j'ai comme qui dirait l'impression qu'elle ne serait pas contre une petite rallonge. Manger que du riz et du poisson tous les jours ça finit par lasser quand on n'est pas chinois. Et puis elle se paierait bien un autre maillot de bain la Doudou, sans compter qu'un petit détour chez le coiffeur ne lui déplairait pas non plus.

— Tiens, vieux barracuda, voilà mille dollars d'avance sur la vente de notre trésor : comme ça tu pourras peut-être inviter ta fiancée au restaurant en Martinique. Un bon de préférence, pas une pizzeria de fauché. Maïa ! Je compte sur toi pour lui faire sortir son pognon à ton radin de mec !

16

Escale dans les îles

LES TROIS CENT CINQUANTE milles séparant les Aves du Port of Ponce au sud de Puerto Rico sont bâclés en trente-cinq heures, sans que je ne rencontre aucun autre bateau que deux porte-containers allant vers Panamá. Les vacances se terminent pour Clara qui reprend l'avion le lendemain pour San Juan puis Miami. Le fait de me retrouver seul sur mon gros laboureur d'océan me fait un drôle d'effet une fois de plus. Bien sûr, il y a Nitrogène, Roux et Combaluzier, mais ça ne compense pas tout. Alors j'y vais de mon petit coup de cafard qui n'excédera pas la journée. D'ailleurs, pour parer ce genre de *spleen* créé par le vide de ma blonde Clara, je m'empresse de téléphoner à mon ferrailleur qu'il rapplique avec son camion et ses sbires pour décharger tout ce bordel qui encombre ma cale.

Le ferrailleur en question, copain de Christian, est ce qu'il est convenu d'appeler un Latino-Américain. Ramón Portillo, ça fait pas vraiment descendant du *Mayflower* tout ça, pas plus que Mouloud Laïfa était de souche bretonne. Ramón Portillo est petit, gros, le teint noir, les cheveux brillantinés et mâche du chicklet. Il a vite fait de descendre dans la cale et d'un regard circulaire m'annonce la couleur.

— Doit y avoir en gros dix tonnes de bronze et une dizaine de cuivre, plus les vingt-six hublots. Je te donne quinze mille dollars pour le tout.

Pas très généreux le Ramón, j'essaye un chouïa de marchander, mais il est aussi flexible qu'un maquignon de Saint-Flour, autant dire que je n'ai aucune chance d'obtenir dix cents de plus. Ceci étant, selon les accords passés avec Christian : deux tiers pour moi, un tiers pour lui, cela me laisse dix mille thunes, qui, rajoutées à mon trésor de guerre, devraient me permettre de tenir une petite année sans rien faire d'autre que de rechercher mes épaves colombiennes. Je conclus donc le marché avec Ramón et je me rends en taxi à la cimenterie de Puerto Rico pour faire une commande. Pour une fois je ne vais pas redescendre à vide. Avec les constructions qui commencent à Saint-Martin, je sais qu'ils ont toujours besoin de ciment. C'est un fret qui rapporte peu, un fret pauvre comme on dit, mais si je peux récupérer deux ou trois mille dollars de plus c'est toujours bon à prendre. Je fais une commande de soixante tonnes, soit environ mille trois cents sacs livrables le lendemain.

À propos de ciment, cela me fera toujours penser aux aberrations du commerce international. Un jour où je me trouvais à Cayenne à chercher du fret, on m'avait proposé de transporter du ciment qui provenait de Turquie vers la Martinique. Or à la Martinique, il y avait une cimenterie. Eh bien le ciment qui faisait Istanbul - Cayenne - Fort-de-France revenait moins cher que celui fabriqué sur place. Quant au pin de Norvège ou autre bois basique de construction, il coûtait moins cher à faire venir d'Europe du Nord que de traiter celui d'Amazonie. C'est pas beau tout ça ?

Trois jours plus tard, de retour à Saint-Martin, je débarque mes sacs sur le quai de Phillipsburg en partie hollandaise. C'est lesté de deux mille six cents dollars de plus que je me rends à « Saint-Trop' Boutique », le magasin de vêtements de Front Street où sévit mon copain Joël. Jojo dit « le fou, la thune ou encore papa ». Jojo passe son temps à faire la navette entre le Maroc et Saint-Martin. À Casa, il fait fabriquer des milliers de djellabas, sarouels et autres gandouras dans des modèles que sa mère crée dans l'esprit américain et il revend tout ça aux touristes des paquebots de croisière qui déferlent par milliers chaque jour dans la baie de Phillipsburg. Physiquement, il y a un peu de l'ours grizzly chez Jojo, un rire rabelaisien, profond, sonore et communicatif. On sent tout de suite au premier contact qu'il ne sort visiblement pas de la Spencer School for British Butler, d'ailleurs il ne parle pas l'anglais, mais l'américain entrecoupé d'affirmations pied-noires bien senties du genre « putain de sa race… Con de sa mère, etc. » Le genre de bipède à se nourrir de steaks de porc-épic au sirop d'érable au petit déjeuner et dont les passions dans la vie se concentrent principalement autour de la chasse sous-marine, des femmes et des dollars, les « thunes » comme il dit. Mais au-delà de cette description, sinon exacte, un brin amplifiée, Jojo demeure le bon copain de tout le monde, car il dévore la vie et essaye toujours de tourner les problèmes en dérision.

Quand je franchis la porte de sa boutique, il est en pleine lecture de *Playboy* afin de se maintenir au courant des nouvelles dans le monde. Quand il me voit, il bondit vers moi à bras ouverts :

— Putain, papa, d'où tu viens ?

Je lui raconte par le menu mes péripéties depuis mon dernier passage comme pêcheur de lambis et cela évidemment le fait bien rigoler. J'en profite pour lui demander des nouvelles des uns et des autres et là c'est carrément l'hilarité !

— T'es pas au courant pour la contrebande de whisky ?

— Comment veux-tu que je sache quoi que ce soit étant donné qu'il y a bientôt un an que je suis passé ici ?

— Putain papa il faut que je te raconte ! Tu connais, Christian, Albert, Michel et Rob ?

— Évidemment que je les connais et alors ?

— Eh bien ils se sont lancés dans la contrebande de whisky entre Saint-Barth et la Guadeloupe !

— Et alors ? C'est pas nouveau, les Saint-Barths font ça depuis l'époque de la prohibition, le whisky c'est quand même pas de la coke !

— Bien sûr papa, bien sûr, sauf que là c'est leur clientèle qui change de l'ordinaire. Figure-toi qu'eux, leurs acheteurs s'appellent C.R.S., gendarmerie et préfecture de Basse-Terre. Pour les deux premiers c'est plutôt du Johnny Walker, pour le dernier du Chivas. Alors, qu'est-ce que t'en dit ?

— Jusque-là pas grand-chose et ça c'est terminé comment cette anecdote ?

— Eh bien, les douaniers ont eu vent de ce circus, et ils ont dû tout arrêter. Évidemment les flics ont balancé leurs fournisseurs aux douanes et c'est eux qui ont trinqué. Aucune enquête n'a eu lieu à la préfecture. Vous n'y pensez pas mon cher monsieur ! Résultat des courses, Christian, Roby et Albert ont été condamnés à une amende phénoménale, mais les flics, eux, continuent leur petit business ; et tu sais comment ? Avec la vedette de la gendarmerie maritime, qui en plus s'est fait piquer par celles des douanes il y a deux semaines. Ça a fait la première page du journal *France-Antilles* : « La vedette des douanes de Guadeloupe arraisonne celle de la gendarmerie, alors qu'elle revenait de Saint-Martin avec une cargaison de caisses de whisky... ! » Putain de leur mère ! Ils n'ont rien eu, tu entends papa, rien, ils sont toujours en poste et nous, ils viennent nous casser les couilles si on n'a pas suffisamment de gilets de sauvetage dans le bateau ou si le canot de sauvetage n'a pas été contrôlé récemment… La putain de leur race !!

Je n'insiste pas, à quoi bon, Jojo s'imagine encore qu'il est bien protégé par ces éminents fonctionnaires, surtout en France où la corruption n'existe pas, paraît-il. D'ailleurs le préfet aura l'audace d'affirmer qu'il ne s'agit là que de faits isolés de quelques brebis galeuses.

En quittant Jojo après un bon déjeuner, je me dis qu'il n'y a vraiment rien à faire, c'est toujours la même rengaine de l'Asie à l'Europe, de l'Afrique à l'Amérique ! La seule chose qui change c'est le papier et le ruban d'emballage !

Après ce petit intermède saint-martinois, je reprends la mer pour l'île de Saint-Barthélémy que j'atteins en moins de trois heures. Saint-Barthélémy, comme Saint-Martin, vit de manière somnolente, car la déferlante des promoteurs ne sait toujours pas où se situe sur la carte cet îlot paisible et n'ont donc pas encore pu y amener le progrès. Alors profitons-en, la vague dévastatrice est sûrement pour dans peu de temps. En rentrant au ralenti dans le petit port de Gustavia, je n'ai guère que trois options pour amarrer mon bateau, un ponton privé appartenant à David Rockefeller, un petit quai dit la « Presqu'île » et enfin le quai de commerce principal.

J'embosse le *Coyote* devant la Presqu'île pour ne pas gêner les goélettes et petits caboteurs qui viennent charger et décharger sur le quai du commerce. Cette petite île de vingt-cinq kilomètres carrés, qui sera suédoise de 1784 à 1876, redeviendra française avec un statut de port franc tout comme Saint-Martin la voisine. Seules évocations de ce passé scandinave, le nom de son port-capitale : Gustavia, et le nom de certaines ruelles qui font allusion à la dynastie des rois Gustave de Suède. Pour le reste, trois ou quatre mille habitants originaires de Bretagne, Normandie et Poitou qui se nomment les Saint-Barths. À part cette population locale, une vingtaine tout au plus de békés de Guadeloupe ou de métropolitains de passage comme moi. Parmi ceux-ci, Dominique Arries et sa femme sur leur petite goélette l'*Ortac,* qui construiront L'Entrepont, premier restaurant digne de cette appellation, Jean Laurès mon copain de trente ans, ancien para, ancien chercheur d'or en Guyane, devenu pilote pour la compagnie aérienne Windward et qui plus tard rejoindra Air Guadeloupe. Mme Delvas et ses deux fils, la pharmacienne de Saint-Barth, Jean et Geneviève Joiny, les gérants de l'hôtel les Castelets, et quelques autres encore dont j'ai oublié les noms. Saint-Barth à cette époque, c'est donc un petit paradis où l'ordre républicain est assuré par trois gendarmes et un maire : Rémi de Haenen qui tient avec sa femme Giselle et ses trois filles de huit à quinze ans Isabelle, Marlène et Hélène la destinée de l'Éden Rock.

L'Éden Rock est un petit hôtel bungalow perché sur un promontoire rocheux dans la baie de Saint-Jean surplombant la mer et entouré de deux plages de sable blanc. C'est l'adresse incontournable pour les visiteurs de l'île. L'endroit où il fait bon déguster les langoustes grillées et les salades de choux coco sur la terrasse le soir, sous la caresse de l'alizé.

L'Éden Rock est aussi un endroit stratégique pour tous les aventuriers de passage. Plus d'une expédition prendra forme autour du bar à grand renfort de ti-punch. Il faut dire que Rémi de Haenen est une légende dans les îles du Nord où il débarquera avant la guerre après avoir servi comme timonier à bord du paquebot *Normandie*. Aventurier devant l'éternel, aussi bien sur mer que dans les airs avec son bimoteur Cessna, il participera pendant des années à un certain nombre d'opérations risquées, notamment à Cuba où il affermira sa réputation d'audacieux. Mais Rémi est un homme discret, peu causant et ses coups d'éclats connus sont le fait d'indiscrétions de ses proches. Car lui-même ne parle jamais de ses exploits. Il est regrettable qu'il n'ait jamais voulu raconter sa vie, voire l'écrire, parce qu'un certain nombre d'entre nous aurions été classés dans la catégorie des petits bricoleurs du dimanche à côté des actions d'éclat de monsieur le maire de Saint-Barth. Juste une anecdote, car un bouquin serait nécessaire pour parler de cet homme. Apprenant un jour que sa femme Gisèle avait eu une aventure galante, il ira la déposer sur une île déserte avec son avion, lui laissant quelques vivres et de quoi pêcher et s'abriter, puis il reviendra la récupérer deux mois plus tard. C'est lui qui a réussi à convaincre Cousteau d'aller à la recherche du trésor d'un galion sur les récifs du banc d'argent au nord de Saint-Domingue. Le galion s'appelait la *Nuestra Señora de la Concepción*. C'était au cours de l'été 1969. Ce sera un échec pour de Haenen, mais pas pour Cousteau. À défaut de trésor, il fera un livre qui battra des records de vente !

J'entretiens de bonnes relations avec lui, car nous avons une passion commune pour la recherche d'épaves, et c'est toujours avec plaisir que je gravis la pente qui conduit à la terrasse et au bar. Ce soir je retrouve mon copain Serge Foulon. Serge est un ancien plongeur de la *Calypso* où il passera quelques années. Il participera ainsi à plusieurs expéditions, en mer Rouge, notamment, et sera de celle du banc d'argent avec de Haenen. C'est d'ailleurs au retour de celle-ci qu'il débarquera de la *Calypso* pour prendre le commandement du bateau de de Haenen l'*Angie and Florence*. Bien sûr toute la soirée nous parlons épaves, expéditions de Cousteau, galions perdus, etc. C'est tard que je rentre au port où il me dépose avec sa grosse Motoguzzi. La semaine passe ainsi, entre les ti-punchs de l'Éden Rock, les méchouis dans la petite case de Serge à Corossol, petit village de pêcheur, des parties de pêche à la langouste que l'on fait griller sur la plage. Chacun raconte ses aventures que l'on tourne en dérision. Car ici personne ne se prend au sérieux. Sur le port le soir, juste avant la nuit, de grandes goélettes finissent de charger des centaines de caisses de whisky et de rhum qui vont être débarquées en fraude à Saint-Vincent, Grenade et Petite Martinique et ça dans deux ou trois jours selon le vent.

En effet, les habitants de Saint-Barth, avant l'arrivée des promoteurs, vivaient presque exclusivement de leur statut de port franc. En clair, l'île était et est toujours, du reste, un immense dépôt de tabac et d'alcool. Cela explique qu'une grande partie des contrebandiers des îles viennent s'approvisionner ici ou à Saint-Martin. J'ai oublié de dire que l'île de Saint-Barthélémy était habitée à plus de quatre-vingt-dix pour cent par des Blancs. Ceux venus de France. En effet, très peu de Noirs ont fait souche dans cette île, tout comme dans les îles des Saintes au sud de la Guadeloupe. Pourtant, ironie du sort, le consul honoraire permanent de la Suède, car il y en a un, se nomme Marius. Il tient un bar à son nom et se trouve être noir comme du charbon. Sacré Marius ! Saint-Barthélémy était l'île de rêve aux Caraïbes. Cent touristes par an, des plages désertes, aucune pollution, des villages d'une propreté exemplaire. Quand on arrivait de Pointe-à-Pitre ou de Fort-de-France, on se demandait si on avait changé de planète ! La population, bien qu'un peu austère, vous recevait gentiment, les trois képis de la gendarmerie n'ayant strictement rien à branler de la sainte journée n'emmerdaient personne, les bateaux des contrebandiers chargeaient et s'en repartaient sans problème. Mis à part le téléphone par standardiste interposée et ce jusqu'à 21 heures, ou l'électricité, on se serait cru au XIXe ou XVIIIe, voire XVIIe siècle. Mais tout a une fin malheureusement. Et celle-là s'appelle la « jet société ». Si encore l'arrivée de tous ces promoteurs, architectes, ou particuliers fortunés avait eu le bienfait de sortir cette population de la misère, je serais modéré dans mes déductions. Mais ce n'était pas le cas, et loin s'en faut. Les Saint-Barths, s'ils n'étaient pas tous multimillionnaires, n'avaient aucune espèce de souci financier, car ces gens-là avaient appris, au cours des siècles, à être économes, épargnants par prévoyance. Cette manne venant de l'extérieur n'était donc pas du tout indispensable. Mais c'est cette manne providentielle qui les a fait basculer dans un nouvel appât du gain. Alors, en l'espace de dix ans, leur île a changé de visage. Des centaines de villas se sont construites, une douzaine et plus d'hôtels de luxe ont suivi, des bars et des restaurants hors de prix ont surgi, on a construit une marina pour les yachts des millionnaires, on a aménagé des parkings, triplé la brigade de képis, créé une police municipale, construit un mini-aérogare avec sa police des frontières, mis des panneaux de signalisations un peu partout, etc., etc. Alors de Haenen a vendu l'Éden Rock à un gros businessman et s'en est allé avec son Cessna vers d'autres horizons, Dominique Aries est reparti avec sa goélette, Jean Laurès a loué sa maison, Serge Foulon a immigré en Équateur, et moi je n'y ai plus remis les pieds. Saint-Barth est devenu le repaire des parvenus, familiers du circuit Paris, Courchevel, Saint-Tropez, maintenant ils ont Saint-Barth en plus dans leur panoplie. C'est à qui aura le plus gros 4X4, la plus jeune et belle femme à exhiber, la plus grosse liasse de billets, le plus beau yacht qui passe trois cent cinquante jours par an à quai, etc. Le plus consternant dans tout ça, ce sont les habitants. Certes ils ont décuplé et plus leur fortune, mais pour en faire quoi ? Rien ! Ils ne lisent toujours pas, ne voyagent qu'aux U.S., et seulement pour affaires, n'ont rien à dire qui ne concerne pas l'argent et n'ont plus rien à raconter de l'aventure de cette île merveilleuse qu'ils occupent depuis le XVIIe siècle.

...car chez gens-là, monsieur, on ne cause pas monsieur... on ne cause pas... on compte. (Brel)

Le jour se lève lorsque je passe par le travers du Prêcheur dont le phare m'indique la direction depuis une bonne heure. Je reconnais le piton mont Couil, le piton Marcel et le morne Macouba qui prolongent vers l'ouest la ligne de crête de la montagne Pelée. Dans moins de trente minutes, je passerai Saint-Pierre, puis ce sera le Carbet, Bellefontaine, Case Pilote, avant de mettre le cap sur la pointe Salomon, de l'autre côté de la baie de Fort-de-France. J'ai ralenti l'allure à huit nœuds pour ne pas arriver trop tôt. Depuis ce jour de janvier 1967 où j'ai atterri la première fois ici en venant du Maroc sur mon petit voilier de quatorze mètres, je me suis lié à la Martinique. Ce sera mon port d'attache dans le Sud pendant huit ans, tandis que dans la même période, mon port d'attache pour le Nord sera l'île de Saint-Martin. La Martinique porte ce nom car c'est le 11 novembre 1502, jour de la Saint-Martin de l'époque, que Christophe Colomb y débarqua pour la première fois au cours de son quatrième voyage. Il semblerait qu'il l'ait découverte au cours de ses voyages précédents, sans toutefois y débarquer. En effet, en fouillant dans les archives, on s'aperçoit qu'elle apparaît sous le nom de Canara sur la carte de Juan de la Cosa datée de 1500. Ensuite, cette même année 1502, quand Colomb y débarque, on la trouve déjà sur la mappemonde de Cantino sous le nom de Janucanara. Ce n'est qu'en 1508 qu'elle figurera sur la carte de Johannes Ruysch sous son nom presque définitif de Martininia. Petite détail historique à l'usage des puristes, elle s'est aussi appelée Madinina (l'île aux fleurs).

Tandis que le *Coyote* rase la côte sur une mer d'huile dans les effluves végétales descendant des collines, mélange subtil de fleurs et de plantes tropicales exhaussé par la rosée matinale, je laisse vagabonder mes souvenirs. Tous ces personnages hauts en couleur pour la plupart navigateurs qui faisaient escale ici avant de continuer vers le Pacifique. À Fort-de-France, dans les années soixante, il n'y avait guère plus de cinq ou six yachts au mouillage. Cela allait des bateaux de charter de luxe, qui venaient de Grenade ou d'Antigua, aux clochards de la mer que j'ai déjà décrit à l'escale de Las Palmas. Certains revendaient leur voilier après cette traversée de l'Atlantique, pour s'installer à terre et reprendre leur ancien métier. D'autres, les plus rares, poursuivaient leur tour du monde. Il y avait ceux qui restaient naviguer dans la mer des Antilles à faire du charter, de la pêche, des petits commerces ou encore qui travaillaient pour quelques hôtels, et enfin ceux qui pourrissaient au Lamentin, au fond de la rade de Fort-de-France. Concernant la récupération de métaux sur les épaves ou la recherche de galions, nous n'étions pas plus de trois entre Porto Rico et Trinidad. Il faudra attendre les années quatre-vingt pour voir s'abattre la déferlante de plaisanciers venus d'Europe. Ce qui entraînera de nouveau, comme à Saint-Barth ou Saint-Martin, la construction d'énormes marinas, des hôtels, des restaurants, des magasins, du béton, toujours du béton ! Encore un endroit que je vais devoir rayer de ma carte.

Pour l'heure nous n'en sommes pas encore là et c'est au ralenti que le *Coyote* glisse sur une eau qui reflète comme un miroir sous les premiers rayons du soleil. Je m'engage dans l'Anse d'Arlet appelée aussi « Grande Anse », au sud de la baie de Fort-de-France. Il n'y a que trois bateaux au mouillage, dont le *Ruby* fidèle au rendez-vous, et le trois-mâts du père Jaouen, le *Bel Espoir*. Je laisse courir le bateau sur son erre pour venir mouiller mon ancre à cent mètres de la plage entre les deux bateaux de mes copains. Il est 10 heures, je stoppe la machine. Après trente heures de concert de pistons, c'est la fin du récital Caterpillar. Plus un bruit, j'en ai presque mal aux oreilles de baigner brusquement dans le silence. Le temps de libérer Roux et Combaluzier de leur cage, de faire un peu de rangement et de mettre le Zodiac à l'eau et je me propulse sur le *Bel Espoir* où Christian et Maïa m'attendent pour le déjeuner. Comme d'habitude, le père Jaouen, que l'on appelle Michel, est au zénith de la forme. Toujours en salopette façon Coluche, pied nu, le verbe dominant et la voix profonde, il me présente !

— Tiens un revenant ! Un des derniers flibustiers des Caraïbes. Je l'ai rencontré partout ; à Las Palmas, à New

York, à Montréal, à la Martinique, à Saint-Martin, aux îles du Cap-Vert, aux Bermudes. Presque à chaque fois avec un bateau différent ! Quel bon vent, vieux pirate, dans quelle rubrique tu sévis en ce moment ?

— Dans les épaves, Michel !

— Vaste programme, note bien que je me suis laissé dire que la Martinique était bondée d'épaves et que je me demande parfois pourquoi tu vas prendre des risques dans les pays d'Amérique latine où tu peux être dépouillé et jeté en prison pour un oui ou pour un non. Alors qu'ici tu serais tranquille ?

— T'as raison Michel. Sur le littoral martiniquais j'ai recensé, grâce aux Archives nationales et celles de la Marine à Paris, plus de cent épaves. Ça va de 1605 à nos jours. Si on se réfère seulement au listing établi par Jean-Pierre Moreau, docteur en archéologie à la Sorbonne, on découvre que sur la seule Guadeloupe, entre 1595 et 1797, on ne dénombre pas moins d'une centaine d'épaves dues principalement aux cyclones. Même tabac pour la Martinique. On trouve de tout, des vaisseaux espagnols, anglais, français, sans parler des grands voiliers coulés devant Saint-Pierre au cours de l'éruption de la montagne Pelée en 1902. Seulement voilà, ici tu es en France, pour être tranquille comme tu dis, tu l'es en effet, mais avant que la Drass te délivre une autorisation de fouille, tu auras atteint un âge canonique. Jamais entendu parler de l'administration française ? Là pour le coup tu leur poserais un sacré problème aux ronds de cuir, pas le genre de dossier qu'ils ont l'habitude de traiter. Je ne suis pas d'un naturel défaitiste mais là, crois-moi, tu perds ton temps. Et puis dans toutes ces épaves, il n'y en a pas une suffisamment riche pour se lancer à l'assaut des bureaucrates.

Comme d'habitude le déjeuner sur le *Bel Espoir* est animé. Entre les drogués, les délinquants fraîchement sortis de prison, l'équipage, les pique-assiettes locaux et les copains de passage, ça fait une communauté pour le moins singulière. Et encore aujourd'hui il n'y a pas de flic comme c'est souvent le cas. Je m'installe au bout de la table de quatre mètres avec Christian et Maïa afin d'être tranquille pour parler.

— Comment ça c'est passé à Porto Rico ?

— Pas trop mal, encore que ton copain Ramón Portillo soit un chouïa dur en affaire, je n'ai pas réussi à obtenir plus de quinze mille dollars pour le tout. Enfin c'est toujours mieux que rien, pas vrai ?

— T'as raison, vieux rat, avec les cinq mille de ma part je vais être à l'abri du besoin pendant un sacré bout de temps.

— Justement, à propos de temps, quels sont tes projets pour les mois à venir ?

— Je reste encore une semaine ici, ensuite je descends aux Grenadines voir un copain à Union Island et après direction Panamá. Je passe le canal et vais explorer les îles de Las Perlas. J'ai quelques infos sur un galion en provenance de Manille qui aurait sombré là-bas. Ensuite je descends peinard jusqu'à Valparaíso, fin du voyage pour Maïa. À partir de là, deux options, ou je reviens dans l'Atlantique par le cap Horn ou le détroit de Magellan, après un détour par l'Antarctique, ou je mets le cap à l'ouest vers les Marquises. Je verrai à ce moment-là, de toute façon, ça ne sera pas avant six mois, d'ici là, il peut se passer tellement de choses… et toi, quel est le programme, toujours tes épaves sur le banc de la Serranilla ?

— Toujours, vieux chacal, mais dis-moi, j'ai pensé à quelque chose : pourquoi tu ne viendrais pas avec moi ? On va explorer la Serranilla pendant un mois ou deux et ensuite on va jeter un œil sur les autres bancs aux alentours, Serrana, Roncador, Quitasueno, Pedro, etc. Je suis persuadé que si on passe le magnétomètre le long des récifs, on trouvera quelque chose. Ces bancs-là sont des vrais cimetières à bateau. Ensuite, éventuellement, je passe dans le Pacifique avec toi, le temps de fouiller l'archipel de Las Perlas, après ça je reviens aux Antilles et toi tu descends au Chili. Qu'est-ce que tu en dis vieux crabe ?

Visiblement Christian ne s'attendait pas à ce que je lui propose de s'associer à moi sur ce projet, pas plus que Maïa d'ailleurs et c'est sans l'ombre d'une hésitation qu'il me répond :

— Ça peut se faire effectivement, mais pas avant un mois, je tiens absolument à aller aux Grenadines d'abord, on m'attend là-bas depuis déjà trois mois, je ne peux pas repousser à l'année prochaine, sans compter que je ne sais pas où je serai dans un an. Autre problème, mon matériel de plongée est trop vétuste, il faut que je le remplace. Mes bouteilles sont tellement oxydées qu'elles vont finir par me péter à la gueule au gonflage. Je vais en racheter d'occase en bon état au club de plongée de Grenade, ils en ont toujours à vendre. À part ça, c'est d'accord.

— Bon eh bien c'est parfait ; pour le mois de délai, ça ne pose pas de problème car il faut que je carène le *Coyote,* que je fasse une révision moteur et quelques autres bricoles qui vont déjà m'occuper deux semaines. Le mieux c'est que l'on fasse le briefing ce soir à bord. Je te montrerai ma doc', et toi apporte la tienne sur Panamá. D'autant que, comme tu le sais, pour Panamá j'ai une autorisation, alors autant en profiter.

Christian et Maïa ne tardent pas à être impressionnés par la masse de documents que je leur fais découvrir. Ce sont des photocopies de journaux de bord, des rapports de mer pour les armateurs, des manifestes des agents du trésor royal, des lettres de Charles Quint et Philippe II aux vice-rois des Indes, des comptes-rendus de procès contre certains capitaines de galions, des décisions prises à la suite de naufrages et les témoignages de rescapés, des procès-verbaux d'interrogatoires de prisonniers français ou anglais, des plans et des cartes de l'époque, de la nature des chargements, des différents types d'artillerie embarqués, etc., etc.

Me rendant compte de l'étendue de leur ignorance en la matière, je remets à Christian trois bouquins pour l'éclairer sur la partie la plus importante dans la recherche d'un trésor : les archives.

— Plonge-toi dans ces lectures, tu comprendras mieux le tracé qui conduit d'une bibliothèque austère publique ou religieuse à la transparence cristalline des mers tropicales. Toutefois, je vais quand même vous dégrossir le travail…

Troisième partie

L'or des galions

17

Les galions des rois catholiques

« L'OR EST une chose excellente, en posséder, c'est détenir ce qu'il y a de plus désirable au monde. L'or peut même conduire au paradis si on l'emploie à faire dire des messes ! »

Ainsi s'exprimait Cristóbal Colón qui rajoutait : « Je ne puis manquer, avec l'aide de Dieu, de trouver l'or où il existe. » On connaît la suite, l'arrivée des conquistadors, Cortés s'empare du Mexique, Pizarro du Pérou et le pillage peut commencer. Un édit du 10 avril 1495 autorise tous les sujets de Sa Majesté catholique à équiper des navires et aller prendre sa part de richesses aux Indes. Par contre, le trésor royal se réservera le « Quinto », soit l'équivalent d'un cinquième de l'or, ainsi que la propriété des mines, des bois de teinture et des pierres précieuses. Du moins dans la théorie...

Ceci étant dûment décidé, il fallut créer un organisme d'État pour s'assurer que la loi serait bien appliquée. Ce fut le but de l'édit du 20 janvier 1503 qui fonda la Casa de Contratación ou encore maison de traite.

Cet organisme, qui initialement devait se charger uniquement de contrôler le fret embarqué sur les navires afin d'y soustraire la part revenant au roi, ne tarda pas à prendre une importance tentaculaire. Ainsi c'est elle qui sélectionnait les candidats au départ avec l'approbation des religieux, elle tenait un compte précis de toutes les marchandises embarquées autres que les métaux précieux, elle contrôlait l'état des navires ainsi que leur armement et enfin s'assurait que les provisions embarquées étaient suffisantes pour le voyage. Aucun navire ne pouvait prendre la mer sans son autorisation.

La Casa de Contratación était installée à Séville où elle possédait des entrepôts, magasins et sa salle de trésor dont seuls trois juges détenaient la clé de trois serrures différentes. Il existait aussi une salle de tribunal où l'on réglait les cas difficiles et enfin une salle d'archives où était entreposé un exemplaire des journaux de bord des capitaines de galions. La cartographie de l'époque étant plutôt imprécise et restreinte, toutes les observations faites sur les côtes des Indes ou en mer étaient jalousement tenues secrètes. Bien entendu une telle organisation demandait un grand nombre de fonctionnaires qu'il fallut répartir dans tous les ports et comptoirs des Indes afin de limiter la fraude. Malgré les peines sévères qui menaçaient ceux qui partaient sans autorisation, un grand nombre de bateaux se lançait dans l'aventure. L'attrait de la fortune l'emportait sur la crainte d'être pris. À partir de là deux phénomènes vont se développer ; la contrebande et la corruption. Mais les coups du sort contre lesquels la Casa de Contratación aura le plus de fil à retordre seront sans aucun doute l'assaut des pirates et les naufrages.

La nouvelle que des galions espagnols revenaient du Nouveau Monde chargés d'or et d'argent fit grande impression aux pays européens. C'est ainsi que tout un tas de corsaires, français, anglais et hollandais prirent la mer pour attendre le retour des galions dans les parages des Açores, de Madère ou à l'approche de la côte d'Espagne.

Ainsi le Dieppois Jean Ango armera plusieurs navires avec lesquels il enlèvera trois caravelles chargées de richesses en 1521 et huit galions en 1538. Un autre, Jean Fleury, va s'emparer des caravelles envoyées par Fernand Cortés à Charles Quint, contenant le trésor des rois du Mexique. Jean Fain, Dieppois lui aussi, va enlever, en 1523, un galion contenant des coffres de lingots d'or et autres marchandises précieuses. Certains corsaires comme le Normand François Leclerc dit « Jambe de bois », Jacques Sores et Robert Blondel de La Rochelle, ou encore Vincent Bocquet n'hésiteront pas à traverser l'Atlantique pour attaquer les galions espagnols dans la mer des Antilles. Ils ramèneront des butins énormes et se retireront fortune faite, qui à Dieppe, qui à Brest, à La Rochelle, à Honfleur. De Dunkerque à Bayonne, la course va prendre des proportions qu'aucun autre pays ne surpassera, à part deux exceptions anglaises : John Hawkins et le célébrissime Francis Drake, qui pillera de tels trésors aux Espagnols que la reine d'Angleterre Élisabeth Ire l'anoblira.

À partir du début du XVIIe siècle, une autre race de corsaires va se développer. Ce seront des hommes qui choisiront de s'installer dans les îles et d'y créer des bases d'où ils lanceront leurs raids. Les repaires les plus connus furent Port-Royal de la Jamaïque et l'île de la Providence, aux Bahamas, pour les Anglais et l'île de la Tortue pour les Français. On appellera les nouveaux corsaires des « flibustiers ». Ce nom de flibustier ne s'appliquera que pour la zone des Antilles. On dira aussi les « frères de la côte ». Il est bon de préciser à l'usage des profanes les différences qui existent entre pirate, corsaire ou flibustier. Les pirates sont des hors-la-loi qui s'attaquent à toutes les proies qu'ils rencontrent y compris les navires de leur propre nation. Les corsaires sont des mercenaires agissant pour le compte d'un État qui leur délivre une autorisation pour s'attaquer aux navires de pays en guerre contre cet État. Cela s'appelle une lettre de marque. Les plus célèbres corsaires français furent sous Louis XIV Jean Bart ou Duguay-Trouin et sous Napoléon Ier le grand Robert Surcouf. Enfin les flibustiers étaient également des corsaires, on les appellera aussi à tort boucaniers. Cette appellation est liée au fait que de nombreux chasseurs de bœufs sauvages sur l'île d'Hispaniola (Haïti aujourd'hui) qui boucanaient la viande pour en faire commerce se sont engagés comme équipage sur les bateaux de flibustiers. En effet, la traque et le négoce de la viande fumée et des peaux étaient un travail redoutable et rapportait peu. Ce qui explique que de nombreux boucaniers soient partis courir l'aventure sur mer. Ces gens-là ne vont pas se contenter de passer à l'abordage des galions, mais vont aussi attaquer et rançonner les villes et les ports des colonies espagnoles du Nouveau Monde. Ainsi Panamá, Carthagène en Colombie, Maracaïbo au Venezuela, Veracruz au Mexique ou encore La Havane seront pillées plusieurs fois et cela pour ne parler que des principales. L'âge d'or de la flibuste va en gros durer un siècle, de 1600 à la fin du règne de Louis XIV. Les capitaines les plus connus furent pour les Français, Jean-Marie Nau dit l'« Olonnois », originaire des Sables-d'Olonne, le Gascon Grammont, Michel le Basque de Saint-Jean-de-Luz, Le Golif de Saint-Malo, Laurent de Graf de Dieppe ; pour les Anglais ce fut sans conteste le fameux Henry Morgan, qui de flibustier terminera sa carrière comme gouverneur de la Jamaïque. Une autre pépinière d'écumeurs était située à Providence aux Bahamas. Ceux-ci n'agirent jamais avec une lettre de marque, ce qui les classait dans la catégorie des pirates. Certains d'entre eux vont étendre leur territoire de chasse à des milliers de kilomètres des Bahamas puisqu'ils iront écumer la côte ouest d'Afrique et même jusque dans l'océan Indien. Criminels certes, mais de sacrés marins. Les plus connus furent Edward Teach, dit « Barbe-Noire », Bartholomew Roberts, John Rackam, Edward Low... La majorité finira au bout d'une corde. Pour faire face à cette hécatombe, les Espagnols vont, au cours du règne de Charles Quint, organiser le retour des galions en convois. L'union faisant la force, c'est connu, cette tactique, même si elle ne fonctionnera pas à cent pour cent, va néanmoins limiter les dégâts. On retrouvera cette stratégie au cours de la Seconde Guerre mondiale quand les cargos qui approvisionnaient l'Angleterre au départ de New York ou d'Halifax étaient regroupés en convois sous la protection de frégates et d'escorteurs pour repousser les attaques des sous-marins allemands.

Ces convois de galions du Nouveau Monde vont prendre l'appellation de « flotas ». Elles seront au nombre de quatre.

La première dite de « Nouvelle-Espagne » (Mexique) pour la zone Nord des Antilles, qui ralliait Veracruz à La Havane.

La seconde dite de « Terre-Ferme » qui rejoignait La Havane en provenance de Carthagène en Nouvelle-Grenade (Colombie) ainsi que celle qui provenait de Porto Bello (Panamá).

Ces trois flotas se regroupaient donc à Cuba, afin de former un convoi pour traverser l'Atlantique jusqu'à Sanlúcar de Barrameda, à l'embouchure du Guadalquivir. De là elles remontaient à Séville. En dehors de ces trois convois annuels, il existait une autre flota, dite du « Pérou ». Celle-ci assurait le transport des richesses en provenance des mines du Pérou. Elle partait de Calao pour rejoindre Panamá. Là les marchandises étaient débarquées puis transférées à dos de mulet à travers l'isthme pour être rembarquées sur la flota de Terre-Ferme qui partait de Porto Bello pour La Havane.

Enfin il existait une autre route maritime utilisée par les Espagnols, mais que l'on ne peut assimiler à des flotas, c'était les galions de Manille. En général il s'agissait de bateaux isolés, ou par groupe de deux, qui assuraient la traversée entre Manille et Panamá jusqu'au début du XVIIe siècle et qui, par la suite, n'iront plus qu'à Acápulco. Là, comme à Panamá, on déchargeait les marchandises et on leur faisait traverser le Mexique jusqu'à Veracruz pour les recharger sur la flota de Nouvelle-Espagne.

En dehors de celle dite du « Pérou », les autres flotas étaient constituées d'une dizaine de navires environ. C'était des galions de trois cents à huit cents tonnes qui comportaient une centaine de marins, près de cent vingt soldats et bien souvent plus de deux cents passagers. Ces bateaux étaient tellement encombrés que l'hygiène y était désastreuse et de nombreuses épidémies s'y propageaient. Il n'était pas rare que la moitié des personnes embarquées périssent par contamination ou famine au cours du long voyage de retour. De La Havane à Cadix le voyage durait environ cinquante jours. Au voyage de retour, une fois les métaux précieux débarqués en Espagne, les flotas acheminaient vers l'Amérique des produits manufacturés, des outils et surtout du mercure dont les mines du Mexique et du Pérou faisaient grande consommation. Celui-ci venait principalement des mines d'Alameden dans la Sierra Morena en Espagne. On faisait travailler dans ces mines les criminels. Le roi percevait six écus par quintal avant embarquement. Ensuite il le revendait aux vice-rois du Pérou et du Mexique quatre-vingts à quatre-vingt-dix écus et ces derniers le faisaient payer plus de deux cents écus aux exploitants des mines. Inutile de dire que ces abus affectaient la rentabilité des mines et qu'au moindre problème grave les mineurs n'ayant pas la possibilité d'épargner un fond de réserve devaient, ni plus ni moins, fermer l'exploitation. Il faut savoir que les gouverneurs et autres vice-rois achetaient leur charge à la cour d'Espagne. Il leur fallait donc récupérer au plus vite ce qu'ils avaient déboursé et ce, de quelle que manière que ce soit, y compris la violence. On estime qu'un très haut fonctionnaire, après un séjour de cinq à six ans en Amérique, retournait en Espagne avec au moins cinq millions d'écus. Plus de dix millions d'euros d'aujourd'hui. Ceci étant, ce principe de charge existe encore de nos jours en Amérique latine, entre autres pour les juges. Cela explique l'infernale corruption qui règne au sein de ce milieu où tout a un prix, selon le crime dont on est accusé. Voilà rapidement résumé comment fonctionnait le système de navigation des Espagnols au cours du XVIIe siècle. Bien entendu, avec les relevés cartographiques modernes et précis dont nous disposons actuellement, il est beaucoup plus facile d'appréhender les archives de l'époque et de reconstituer les désastres maritimes et les attaques de forbans.

Pour le chasseur de trésors que je suis, connaître l'histoire de la piraterie apporte une certaine somme de renseignements non négligeable concernant les pratiques de l'époque, les zones de navigations, les passages dangereux et enfin certains lieux où ces coupe-jarrets ont pu cacher leur butin après s'être échoués sur des récifs.

Sur ce dernier point, l'expérience a prouvé que retrouver un trésor camouflé dans une grotte ou enterré sur une île déserte demeure très aléatoire. Que ce soit le magot du pirate William Kid débarqué à Block Island non loin de Boston, celui du forban français Olivier Le Vasseur, dit la « Buse », camouflé sur l'île de la Réunion ou encore celui du flibustier anglais Davis enterré à l'île des Cocos. Dans tous les cas, jamais aucun n'a été retrouvé à ce jour. Ce n'est pas faute d'avoir cherché, car depuis des siècles, un certain nombre de forcenés ont usé leurs os et leurs fortunes à réaliser leurs rêves d'enfant. Il faut dire que les pirates en tout genre ne tenaient pas de journaux de bord, avaient tendance à brouiller les pistes et ne s'encombraient pas d'un chroniqueur de bord. Les seuls renseignements dont on dispose proviennent principalement des témoignages des victimes, de ceux des habitants des ports où les forbans dilapidaient leur or et beaucoup plus rarement d'un capitaine ou chirurgien de bord, qui, fortune faite, retournaient dans leur pays pour finir leurs jours. Il arrivait donc que certains aient pris leur plume d'oie pour coucher leurs mémoires sur du méchant parchemin. Plus rares encore étaient les pirates capturés qui avouaient sous la torture où ils avaient dissimulé leurs butins. Certains préféraient être conduits à la potence que d'avouer. Il faut aussi reconnaître que les juges de l'époque avaient des manières de statuer qui n'allaient pas vraiment dans le sens de la mesure. Ainsi voici le genre de décision prise par un magistrat du XVIIIe siècle à l'encontre d'un pirate capturé sur l'île de Providence. Celui-ci refusant de donner le lieu où se cachait le fameux Edward Teach, plus connu sous le surnom de Barbe-Noire, le juge coupa court à l'interrogatoire et trancha :

« Écoutez, vous, le coquin à la barre, écoutez-moi maraud. Vous allez expier pour trois raisons. Premièrement parce qu'il n'est pas convenable que je siège ici comme juge et que personne ne soit pendu. Deuxièmement vous serez pendu parce que vous avez une tête diablement patibulaire et troisièmement vous serez pendu parce que j'ai faim. Car sachez, maraud, que chaque fois que le dîner d'un juge est prêt avant que le procès soit fini, le prisonnier est pendu, cela va de soi. C'est ce qu'exige la loi ! Geôlier, emmenez-le ! »

Dont acte.

Pour en revenir aux flotas, le deuxième coup du sort contre lequel les galions devaient faire face était les naufrages. Pendant un siècle, les pertes subies par fortune de mer seront bien supérieures aux attaques des flibustiers et pirates en tout genre. Ces désastres maritimes étaient provoqués principalement par deux causes. La première était le mauvais état des navires qui au cours de violentes tempêtes faisaient eau de toute part. Les pompes manuelles ne suffisant pas à vider les cales, les bateaux coulaient donc comme des enclumes ne laissant aucun survivant. Un certain nombre de galions reposent ainsi au fond de l'Atlantique Nord entre la côte de Floride et celle du Portugal.

La deuxième cause de naufrage, qui était du reste la plus répandue, était l'échouage sur des hauts-fonds, des récifs ou des côtes rocheuses. Dans ce cas l'origine de ces désastres était le fait de deux raisons différentes, bien que les deux se combinaient bien souvent. À savoir la tempête qui faisait dériver les navires de leur route pour les projeter sur des écueils, ou les erreurs de navigation qui étaient fréquentes à cette époque. Il va sans dire que naviguer à l'estime avec des cartes approximatives la nuit ou dans le brouillard, quand ce n'est pas en pleine tempête, augmentait de manière considérable les risques d'accident.

Selon les études faites par des historiens de marine, on estime à cinq pour cent le nombre de galions qui se sont perdus par naufrage entre 1500 et 1800. Cela représente en gros entre trois et quatre cents navires. On ne parle là bien entendu que des navires espagnols !

Même si ces galions ne transportaient pas tous des trésors, il en reste encore aujourd'hui un nombre non négligeable à découvrir. Pour cela il faut des informations précises. Celles-ci existent, on les trouve en grande partie aux Archives générales des Indes (A.G.I.) à Séville, mais aussi à Madrid et Salamanque.

C'est à partir de cette documentation que j'ai pu constituer les différents dossiers dont je dispose à bord du *Coyote.* Bien entendu cela a pris du temps, beaucoup de temps, mais je le répète, sans dossiers bien ficelés, aucune chance de retrouver la moindre épave.

18

Les Américains imposent leurs lois

JE METS À PROFIT cette courte escale à la Martinique pour rendre visite à quelques vieux copains datant de l'époque de ma première traversée de l'Atlantique. La plupart d'entre eux, partis de France sur des petits voiliers pour accomplir un tour du monde, vont jeter l'ancre ici pour ne plus jamais repartir. Le temps de revendre leur bateau et ils s'installeront à terre, reprenant bien souvent leur ancienne profession. Architectes, mécaniciens, commerçants. D'autres vont se lancer dans le charter à la journée, travaillant pour un hôtel duquel ils embarquent des touristes pour une balade en mer ou une partie de plongée autour de l'île. Un an de navigation de la France jusqu'ici aura eu raison de leur potentiel aventure. Sans parler de ceux qui pendant des années vont construire en amateur un bateau dans leur jardin avec quelques amis et se fâcheront passées les premières semaines de navigation. Pas facile de vivre à deux ou trois couples dans l'espace restreint d'un petit voilier de douze à quinze mètres. Alors adieu la Polynésie, les vahinés et autres destinations lointaines. Comme je l'ai déjà évoqué l'aventure ça ne se planifie pas. Il n'en demeure pas moins que cela aura été pour eux une belle expérience quand même et que je n'en ai jamais entendu un seul regretter cette équipée. C'est donc dans un petit restaurant sentant le piment et le citron vert, noyé dans la végétation d'une colline au milieu de lucioles, des crissements d'insectes et du tollé des crapauds buffles, que nous évoquons le passé. Si aucun ne regrette sa courte expérience de marin, il n'y en a pas un non plus pour envisager un retour en France. Entre le soupir de l'alizé dans les bananiers, la tiédeur des nuits, la biguine et le ti-punch, toute velléité de retour à Épinal, Roubaix ou porte de Montreuil s'est étiolée Il n'aura pas fallu longtemps pour que l'enlisement et l'impuissance devant le temps fasse leur œuvre. Mais est-ce plus mal ainsi ? En tout cas ce n'est pas pour moi, pas plus Montreuil que Fort de France. J'ai besoin d'espace et surtout d'action. Le ti-punch, je ne crache pas dessus, la biguine non plus, mais ça ne doit rester qu'anecdotique tout comme la volupté ne doit pas dépasser le stade du libertinage, sans quoi adieu la liberté. La plus belle, la plus amoureuse, la plus intelligente femme du monde ne pourra jamais remplacer l'aventure. Jamais ! Ce n'est qu'illusoire le temps d'une passion, et comme toute flamme, elle finit par s'atténuer avec la durée pour accomplir son destin et toute l'opiniâtreté du monde ne saurait la ranimer. Du reste, contrairement à l'idée communément répandue, le contraire de l'amour, ce n'est pas la haine mais l'ennui. L'aventure, elle, ne déçoit jamais car elle dépend exclusivement de la conduite et des réactions aux entraves liées à ses exigences d'une part et elle ne connait pas de limites d'autre part. « L'aventurier » qui se lamente sur son sort n'a rien compris et ne fait que s'illusionner, car l'aventure ne déçoit jamais et pour cause : avant d'être « physique » elle relève d'un état d'esprit. Après, à chacun de la vivre à sa manière. Je sais de quoi je parle, moi qui la vis avec toujours autant de passion depuis quarante ans à l'heure où j'écris ces lignes ! Il est vrai aussi qu'un couple vieillit inéluctablement, moi aussi bien sûr, mais pas l'aventure. Il suffit de l'adapter à ses facultés physiques déclinantes et ce jusqu'au dernier souffle, afin de ne jamais être déçu de cette fidèle compagne.

Ces réflexions ne sont pas sans me faire penser à une anecdote vécue alors que je fêtais mes vingt ans. J'avais un ami, la cinquantaine bien tassée et qui, apprenant que c'était mon anniversaire, m'invite à dîner dans un cabaret parisien. Nous étions une dizaine à fêter l'événement et j'étais le seul non accompagné ce soir-là. Vers 2 heures du matin l'ami en question me montre du regard quelques filles assises devant le bar, qui attendaient le client pour finir la nuit et me dit :

« Petit, ce soir tu es mon invité, alors choisis celle qui te plaît, c'est moi qui paye. »

J'avoue qu'à l'époque, je n'avais pas plus de difficulté qu'un autre jeune de vingt ans pour draguer des filles de mon âge et je ne voyais pas l'intérêt d'aller payer une prostituée pour finir la nuit sur une bonne note. Je fis donc part de cette réflexion à mon ami qui, narquois, me rétorqua :

« Vous les jeunes d'aujourd'hui vous n'avez rien compris à la vie, alors écoute petit, fais comme moi, commence à payer les femmes quand tu es jeune, comme ça tu n'auras jamais l'impression de vieillir. »

Trois jours plus tard, le temps de compléter le plein d'eau douce et de faire des vivres frais et je mets le cap au sud-ouest, direction le Venezuela pour caréner le *Coyote* qui commence à nécessiter un toilettage. Nitrogène et mes primates ont repris leurs habitudes et vaquent à leurs occupations dont la principale consiste à essayer de voler des sucreries et des fruits dans la cuisine. La mer est calme et c'est à dix nœuds que le bateau taille sa route d'écume vers le large. Je me suis installé dans la timonerie et tout en surveillant l'horizon et les manos du moteur, je bouquine un ouvrage sur Richelieu et la « Compagnie des Indes d'Amérique ». Vers midi, le dernier soupçon bleuté de la Martinique disparaît de l'horizon. Je ne verrai plus de terre maintenant avant deux jours.

Six heures du matin. Alors que je suis encore à plus de cent milles des côtes, c'est le rotor d'un hélicoptère associé à l'alarme sonore du radar qui me réveille. Je bondis de ma couchette et me rends à la timonerie accompagné de mes bestioles qui elles aussi ont eu leur sommeil matinal interrompu par tout ce boucan. Le Frelon repasse deux fois au-dessus de nous en basse altitude avant de virer brusquement et mettre le cap plein sud. Sur sa carlingue blanche, deux bandes rouges m'indiquent qu'il s'agit des garde-côtes américains. Qu'est-ce que les Coast Guards U.S. peuvent bien faire à plus de mille milles de la Floride ? La réponse est simple, ces messieurs cherchent à enrayer le trafic de drogue en provenance de Colombie en arraisonnant les bateaux qui leur paraissent suspects, c'est-à-dire en gros tout ce qui flotte et n'a pas l'apparence d'un cargo. Dans moins de deux heures je serai fixé. Bien entendu, me trouvant en eaux internationales il est tout à fait illégal de m'arraisonner. Le droit international et l'Amérique, cela fait deux. Les Yankees sont le peuple qui passe son temps à faire la morale à tout le monde, mais qui, bien sûr, violent en permanence toutes les conventions internationales sans que personne ne dise rien. Une nation qui célèbre haut et fort sa liberté et sa démocratie et qui n'est en fait qu'un régime policier pratiquant à tout-va la peine de mort, sur les Noirs de préférence… Enfin un pays qui est le plus gros consommateur de drogue, le plus important blanchisseur de narcodollars et qui se donne bonne conscience en envoyant ses flics véreux magouiller avec les Colombiens ou encore ses troufions surveiller les côtes d'Amérique du Sud ! Alors, eaux territoriales ou pas, ils n'en ont rien à cirer les « Macdo Brothers ! »

Comme prévu, à 8 heures, le porte-hélico de quatre-vingt-dix mètres apparaît dans notre sillage à moins de trois milles. Il se rapproche encore tandis que ses mercenaires mettent à la mer une vedette rapide dans laquelle huit commandos armés jusqu'aux dents prennent place. C'est une fille bardée de menottes et de revolvers qui pilote l'engin d'interception. Arrivée à la hauteur du *Coyote,* elle réduit la vitesse et, comme toutes les Américaines, se met à nasiller comme une hystérique des ordres dans un mégaphone et m'ordonne de stopper.

Bien entendu j'obtempère face à cette équipe de paranos qui serait bien capable de me balancer des grenades avant de sulfater le pont histoire de tuer tout ce qui bouge. Il ne faut jamais oublier que tous les flics du monde ne sont courageux qu'à dix contre un, armés et avec l'impunité d'une hiérarchie qui les couvre en cas de débordements en tout genre. Si vous leur enlevez toute cette mascarade, ce ne sont plus que des pleutres et des lâches. En attendant, ils tournent autour du *Coyote* histoire de vérifier que je n'ai pas balancé quelques colis d'herbe ou sachets de coke et puis brutalement ils passent à l'abordage. Évidemment le bateau n'ayant plus de vitesse, il se met instantanément en plein travers de la houle, ce qui a pour effet immédiat de le faire rouler bord sur bord. Le premier de ces héros du Middle West n'ayant pas anticipé le violent coup de roulis du *Coyote* se retrouve projeté sur le dos dans leur canot au moment même où il essayait de saisir la rambarde pour se hisser à bord. Bien entendu j'applaudis la prestation, ce qui a le don d'énerver un peu plus ces Rambo d'opérette. Alors bien sûr une fois les huit à bord, c'est avec un grand courage qu'ils me braquent et me passent des menottes le temps de vérifier que je suis seul. Pour ce faire, ils circulent de l'avant à l'arrière accroupis, le doigt sur la détente comme dans les films. En fait ils ont la trouille de se faire flinguer par des membres d'équipage qui se seraient cachés. Et tout ça pour quoi, s'il vous plaît ? Eh bien tout simplement qu'il est totalement inconcevable dans leur esprit de fonctionnaire assisté que l'on puisse naviguer seul sur un bateau de vingt-sept mètres. Alors ils fouillent partout à la recherche des marins, du mécanicien, du frigoriste, du cuisinier et ne comprennent pas. D'ici à ce qu'ils m'accusent de les avoir balancés par-dessus bord il n'y a pas loin. Finalement ils se rendent à l'évidence et me détachent. Il faut dire que dans la marine de guerre, sur un bateau de cette taille, il ne leur faudrait pas moins de vingt personnes pour s'en sortir. Cette première mission accomplie, l'officier qui commande ce hardi commando demande à voir les papiers du bateau ainsi que mon passeport. Il communique les informations sur le porte-hélicoptère qui lui-même les envoie par radio à la base de Puerto Rico, ça prend un quart d'heure pour vérifier que je ne suis fiché ni chez les narcotrafiquants, pas plus à l'O.L.P. et encore moins chez les guérilleros sandinistes et autres sentiers lumineux. Ça les rassure à moitié mes cow-boys, alors ils vont pouvoir passer à la deuxième phase des opérations soit, la fouille complète du navire pour rechercher le bicarbonate colombien.

Le show va durer cinq heures pendant lesquelles tout va y passer. Ils vont perquisitionner, fouiller dans les tiroirs, examiner les matelas, sonder les cloisons, retourner les provisions, mesurer le bateau pour le rejauger, explorer sous les planchers, chercher d'éventuels doubles fonds, etc. Vers midi, je me sers un pastis et vais discuter avec mes deux singes que j'ai pris soin de mettre dans leur cage. Avec ces barjos-là on ne sait jamais. Enfin nous arrivons à l'apothéose finale de la visite : au moment où le chef décide d'ouvrir la porte de visite d'une cuve à fuel à demi pleine. Aussitôt dit, aussitôt fait, deux des vaillants mercenaires passent la moitié de leur corps à l'intérieur pour scruter le fond. Ça leur sera fatal ! Entre les quarante-cinq degrés qui règnent dans la salle des machines, leur tenue réglementaire composée d'un T-shirt, d'une chemise, d'un gilet pare-balle et d'un autre de sauvetage, les deux héros en nage tournent vite fait au gris-vert. Ajoutez à cela qu'ils sont penchés, la tête bien au fond de la cuve inhalant à plein poumon de bonnes émanations de fuel. Là c'en est trop pour nos commandos d'élite. Ils se redressent d'un bond, se précipitent vers l'échelle et arrivent sur le pont juste à temps pour nous gerber deux belles fusées de pancakes au sirop d'érable bien diluées dans le coca ! À la suite de cette éclatante prestation d'efficacité, deux autres va-t'en-guerre descendent reboulonner la cuve, tandis que le chef m'informe que je suis en règle et que je peux continuer ma route. Bien entendu, ils n'ont pas vérifié mon mât qui est creux, parce qu'il aurait fallu le découper au chalumeau. Ils ne se sont pas plus intéressés aux autres cuves à fuel, qui étaient pleines celles-là, pas plus qu'à celles à eau d'ailleurs. Sans parler du container de mon canot de sauvetage ou encore les boudins de mon Zodiac bien en vue sur le pont. Bref, j'ai calculé que j'aurais pu camoufler sans problème cinq cent kilogrammes de farine… On croit rêver ! Et après on s'étonne que, selon les statistiques des douanes américaines, seuls dix pour cent de la drogue pénétrant aux U.S. sont interceptés… ! Ça en dit long sur la compétence de ces commandos de marine, de leurs technocrates de chefs et de l'utilisation des milliards votés au Congrès pour lutter contre ce fléau. Si j'étais en charge de traiter ce problème, il y a longtemps que j'aurais remis au goût du jour le système des corsaires. Cela peut faire sourire les profanes, mais s'ils se donnaient la peine d'ouvrir leur livre d'histoire de la marine française, depuis le Renaissance, ils se rendraient rapidement compte que ceux qui ont fait le plus de mal aux nations belligérantes de la France étaient les corsaires et non pas notre marine nationale. Si les narcotrafiquants avaient sur le dos des mercenaires rétribués en fonction de leurs saisies de drogue, j'aime autant dire qu'ils auraient du souci à se faire les Colombiens ! Cela représenterait un double avantage. Premièrement on ferait l'économie de tous ces équipages de militaires incompétents qui n'obtiennent aucun résultat majeur. Cela représenterait des milliards d'épargne chaque année. Ceci dit on ne peut pas critiquer ces gens-là dès lors qu'un des principes fondamentaux de l'armée est de dire « qu'il n'est pas nécessaire de réussir pour persévérer ». Deuxièmement les corsaires ne cherchent pas les décorations chères aux fonctionnaires mais à faire fortune. À ce sujet, je rappelle la réflexion du grand corsaire de l'Empire qu'était Robert Surcouf, qui après avoir coulé et pillé une multitude de vaisseaux anglais, se retrouve prisonnier. L'amiral de la flotte britannique le convoque et lui dit :

« Ainsi c'est vous le fameux Surcouf qui depuis des années nous crée tant d'infortune. Eh bien sachez, monsieur que je n'ai pour vous que le plus profond des mépris. Car voyez-vous, monsieur, la différence qu'il y a entre vous et moi, c'est que moi je me bats pour la gloire et l'honneur de l'Angleterre, tandis que vous vous battez pour de l'argent ! »

Et Surcouf de répondre :

« Mais monsieur, dans la vie, on se bat toujours pour obtenir ce que l'on n'a pas ! »

Alors vu le prix du kilogramme de cocaïne, si on n'est pas fainéant et prêt à prendre des risque en s'attaquant aux trafiquants, on peut se faire un joli magot en peu de temps. Ce système a fonctionné pendant des siècles avec succès. Y compris au cours de la Seconde Guerre mondiale, alors pourquoi ne pas le réutiliser ? Tout simplement parce que ce serait l'éclatante démonstration de l'impuissance d'un État à gérer ce type de problème. Alors on continue à gaspiller les impôts du contribuable juste pour ne pas perdre la face. Autant dire que les narcos ont encore de belles décennies devant eux !

En attendant, pendant que les maîtres du monde rejoignent leur canot, je mets en route le moteur et remets le cap au 240. Après avoir libéré mes deux singes, je me ressers un autre verre et repense à ce qui vient de se passer. Je me dis que ce n'est pas étonnant que les Américains se fassent dérouiller au Viêt Nam, qu'ils n'arrivent à rien en Irak ou qu'ils se ridiculisent en Afghanistan. Je sais que l'ineptie de l'armée n'est plus à démontrer, mais si en plus elle est américaine, il n'y a plus de limites. Finalement Clémenceau avait bien résumé le sujet quand il affirmait que « la guerre était une chose trop sérieuse pour la confier à des militaires ! »

C'est d'autant plus vrai que si je n'ai pas connu le « Père la Victoire », et pour cause, j'ai quand même eu l'heureux hasard de rencontrer quelques anciens d'Indochine. Parmi eux Jean-Baptiste E. qui de 1945 à Diên Biên Phu va combattre les Viêts au sein de la Légion étrangère. Lui, le caporal qui a eu la chance de ne jamais faire Saint-Cyr, a toute suite compris la situation qu'aucun « cyrard » ne pouvait admettre bien sûr : « Pour faire face à l'armée Viêt-cong, il a fallu que la France aligne un empereur, un maréchal de France, trois amiraux, vingt et un généraux suivis de vingt cerveaux politiques. Présidents du conseil, ministres, secrétaires d'État et ambassadeurs. Au total quarante-neuf boîtes crâniennes sorties des plus grandes écoles. Ils étaient tous plus aguerris les uns que les autres, tous connaissaient les vices de la guerre, de la politique et de la diplomatie. Quarante-neuf cerveaux en ébullition pleins de matière grise pour affronter deux broussards, le président Hô Chi Minh et le général Giap, deux paysans vivant dans la jungle, mangeant une poignée de riz et traînant à leur suite une armée de gueux en haillons et sandales. » Tout ça pour dire qu'aucune « école de guerre », semble-t-il, n'apprend à ses disciples que d'une part la foi est plus forte que les moyens et d'autre part qu'il n'existe aucun exemple de guerre gagnée contre des partisans. En effet les militaires se battent parce qu'ils obéissent aux ordres, tandis que les autres se battent pour un idéal, une croyance, une foi, des convictions, etc. C'est pour cela qu'ils ne peuvent être vaincus. Une fois tués, ils sont immédiatement remplacés. Mais bien sûr, les leçons du passé ne servent à rien chez les militaires. D'ailleurs comme le disait le général de Gaulle : « L'intelligence a ses limites, la bêtise aucune ! » Il suffit de voir à quoi servent les milliers d'agents secrets de la C.I.A. et autres services, les milliards de dollars dépensés en vain pour essayer depuis plus de dix ans de capturer ces messieurs les responsables d'Al-Qaïda, les nouveaux Hô Chi Minh et Giap du XXIe siècle.

À 2 heures du matin sur une mer d'huile je me présente à l'entrée de la baie de Cumaná et je vais mouiller mon ancre devant le chantier naval de mes amis basques. Une semaine de peinture, de calfatage et de mécanique, une semaine de cage pour Roux et Combaluzier et c'est un *Coyote* rutilant qui sera prêt à reprendre la mer.

19

Carthagène des Indes

On peut dire que Carthagène est la ville mère de la Colombie. Elle fut fondée en 1533, par Pedro de Heredia, cinq ans avant Santa Fe de Bogotá. De petit village, elle va prospérer rapidement grâce aux nombreux trésors découverts dans la région. En effet, une fois installés sur la côte, les Espagnols vont lancer une multitude de raids vers l'intérieur du pays. Ce sera notamment le pillage des tombes du peuple sini, connu pour enterrer ses morts avec tous leurs biens, qui firent la fortune de nombre d'aventuriers.

Le port de Carthagène profita de tous ces pillages et ne tarda pas à devenir tellement prospère qu'il attira un certain nombre de convoitises du pouvoir mis en place par la couronne d'Espagne, mais aussi de toutes sortes de marginaux pirates et flibustiers. De plus, Carthagène reçut le privilège, tout comme Veracruz, d'avoir l'exclusivité de la traite des esclaves en provenance d'Afrique. Cela ne fit qu'accroître sa richesse et renforcer son prestige. Tout cela explique pourquoi, en l'espace de deux siècles, la ville sera l'objet d'attaques par la mer et de consciencieux pillages. Le premier est un Français Robert Boal ou Roberval qui, à la tête d'une poignée d'aventuriers, surprend le gouverneur au milieu d'un banquet et réussit à extorquer trois cent dix kilogrammes d'or en 1543. Ce sera le coup d'envoi d'une succession d'assauts dont les principaux sont celui du pirate anglais Sir Francis Drake en 1586, sans doute le plus grand de toute l'histoire de la piraterie. La ville sera pillée par un autre pirate moins connu, français aussi, Martin Cote, en 1559, puis par l'amiral De Pointis accompagné d'un millier de flibustiers commandés par Jean Ducasse, gouverneur de Saint-Dominique. C'est une armée de plus de quatre mille hommes qui monte à l'assaut des fortifications de la ville ces mois d'avril et mai 1697. Le butin sera énorme, plus de neuf millions de pesos or, dont un sépulcre en argent massif de deux cent cinquante kilogrammes que Louis XIV restituera plus tard. Enfin Carthagène connaîtra la plus gigantesque agression de son histoire, en 1741, par l'amiral anglais Edward Vernon qui attaquera la ville avec deux cents navires et cent quarante mille hommes. La résistance des Espagnols sera telle que les Anglais ne réussiront à occuper que quelques forts et cependant ne parviendront pas à entrer dans la ville. Finalement, la dernière bataille pour se rendre maître de cette place forte aura lieu au moment de l'Indépendance. C'est de cette ville que partiront les troupes de Simón Bolívar pour libérer la Nouvelle-Grenade, qui allait devenir la Grande-Colombie.

C'est dans cette opulente cité chargée d'histoire que je pénètre avec le *Coyote* pour me mettre au mouillage à l'endroit réservé aux navires de passage de petit tonnage. Comme dans tous les pays d'Amérique latine, les formalités sont longues et compliquées. Tout d'abord la capitainerie du port, puis le service de santé, vient ensuite la police d'immigration pour finir avec la douane. C'est tout juste si on ne me demande pas ma carte d'électeur, un extrait de naissance, mon livret militaire, mes dernières analyses médicales ou un extrait de mon casier judiciaire. On en profite pour mettre l'alcool, le tabac et les armes sous scellés. On m'avertit que si mes bestioles vont à terre, elles seront immédiatement abattues et que si je suis l'objet de vol ou d'agression dans l'enceinte du port, c'est mon problème ! Enfin le train-train habituel quand on est en escale dans les pays barbares ! Bien entendu je n'ai déclaré qu'une arme de poing sur les trois dont je dispose, histoire de ne pas me retrouver handicapé en cas d'agression. Finalement ce n'est qu'à 18 heures que je suis libre d'entrer et sortir du port à ma guise, après que l'officier d'immigration m'a remis une pièce justificative pleine de tampons. Le genre de certificat, certifiant que tous les certificats sont certifiés, le tout pour cinq mille pesos soit environ cinq dollars U.S. Une fois tous ces messieurs débarqués, je vais m'amarrer une heure le long d'un quai voisin pour recompléter mes réserves d'eau et ainsi me voilà paré pour me lancer à l'assaut du pays de l'Eldorado.

En effet, si la Colombie a la fâcheuse réputation d'être le plus gros producteur et pourvoyeur de cocaïne du monde, il n'en demeure pas moins qu'ici la légende de l'Eldorado est tenace. À commencer par l'aéroport international de Bogotá qui se nomme ainsi.

Ce royaume fabuleux, décrit aux premiers conquistadors par les Indiens, va faire des centaines de victimes dans les rangs espagnols. Ça commencera par celle de Vascuna en 1522, qui va accomplir avec sa troupe vingt-six mois de marche dans les cordillères et les jungles du río Magdalena, ils seront tous décimés par les attaques des Indiens, l'hostilité de la nature, les fièvres, etc. Un autre, Diego Ordaz, parti d'Espagne avec quatre navires et six cents hommes, va se perdre à l'embouchure de l'Amazone, pas découragé, il va mettre le cap au nord, construire des galères et tenter la remontée de l'Orénoque avec les trois cents hommes qui lui restait, ce sera un nouvel échec. Ensuite viendra Sébastien de Benalcázar, le fondateur de Quito, il ira se perdre dans la vallée de Neiva et du Magdalena où le seul or qu'il rapportera sera celui des villages indiens qu'il va dévaster au gré de ces mois de marche. Apparurent alors les deux frères Diego et Gonzalo de Quesada qui, comme leurs prédécesseurs, firent du pillage, mais ne trouvèrent jamais la cité mythique. Ensuite ce fut l'odyssée sanglante de Lope de Aguirre, comme l'a évoqué le cinéaste Herzog avec Klaus Kinski dans ce rôle. Pour finir, le plus connu de tous fut sans conteste Francisco de Orellana qui, après avoir participé à la conquête du Pérou avec Pizarro, va découvrir l'Amazone. Mais lui non plus ne trouvera jamais l'Eldorado.

D'autres que les Espagnols se lanceront dans l'aventure. Les Allemands Ekinger, Hakemurt et Federmann en 1530. L'Anglais Walter Raleigh, celui-là même qui fit connaître le tabac en Europe, effectuera plusieurs expéditions notamment dans les Guyanes et au Venezuela en 1595.

Aucun ne trouvera les richesses illusoires d'un royaume mythique, que ce soit les sept cités en or de Cibola ou les capitales de l'Homme Doré.

Ma première préoccupation va être de trouver un gardien pour le bateau, sans quoi, le temps d'aller boire une bière plaza Bolívar et il sera mis à sac. Il faut savoir en venant ici que la Colombie et le Brésil détiennent le record de criminalité de toute l'Amérique du Sud. Au-delà de la drogue, qui demeure le plus rentable, les activités criminelles en tout genre prennent ici une importance et une efficacité redoutables. En fait, tout ce qui peut représenter une valeur marchande est bon à prendre. En termes de profit, il n'y a pas de limites dans les actes. Ainsi les enlèvements contre rançon, plus de mille par an, sont un business à part entière, tout comme le trafic d'organes humains, de préférence prélevés sur les enfants après les avoir tués, font partie des monstruosités courantes. Naturellement, il y a lieu de rajouter les grands classiques du genre que sont les contrats d'assassinats jamais résolus, le racket, l'escroquerie, les braquages et la prostitution. Ceci expliquant cela, la barrière entre les riches et les pauvres ne fait que s'accentuer au même rythme que les injustices sociales augmentent. Globalement les villes sont coupées en deux. D'un côté les ranchos et favelas, de l'autre les villas de milliardaires avec hauts murs, gardiens armés et pitbulls, et entre les deux des flics corrompus qui battent la mesure. Ce n'est pas bien nouveau tout ça, sauf que la perception n'est pas la même quand on le lit dans son journal à huit mille kilomètres de là, ou que l'on fait partie de la mêlée.

Concernant les problèmes liés à la cocaïne, il suffit de vivre ici et de connaître un peu de monde pour découvrir rapidement que l'on entre dans une grosse farce, aussi tragique soit-elle. Ce que les cinéastes appellent une comédie dramatique en quelque sorte. Les acteurs s'appellent narcotrafiquants, juges, flics, militaires, hommes politiques, guérilleros et services spéciaux américains. Sept gangs hiérarchisés se disputent sans pitié un pactole gigantesque dont le principal commanditaire s'appelle les États-Unis d'Amérique, tant pour la consommation de cocaïne que pour le blanchiment des narcodollars !

Cette petite parenthèse pour dire qu'il y a bien longtemps que je ne crois plus aux vertus qui naissent de l'adversité, au courage, de la noblesse de l'âme, voire à la grande aventure de l'homme. Aujourd'hui, la survie dans la société se négocie selon les trois formes suivantes : par la force et la terreur chez les pauvres ou les faibles, par l'argent ou les relations chez les riches et par la corruption et le chantage chez les fonctionnaires. Cette pathétique constatation m'ayant sauté à la gueule quand j'avais vingt ans, cela m'a permis de traverser la vie sans ne jamais m'étonner de rien, et de surtout ne pas être surpris de la misère et du néant de notre existence terrestre, si tant est qu'il en existe une autre après la mort.

Bref, en guise d'épilogue, on ne peut pas en vouloir à des gens qui vivent dans un pays où huit mille grandes familles se partagent treize millions d'hectares de terres cultivables pendant que huit cent mille petits agriculteurs survivent avec quatre et demi millions d'hectares. Quand on achète à un paysan un kilo de café pour vingt-cinq pesos, soit moins de quinze centimes de nos francs, et que l'on connaît les marges faites par les revendeurs pour arriver sur les rayons de supermarché à soixante francs le kilogramme, cela représente, si je sais compter, quatre cent fois la culbute ! Alors il ne faut plus s'étonner dès lors que le même paysan fera pousser de la marijuana qui lui est payée quatre cents pesos le kilo ! Ceci explique cela.

Pour l'heure, et c'est le plus important pour moi, c'est que la Colombie est un pays magnifique où la rumba et la salsa imposent leur rythme tard dans la nuit, où la population est souriante et où les filles les plus belles d'Amérique du Sud, cultivent la sensualité. C'est peut-être un peu réduit comme description, mais cela me suffit pour l'escale de dix jours que je fais ici. Il ne me paraît pas nécessaire de parler des mines d'or ou d'émeraudes, pas plus que des civilisations quimbaya, tolina, tumaco, sini ou autres chimilia. Le plus important pour moi c'est d'obtenir des autorités navales et d'immigration l'autorisation de naviguer dans les îles colombiennes et de séjourner sur les bancs du large pour une durée de trois mois au moins. Et ça, connaissant l'administration, ce n'est pas gagné d'avance.

Le gardien de bateau, c'est le capitaine du port qui va me le fournir, en la personne d'un de ses neveux qui se trouve présentement en vacances scolaires. Andrés a vingt-deux ans et suit des cours à l'université de jurisprudence, c'est-à-dire à la fac de droit. Il pense devenir avocat d'affaires d'ici quatre ou cinq ans. Pour le moment, ce petit job de gardien va lui permettre de se faire un peu d'argent de poche pour payer chaque soir ou le restaurant ou le cinéma à sa fiancée. Il sera là tous les matins à 9 heures et repartira à 19 heures sauf contrordre la veille pour le lendemain. Il me demande simplement l'autorisation d'amener sa petite amie pour que le temps lui paraisse moins long et qu'éventuellement elle lui prépare son déjeuner. Ce problème étant solutionné, je retourne à bord. Il n'est pas loin de vingt heures donc trop tard pour me lancer à l'assaut de la bureaucratie.

Comme je l'ai dit plus haut, entreprendre des démarches administratives en Amérique latine quand on est gringo s'apparente à un parcours du combattant qui peut durer des mois, pendant lesquels on vous promène d'un bureau à l'autre. On se fait, dans le même laps de temps, tondre comme un mouton par toute une meute d'adjoints, de secrétaires, de préposés qui vous assurent que vous pouvez rencontrer monsieur le directeur ou le commissaire ou le colonel dès lors que vous aurez fourni tel ou tel papier. Bien entendu à chaque fois on vous assure qu'avec cinq ou dix mille pesos le dossier ira plus vite, etc. Il n'y a donc qu'une solution, se faire tondre une seule fois par un avocat qui prendra le cas en charge. L'inconvénient de ce système réside dans les délais. Avocat ou pas, l'administration n'est pas pressée, moi si. Alors il ne me reste qu'une seule solution, un joker en quelque sorte, qui s'appelle Ricardo López.

Ricardo, je l'ai connu il y a huit ans à Miami où nous prenions tous les deux des cours de pilotage sur l'aérodrome d'Opa-Locka. Moi en amateur, lui en professionnel. Depuis il a créé sa propre compagnie d'avions-taxis ici à Carthagène. À l'époque, je lui avais parlé de mon désir d'aller explorer certains îlots appartenant à la Colombie, mais que malheureusement ce n'était pas possible car le gouvernement n'accorde aucun permis de fouilles dites « archéologiques », sauf cas exceptionnel. Il n'avait pas été long à réagir le Ricardo.

« Le jour où tu seras prêt, viens me voir, on verra ce que je peux faire. Ici il y a toujours moyen de trouver une solution, voire une combine. »

Nous en étions restés là sur le sujet, mais j'avais continué mes relations avec lui aussi bien de manière épistolaire qu'en lui rendant visite une fois ou deux par an. Le moment était donc arrivé de vérifier ses dires.

En fait je suis relativement confiant, car Ricardo est issu d'une grande famille colombienne très puissante et influente. Son oncle Alfonso López Michelsen sera même président de la Colombie en 1974. Je lui ai téléphoné de Cumaná, il attend ma visite.

Pour huit mille pesos un taxi urbain me dépose devant la grille de la résidence de mon ami. À quelques kilomètres seulement du centre de Carthagène, la villa Esmeralda surplombe la mer des Caraïbes du haut d'une colline noyée dans une farandole de fleurs et de plantes multicolores. Cette maison n'est pas sans rappeler les *haciendas* arabo-andalouses du Sud de l'Espagne avec son patio aux murs éclatants de lumière, ornés pêle-mêle de pots en grès d'où s'épanouissent rosiers et lauriers roses, fuchsias et hibiscus, azalées et géraniums dans un panache de nuances flamboyantes. Une immense terrasse offerte au courant de l'alizé domine la mer, tandis qu'un escalier en marbre rose descend vers une piscine débordante à l'eau cristalline.

Ricardo me présente sa femme Lisa que je rencontre pour la première fois et qui, je le confesse, me coupe le souffle par sa beauté et son élégance. Brune aux yeux verts en amande, longs cheveux couleur de jade, traits fins et gracieux, la réussite parfaite du métissage d'une Chola et d'un Blanc. Je fais ensuite la connaissance de son frère Pedro, ainsi que de deux couples d'amis qu'il a invités pour le dîner.

Alors qu'un domestique stylé nous confectionne des punchs au citron vert et à la muscade, lentement, loin sur la mer à l'ouest, le soleil commence à disparaître dans des lueurs de braises.

Une fois les conversations d'usage terminées, Ricardo en vient à mes projets. J'explique donc ce que j'ai l'intention de faire pendant les mois à venir, ce qui a le don d'exacerber la curiosité de mes interlocuteurs. Ils ont beau connaître l'histoire de leur pays et plus particulièrement de leur ville, ils restent cois aux révélations que je leur fais. Seul Pedro se permet de m'interrompre.

— Combien tu as dit qu'il y avait d'épaves dans les eaux de notre pays ?

— Entre les plus anciennes et les modernes autour d'une centaine, mais de galions avec de riches cargaisons, une vingtaine environ, dont la moitié répertoriés en archives.

— Et cela représente combien en valeur d'aujourd'hui tous ces trésors ?

— C'est assez difficile à évaluer mais si tu prends simplement le *San José*, naufragé en 1708, dont vous avez tous entendu parler, vu qu'il a coulé près de l'île de Baru à même pas vingt kilomètres d'ici, eh bien on estime la valeur de sa cargaison entre huit et dix millions de pesos or de l'époque. Il s'agit principalement d'or, d'argent et de pierres précieuses, dont une grande quantité d'émeraudes. Alors pour information, en monnaie d'aujourd'hui cela représente entre cinq et huit milliards de dollars américains.

— Ça alors ! Mais comment se fait-il que le gouvernement ne le récupère pas, c'est incroyable non ?

— Votre gouvernement n'a pas fait de recherches pour deux raisons, une, il n'a pas de budget à consacrer à ça et ensuite il ne possède pas la technologie pour réaliser avec cent pour cent de succès une telle opération.

— Dans ce cas pourquoi ne pas faire appel à des compagnies étrangères, les clients ne doivent pas manquer, non ?

— Ça a déjà été fait et ça a foiré à chaque fois parce que votre gouvernement exige la totalité des découvertes et ne veut pas payer pour la recherche. Alors si vous connaissez des sociétés *off-shore* qui sont prêtes à dépenser plusieurs millions de dollars, juste pour la gloire, n'hésitez pas à les présenter à vos ministres. C'est pour cela que je suis là ce soir, pour essayer de trouver une solution, disons, intermédiaire. C'est-à-dire cinquante pour cent de légal et cinquante de clandestinité.

Cette fois c'est Ricardo qui prend la relève.

— Et tu aurais déjà une idée, ou c'est le néant total ?

— J'ai une idée, la voici, je vous la livre brute de décoffrage, il faudra la peaufiner, ça va de soi. En fait ce serait de demander une autorisation pour réaliser un film documentaire sous-marin sur un sujet quelconque, genre étude de la faune, de la flore, mesurer le degré de pollution des fonds marins de la Colombie et de ses îles et bancs du large. En cas de contrôle des garde-côtes cela justifierait la présence du bateau pendant plusieurs jours au même endroit.

— Pas bête ton idée, mais accepteront-ils que ce soit un bateau sous pavillon étranger qui se charge de ça ? Tu n'as pas peur qu'ils te demandent des garanties financières exorbitantes ?

— J'y ai pensé, c'est pourquoi vous êtes les seuls qui puissent tenter le coup. L'idée m'est venue quand tu m'as dit que ton frère Pedro faisait des reportages pour la T.V. J'ai pensé alors qu'il aurait pu proposer à une des chaînes de faire ce reportage en indépendant. Cela offrait un triple avantage. Primo, il tourne un documentaire qui lui rapportera de l'argent, secundo, il n'a pas d'autres dépenses à faire que sa pellicule puisqu'il ne paye pas la location du bateau et tertio, il me sert de couverture pour mes recherches. Quant à justifier l'utilisation d'un bateau étranger, il l'explique par le fait qu'il n'a pas trouvé ici d'embarcation qui correspondait à ce dont il avait besoin. Ça, je ne pense pas que cela posera un problème, dans la mesure où c'est une société de production d'ici qui affrète un bateau étranger. Enfin pour faire les choses en règle, que rien ne paraisse suspect, sa société passe un contrat avec ma compagnie, stipulant dans le détail tout un tas de dispositions et il me verse officiellement une somme qui reste à définir. Bien entendu, aussitôt ces fonds crédités sur mon compte, je les fais transférer sur la banque de son choix, en dehors de Colombie de préférence. Comme cela tout le monde est content et ça ne fait de tort à personne. Alors, qu'est-ce que vous en pensez ?

— C'est réalisable, encore que c'est à Pedro de prendre la décision, alors, *hermano,* qu'est-ce que tu en dis ?

— Je confirme que c'est faisable à part sur un point. Tu nous as bien dit que ton expédition allait durer environ trois mois, or moi je ne peux pas m'absenter tout ce temps.

— Pas de problème, Pedro. Tous les bancs du large sur lesquels je vais aller se ressemblent. Je veux parler des fonds sous-marins. Tu viens avec ton équipe de tournage disons quinze jours, trois semaines, vous filmez une trentaine d'heures de rush et je te ramène à Providence d'où tu prends l'avion pour rentrer. Par contre tu me laisses à bord au moins deux personnes qui sachent tenir une caméra pendant toute la durée de la campagne au cas où l'on serait contrôlés. Des caméramans qui n'ont pas de travail, ça ne doit pas être bien difficile à trouver non ? Du reste je ne suis pas contre le fait de les rétribuer. Alors ?

— Dans ce cas je marche. Je connais un jeune, Paco, qui sort de l'école d'audiovisuel de Bogotá, que je fais travailler de temps en temps, il sera ravi de partir. Pour l'autre gars ça ne sera pas un problème non plus, on le balancera assistant. Maintenant il y a un point que nous n'avons pas évoqué. Si tu trouves quelque chose ça se passe comment ?

— C'est simple, je ramène tout à Miami, je fais faire une expertise contradictoire entre deux ou trois experts de renommée et je vends tout. Soit à des antiquaires, soit à des privés, soit en salle des ventes. Il y a vingt-cinq pour cent pour toi, vingt-cinq pour cent pour le copain qui m'accompagne et le reste pour moi. Ça te va ?

— Ça me va, Philippe, je fais préparer le contrat dès demain par mon avocat. Je passe te prendre à 10 heures au port, amène avec toi les statuts de ta compagnie, après on ira manger des crabes et des langoustines au Santo Domingo devant l'église, ça nous portera chance.

Tandis que le dîner se poursuit à grand renfort de bouteilles de Concha y Torro chilien pour pondérer la cuisine colombienne très relevée, un des deux invités de Ricardo m'annonce, comme si c'était tout naturel :

— Tu sais Philippe, ton plan, aussi jouable soit-il, nécessite quand même une porte de sortie. Tu sais, le fameux grain de sable. Il suffit que tu tombes sur un capitaine de garde-côte pointilleux qui veut faire du zèle, il ne se contentera pas d'une autorisation de tournage, même dûment paraphée par le ministre du Tourisme et de la Communication…

Là il commence sérieusement à m'inquiéter, leur copain aux frères López. Copain qui se prénomme Jaïme, d'ailleurs. Je me reverse une lampée de vin, m'attendant au pire, tandis qu'il poursuit.

— … Pour cela il y a un moyen quasi imparable à condition de connaître la personne qu'il faut, et moi je la connais bien, c'est mon cousin !

— Ah oui et il fait quoi le cousin ?

— Il commande tout ce qui flotte au nord de San Andrés. Ce qui veut dire que tu auras une paix royale dès lors que les services d'immigration t'auront délivré un permis de séjour de maximum six mois, si je ne m'abuse. Pour ça tu n'as pas besoin de nous, c'est la loi, ils n'ont aucune raison de te la refuser. D'ailleurs c'est à la tête du client. Glisse un billet de cinquante dollars inopinément dans une des pages de ton passeport et l'affaire est réglée…

Inutile de préciser qu'au retour de cette soirée je nage sur un nuage rose et l'optimisme aidant, je gratifie Andrés qui m'a attendu jusqu'à une heure du matin, d'une double paye.

— Merci beaucoup, don Felipe, c'est généreux de votre part, mais j'aimerais vous demander une faveur, si c'est possible bien sûr.

— Raconte toujours, ce soir je suis bien disposé.

— C'était juste pour vous demander l'autorisation de dormir à bord cette nuit avec Helena, vu qu'il est tard et si je dois être de retour à 9 heures, ça ne me laisse guère de temps pour me reposer.

— Pas de problème, tu peux même t'installer ici pour la durée de mon escale. Si tu es d'accord, je te double ton salaire, mais tu ne pourras t'absenter que quand je serai là.

— Super, don Felipe, demain j'irai chez moi récupérer mes bouquins comme ça je pourrai bosser tranquillement.

Comme convenu, Ricardo passe me prendre et nous allons ensemble au bureau de son frère préparer le contrat d'affrètement du *Coyote.* J'en profite pour qu'il me précise un point :

— Dis-moi Ricardo, ton copain Jaïme, quand il m'a dit hier soir que son cousin commandait tout ce qui flotte au nord de San Andrés, qu'est-ce qu'il voulait dire exactement ?

— Son cousin est capitaine de frégate de la marine colombienne et c'est lui qui commande les bases de San Andrés et Providence. Il est donc responsable de la sécurité aussi bien civile que militaire de toutes les îles avoisinantes. Pour cela il dispose d'un avion de reconnaissances, d'une frégate et de deux patrouilleurs garde-côtes. Il suffit qu'il te tamponne un permis et tu ne seras jamais contrôlé. Jaïme est fiable, pas le genre à dire n'importe quoi. Je pense qu'il va en parler au cousin, mais on ne peut pas non plus lui forcer la main, alors le mieux est d'attendre quelques jours.

Cinq jours après mon arrivée, le *Ruby* fait son entrée à Carthagène en provenance de Grenade et vient s'amarrer à couple du *Coyote.* Je mets aussitôt Christian au courant de mes démarches, ce qui a pour effet de stimuler son optimisme, à un détail près quand je lui annonce qu'il va devoir se séparer du *Ruby* pendant un certain temps.

— Ce que j'ai réussi à faire pour le *Coyote,* ça ne sera pas possible pour ton bateau. Ils n'accepteront pas, je les connais, il ne faut pas pousser le bouchon trop loin. C'est déjà miraculeux ce qui se passe pour l'instant, alors pas de vagues supplémentaires. Ceci dit tu peux laisser le *Ruby* au yacht club de Carthagène, il est hypersécurisé, ils ne te piqueront rien tu peux me croire.

Il fait une drôle de tête le camarade Christian, j'avoue que je le comprends, on n'aime jamais abandonner son bateau plus de quelques jours. Alors là, plusieurs mois, c'est un peu dur.

« Laisse-moi jusqu'à demain pour y réfléchir » sera sa seule réponse.

Le « laisse-moi jusqu'à demain » va se transformer en trois semaines, temps nécessaire à mes petits camarades colombiens de gérer et solutionner ce qui paraissait si simple le premier jour. Comme je ne suis pas d'un naturel patient, j'ai abandonné le *Coyote* à la vigilance d'Andrés et de Christian et me suis envolé pour le Maroc où je n'ai pas mis les pieds depuis bientôt deux ans. Moi aussi j'ai droit à des vacances ailleurs que sur mon bateau et puis j'ai envie de me faire un petit coup d'avion. À ce propos, si je ne fais pas un nombre d'heures minimal par an, ma licence devient caduque, ce qui m'obligerait à repasser des tests théoriques et en vol. Alors va pour l'empire chérifien où il fait bon voler au-dessus du désert et des cimes enneigées du haut Atlas.

20

Intermède marocain

APRÈS QUINZE HEURES de vol et une escale à Madrid, j'atterris à l'aéroport de Casablanca avec une gueule de bois carabinée, liée aux excès de boissons fermentées et de tabac de la nuit. Il faut bien tuer le temps et quand on ne dort pas, ce qui est mon cas, on compense avec la lecture et la limonade pour adulte.

Casa, c'est mon lieu de repli quand ça va mal ou quand je ne sais trop quoi inventer entre deux aventures. J'y retrouve mes copains d'enfance et une villa à Mohamedia devant la plage. Le Maroc c'est le pays où j'ai grandi et pour lequel j'ai toujours gardé de l'affection. Je passe mon temps entre la chasse sous-marine et l'aéroclub où je pratique un peu de voltige en amateur. Parfois je loue un Cessna 182 et je vais me balader, un coup en Andalousie, un autre en Mauritanie. Avec des copains, on emmène la tente et le matériel de pêche et d'un coup d'avion on va passer les fins de semaines sur la côte méditerranéenne. Le Cessna, ça permet d'aller passer la journée à Marrakech à la Mamounia et de rentrer à Casa le soir. Si je vivais de manière sédentaire dans un pays au climat doux, j'aurais mon avion. On en trouve à tous les prix et ça coûte bien moins cher à entretenir qu'un bateau.

À chaque fois que l'opportunité se présente, je vole. Aux Antilles, en Guyane, en Afrique, j'ai passé des dizaines d'heures à survoler la mer transparente des îles, la forêt amazonienne, les sommets de l'Atlas ou les déserts de dunes. Ça me change du bateau, ce sont d'autres sensations. Le milieu de l'aviation est un monde à part. Même s'il est loin d'être aussi folklo que celui des marins, on y fait parfois des rencontres singulières. Pas dans l'aviation de ligne, ça ce sont des laborieux du manche bien payés pour pas beaucoup d'heures, certes, mais néanmoins des tâcherons du fuseau horaire. Non je veux parler des autres, les pilotes agricoles, pilotes de brousse et autres d'hydravions du Grand Nord, qui prennent des risques pour accomplir leur job. Les « bras nus » de l'aviation. Ceux qui labourent en basse altitude sans syndicat et sans points retraite. J'ai eu l'opportunité d'en croiser quelques-uns au cours de ma carrière trouble et confuse et à chaque fois je n'ai pas été déçu. Ce sont, du reste, ces virtuoses du dakota et autres trapanelles antédiluviennes qui m'ont donné le goût d'apprendre à piloter.

Pour l'heure, confortablement installé au fond de mon siège avec un havane, je survole à cinq mille pieds les contreforts du Rif entre Tanger et Al Hoceima. À gauche la Méditerranée et son bleu éclatant sous le soleil, à droite la chaîne de montagnes habitées par des tribus farouches. Celles-là mêmes qui donneront du fil à retordre pendant deux ans aux généraux de Lyautey au cours de la pacification du Maroc.

Nous sommes quatre dans le Cessna qui nous propulse à deux cent trente kilomètres/heure. Gilbert Martinez et deux jolies gazelles blondes rencontrées à Casa quelques jours plus tôt. Gilbert, c'est mon plus vieux, plus fidèle copain du Maroc. On s'est connus à la communale sur les bancs du petit lycée de Casa. C'était l'époque où, à cinquante élèves par classe, notre vaillant instituteur M. Hugues essayait tant bien que mal d'instruire ce troupeau d'ignorants que nous étions. Entre les Arabes, les Pieds-Noirs français, espagnols, portugais ou italiens et les Juifs marocains, la tâche n'était pas simple. Ainsi, tant qu'il s'agissait de nous apprendre à écrire ou le calcul, à part quelques barbarismes à la pied-noire, c'était relativement jouable. En revanche, quand on passait à la leçon d'histoire, là, ça devenait carrément confus, voire nébuleux.

C'est ainsi qu'au hasard des interrogations, nous pouvions être témoins de ce genre de dialogue sublime entre M. Hugues, homme de savoir et de devoir, conscient du crédit que lui accordaient son académie et le jeune Samuel Benzakem

Ce dernier, comme quatre-vingt-dix pour cent des cancres que nous étions, avait les oreilles toutes rouges quand on l'interrogeait et s'en tapait complètement de savoir que lui, le Juif de Mers Sultan, avait des ancêtres… très lointains… gaulois.

Alors ça donnait à peu près ça :

M. Hugues : Benzakem, au tableau !

Benzakem : Oui, m'sieur !

M. Hugues : Parle-moi de la bataille d'Hastings !

Benzakem : M'sieur, c'est une bataille, m'sieur !

M. Hugues : Certes, mais encore ?

Benzakem : M'sieur, les Anglais, y z'ont donné aux Français !

M. Hugues : Ils ont fait quoi les Anglais ? Sois plus clair !

Benzakem : M'sieur, les Anglais y z'ont frappé les Français, ils leur ont donné leur mère, m'sieur, ils leur ont niqué leur race, m'sieur !

Heureusement M. Hugues ayant fait la campagne d'Italie dans les rangs du général de Montsabert, au sein d'une compagnie de tirailleurs couscous, était à même d'interpréter les pensées fumeuses du brillant Samuel.

M. Hugues : Tu veux dire que les Anglais ont battu les Français au cours de cette bataille ?

Benzakem : Oui, m'sieur ! Ils leur ont mis le compte !

M. Hugues : À propos, où se situe Hastings ?

Benzakem : M'sieur, c'est loin de Casa, m'sieur !

M. Hugues : Je vois… et selon toi, en quelle année cette bataille a eu lieu ?

Benzakem : M'sieur, y'a longtemps, m'sieur, même vous, vous n'étiez pas né, etc.

Bien entendu, une fois l'interrogation terminée, quelle que soit la note accordée, nous la marchandions pour essayer de l'augmenter et, fait incroyable, parfois ça marchait.

Au terme de ces années de brillantes études, Gilbert et moi resterons en contact et entreprendrons un certain nombre de voyages, de la Floride aux Bahamas et aux Antilles, ainsi qu'au Sahara et en Europe. Nous partagerons pendant plusieurs années notre passion pour la chasse sous-marine, mais aussi pour les bateaux et les avions.

Tout comme moi, Gilbert a compris très tôt que sur cette planète, il y a ceux qui se soumettent à leur existence et ceux qui se forgent un destin où l'accumulation économique n'est que jeu. Compris aussi que la vie est un bien perdu si on ne l'a pas vécue comme on l'aurait voulu, alors à sa manière en utilisant d'autres méthodes que les miennes, il a su exacerber ses talents à leur comble au point de ne rien regretter du passé.

À midi pile, je pose notre coucou sur la piste d'Al Hoceima. Il doit faire entre trente et quarante degrés et pas un souffle d'air venant de la mer.

Après avoir mis notre trapanelle en sécurité sur son parking, nous déchargeons nos bagages qui sont pour l'essentiel constitués de nos équipements de chasse sous-marine et de chasse tout court.

Un copain de Gilbert nous attend avec son Land Rover et nous prenons immédiatement la piste pour le campement sur une plage déserte, dans une calanque, à trente kilomètres d'ici. Là, le programme s'établit de la façon suivante : le matin, de 10 heures à 13 heures, chasse sous-marine ; ensuite, déjeuner de poissons grillés, sieste culturelle et, de 5 heures à 8 heures, chasse aux pigeons, tourterelles et autres perdreaux dans les collines surplombant la mer. On est deux mois avant l'ouverture mais un bakchich bien ciblé auprès de la gendarmerie royale remet tout en ordre.

Dans les années soixante-dix, quatre-vingt, nous n'imaginions pas encore l'importance que le tourisme allait jouer au Maroc. On est bien loin du phénomène de mode consistant à acheter des riads dans les médinas qui va déferler vingt ans plus tard. On ne soupçonnait pas que nombre de pistes poussiéreuses du Sud que nous empruntons seront asphaltées pour faciliter le passage des cars de vacanciers. Tout comme les Caraïbes, le Maroc va vendre son âme aux promoteurs et se transformer en usine à touristes, ce qui va renforcer toutes sortes de réglementations qui n'existent pas aujourd'hui. Nous évoluons encore à une époque où des palaces comme l'El Minzeh à Tanger, la Mamounia à Marrakech, la Gazelle d'or à Taroudant ou le Palais Jamaï à Fez pratiquent encore des tarifs accessibles. Aussi on ne s'en prive pas, même si pour l'ambiance on préfère le dortoir de Juju à Oukaïmeden, le père Thévenin et son Sanglier qui fume au col du Tizi-Intest, sans oublier la tambouille de Dimitri à Ouarzazate ou le gîte d'étape de Zagora où l'on coupe le générateur électrique à 22 heures. Tout ce folklore a disparu depuis pour laisser la place aux porteurs de cartes de crédit Gold et autres platines ! Heureusement tous les anciens Pieds-Noirs de l'âge d'or ont su se préserver encore quelques endroits sauvages connus d'eux seuls où aucun touriste ni promoteur n'a encore mis les pieds, et pour cause, il n'y a rien à visiter…

Nous installons notre campement entre Al Hoceima et le Peñón de Velez de la Gomera, petite presqu'île en forme de mini-Gibraltar sur laquelle est installée une garnison de légionnaires espagnols, la fameuse Bandera. Cette occupation résulte de l'époque coloniale récente où la partie nord du Maroc était occupée par les Espagnols. Si la majorité de ce territoire a été rendue au Maroc, le gouvernement de Madrid a gardé néanmoins quelques points d'ancrage dans cette région. Ce sont les villes de Ceuta et Melilla, sur la côte méditerranéenne, ainsi que le Peñón de Velez et un îlot avancé devant Al Hoceima. À Madrid, les autorités affirment qu'elles se retireront de ces lieux le jour où les Anglais leur rétrocèderont Gibraltar. Autant dire que ce n'est pas demain la veille ! Cette particularité géopolitique débile et obsolète a conduit les habitants de cette partie du Rif à parler plutôt l'espagnol que le français et avoir des usages différents du reste du pays.

En attendant nous faisons encore des pêches au mérou miraculeuses dans moins de huit mètres d'eau, alors qu'aujourd'hui ce serait plutôt vingt mètres et plus. Pour la première fois, je peux tenir tête à Gilbert, le grand spécialiste du genre et ce grâce à tous ces mois passés à plonger avec Christian. Tous les midis nous faisons une orgie de poissons au barbecue mais aussi crus, accompagnés d'excellents vins blancs marocains. Vers 5 heures nous gravissons les premiers contreforts du Rif accompagnés d'une troupe d'enfants tous armés de leur lance-pierre appelé ici « tire-boulette ». En deux ou trois heures nous ramenons suffisamment de pigeons, tourterelles et autres perdrix rouges pour agrémenter notre dîner ainsi que celui des paysans vivants aux alentours qui viennent nous rendre visite chaque jour.

Deux fois par semaine, d'un coup de Cessna, nous allons passer la journée à Marbella, Torremolinos ou Malaga histoire de faire la tournée des bars à tapas du paseo maritime.

Ainsi passent les semaines jusqu'à la fin août où nous reprenons les airs pour Casa. Tout a une fin et, c'est bien connu, il ne faut jamais abuser des bonnes choses.

Je retrouve avec plaisir ma villa de Mohamedia et son couple de gardiens. Mohamed Issa et sa femme Radija, originaires de Ouarzazate, deux virtuoses du tajine et des brochettes de précision. Vingt ans de service et toujours fidèles au poste.

Ce soir, seul avec mon whisky et mon paquet de « Marquises », je prends note du courrier en provenance de Colombie, et trois jours plus tard je survole l'Atlantique Nord à bord du M.D.M. de la K.L.M., direction Bogotá.

21

La flota de 1605

NOVEMBRE 1605, Carthagène des Indes. Depuis plusieurs jours la ville et le port sont en émoi comme à chaque départ d'une flota vers l'Espagne. Cela fait partie du rituel de la colonie une fois, parfois deux fois chaque année.

Il s'agit de la flota du général Don Francisco de Córdoba composée de sept galions.

Le bateau du général est une capitana, le *San Roque,* de six cents tonnes ; il est commandé par le capitaine Ruy López, suivi par une almiranta de sept cent quarante-sept tonnes le *Santo Domingo,* capitaine Diego Ramirez, viennent ensuite la *Nuestra Señora de Bégonia* de cinq cents tonnes du capitaine Pedro Muñoz de Salto, et enfin le *San Ambrosio* de quatre cent cinquante tonnes du capitaine Martín de Garmochea. Ce sont ces quatre bateaux qui transportent les trésors. Les trois autres galions ne transportant que des marchandises, tandis que la patache qui accompagne le convoi sert de bateau de liaison et de reconnaissance du fait de son faible tonnage et de sa vitesse supérieure aux lourds galions.

De toute la province, des marchands, des soldats, des notables, mais aussi des aventuriers et des prostituées, rappliquent à Carthagène pour participer à l'événement. La ville entière se passionne pour assister au départ de ces milliers de passagers qui vont prendre place à bord des galions. On attend avec exaltation le passage des convois militaires qui escortent les tonnes d'or et d'argent, les coffres de pierres précieuses arrachées aux Indiens. On se courbe au passage des moines qui défilent, tenant à bout de bras de lourds et grands crucifix. On assiste avec convoitise à l'embarquement des riches notables et de leurs suites qui retournent en Espagne, fortune faite, tandis que des valets transportent huches et cassettes remplies de doublons. Arrivent ensuite les criminels et déserteurs, ceux qui ont trahi la couronne d'Espagne et qui ont eu la chance de ne pas être exécutés sur place. Ils avancent enchaînés et seront cadenassés au fond des cales insalubres des vaisseaux. Ce sont aussi plusieurs centaines de militaires qui prennent place à bord. Ceux-là mêmes qui sont censés défendre le convoi contre les attaques de pirates ou de navires de guerre des pays belligérants à l'Espagne, en ce début du XVIIe siècle, où Philippe III roi d'Espagne, du Portugal, de Naples, de Sicile et de Sardaigne, doit faire face à d'énormes difficultés économiques. Pourtant ce sera sous son règne et celui de son héritier au trône que les convois vers l'Espagne vont connaître le plus grand nombre de pertes liées à la piraterie et aux naufrages. Ces soldats étaient au nombre de cent à cent cinquante, se répartissant entre un capitaine d'infanterie qui commandait, des enseignes, des sergents, des tambours, des caporaux, des arquebusiers et des mousquetaires : cet effectif de l'infanterie était donc supérieur à celui de l'équipage d'un galion, artilleurs compris, qui ne dépassait pas cent personnes. Bien entendu tous ces soldats, en cas d'abordage, portaient armures et casques sous un soleil de plomb, ce qui explique qu'ils n'avaient aucune chance face à des corsaires décidés qui, eux, passaient à l'abordage en short, chemisette et pieds nus, et qui bien souvent sabordaient leur propre embarcation pour qu'il n'y ait aucune désertion possible. C'était alors vaincre ou mourir. On retombait une fois de plus dans la logique des soldats se battant pour des ordres contre des forbans impitoyables ne rêvant que de richesses. Inutile de préciser que neuf fois sur dix c'étaient ceux-là qui taillaient en pièce les militaires.

Tandis que tout ce monde essaye tant bien que mal de se trouver une place au milieu de ces caisses, malles, coffres, l'équipage procède à l'embarquement des barriques d'eau douce, ainsi qu'aux animaux sur pied que l'on tuera en cours de voyage. Il s'agit principalement de porcs ou de volailles pour lesquels on aura chargé de la nourriture. Quand tous les passagers se seront finalement installés, ce sera aux officiers, aux capitaines, aux pilotes et enfin au général et sa suite de monter à bord. Tout ceci bien sûr après qu'une messe et que la bénédiction ont été faites par le religieux le plus élevé de la province. Alors seulement à ce moment-là, et à grand renfort de coups de canons et au son du *Salve Regina,* la flotte quittera le port pour gagner le large et se lancer dans une aventure qui au bout de plusieurs mois les conduira à l'embouchure du Guadalquivir, si tout s'est bien passé.

Le trésor embarqué cette semaine-là à Carthagène sur la flota du général Córdoba est estimé à huit millions de pesos or, soit l'équivalent de plusieurs milliards de dollars d'aujourd'hui. Les consignes du gouverneur de Carthagène ainsi que celles de la Casa de Contratación sont précises. La flota doit faire route au nord en profitant de l'alizé pour gagner La Havane et se joindre aux autres flotas en provenance de Veracruz ou de Porto Bello au Panamá. Afin de constituer un unique convoi pour retourner en Espagne.

La distance entre les deux ports est d'environ mille milles marins, soit un peu moins de deux mille kilomètres, ce qui correspond dans le meilleur des cas à une dizaine de jours de navigation.

Le convoi progresse normalement à une vitesse satisfaisante. Chacun a trouvé sa place à bord des navires. De l'*Angelus* à la dernière prière de la journée, des moines embarqués demandent une action de grâce du Tout-Puissant, le pilote contrôle sa navigation, l'officier de garde veille à la distribution d'eau douce pour éviter les abus, on fait cuire ses aliments dans des petits braseros en prenant garde aux risques d'incendie, tandis que les notables et les femmes de rang se font servir par des laquais dans le salon arrière.

Hélas cette quiétude tropicale va malheureusement s'interrompre au crépuscule du troisième jour. La flota va se faire surprendre par une tempête d'une telle violence que les chroniqueurs de l'époque en parleront comme de la plus terrible de toute l'histoire des Indes.

À partir de cet instant c'est la panique générale. Le convoi se disperse et c'est chacun pour soi, chacun essaye de sauver sa peau. Les sept galions vont se perdre de vue dans une nuit d'encre, dérivant sous les coups de boutoirs de la houle et couchés par un vent devenu fou. À quelques milles devant leurs étraves, la mer se déchire sur un banc à fleur d'eau de vingt-cinq kilomètres de long. Le banc de la Seranilla… Toute la flota va disparaître corps et biens ! Enfin presque…

En effet, plusieurs jours après que la tempête s'est calmée, on voit apparaître deux galions à l'entrée de Port Royal de la Jamaïque. Deux navires rendus à l'état de semi-épaves, mais que leur équipage a réussi à ramener dans un port. Quelques jours plus tard c'est un troisième bateau de l'armada qui se présente devant Carthagène, ayant réussi à faire demi-tour. Néanmoins il en manque quatre à l'appel ! Et les quatre en question sont ceux qui transportent le trésor royal de huit millions de pesos !

Inutile de dire qu'au-delà du drame humain, c'est aussi un désastre pour la couronne. Et Dieu sait si elle a besoin d'or la couronne en ce début du XVIIe siècle. Les caisses sont vides au moment où Philippe III signe la paix avec l'Angleterre, car son père Philippe II aura ruiné le pays entre ses guerres et ses conquêtes qui ont tourné au désastre, comme la déroute de l'Invincible Armada, dix-sept ans plus tôt et dont l'Espagne mettra du temps à se remettre.

Néanmoins la réaction des autorités ne tarde pas. Deux mois après la disparition des quatre galions, le gouverneur de Cuba Don Pedro Valdès envoie deux navires équipés pour le sauvetage d'épaves, dont une cloche de plongeur. Les deux bateaux vont visiter les bancs de la Serrana au sud et celui de la Serranilla au nord. Au cours de cette expédition, ils identifieront les restes du Santo Domingo sur les récifs de Serranilla, mais le mauvais temps empêchera de prolonger les recherches et peu de choses seront récupérées.

Un mois plus tard, une seconde expédition sera envoyée pour explorer les parages du cap Camaron au nord du Honduras, malheureusement le bateau se perdra sur les nombreux récifs qui débordent cette côte inhospitalière. Finalement, ce n'est qu'en 1667 qu'un pêcheur venant de

Cuba trouva par hasard un certain nombre de monnaies d'argent sur la Serranilla. Les autorités espagnoles referont de nouveau pendant six ans des recherches, pour définitivement abandonner par manque de moyens techniques et à cause de la mer qui brise fortement sur le platier, ce qui rend le travail encore plus difficile.

En refermant le dossier dont je dispose sur ce désastre maritime, je n'ai guère plus d'informations si ce n'est que l'un des quatre galions disparus aurait dérivé beaucoup plus à l'ouest des bancs, pour aller s'échouer sur une île à plus de trois cents kilomètres de la Serranilla. Mais cela ne reste qu'une hypothèse, car si les trésors débarqués sur cette île et encore bien gardés aujourd'hui sont une réalité, rien ne prouve avec certitude qu'ils proviendraient d'un des galions de la flota de 1605. Ce qui est sûr, c'est que ceux qui ont tenté de débarquer sur cet îlot appartenant au Honduras se sont fait recevoir à coup de fusil de la part de la petite garnison militaire qui l'occupe. Concernant les bancs de Serrana et Serranilla, plusieurs fameux chercheurs de trésors tels que Robert Marx, Kip Wagner ou encore Art MacKee iront prospecter les bancs au cours des années soixante, mais apparemment durent abandonner à cause de l'état de la mer. Alors peut-être aurai-je plus de chance, en tout cas il faut tenter le coup.

22

Le capitaine Osvalso Montes

C'EST UN *COYOTE* transformé en yacht de croisière qui a quitté Carthagène, il y a deux semaines, pour rejoindre l'île de San Andrés par le chemin des écoliers. En effet, depuis mon départ d'Anvers, il n'y a jamais eu autant de monde à bord. Ricardo et la belle Lisa, son frère Pedro et sa compagne Mercedes, ainsi que Christian et Maïa qui ont laissé le *Ruby* sous la garde d'Andrés et du yacht club de Carthagène. Les trois cabines dont la mienne sont occupées, je me contente pour l'instant de ma couchette de quart à la timonerie. Jaïme, quant à lui, nous a rejoints à San Andrés par avion ainsi qu'une revenante, Clara, ma blonde hôtesse d'Air Florida qui semblerait avoir pris goût à l'aventure.

Quand je dis par le « chemin des écoliers », cela signifie que nous avons caboté le long de la côte nord de la Colombie jusqu'à la frontière du Panamá dans le golf de Darien. Le genre de zone que je ne recommande à personne car extrêmement dangereuse en terme de sécurité. Il va sans dire que sans les protections dont disposent Ricardo et son frère, ce sont des lieux où nous nous serions fait agresser et piller depuis longtemps. Tant par les flics que par les bandits en tout genre. Par contre nous avons fait des rencontres avec les Indiens qui, eux, n'avaient jamais vu d'étrangers et nous ont toujours reçus avec chaleur.

Au terme de ces vacances, nous avons atteint San Andrés pour nous entendre dire par Jaïme que son cousin se trouvait à Port Catalina sur l'île de Providence, à une cinquantaine de milles au nord. Cette île qui s'appelait autrefois « Sainte-Catherine » était un fameux repaire de pirates et de flibustiers qui lançaient de cet abri leurs raids contre les galions d'Espagne en provenance de Panamá et de Colombie. C'est dans ce lieu historique et somnolent aujourd'hui que je fais la connaissance du capitaine de frégate Osvaldo Montes, le fameux cousin galonné de l'armada de Colombie. Et là il se passe comme un miracle. Non seulement il comprend aussitôt que notre histoire de film est complètement bidon, mais en plus je me trouve face à un érudit de l'histoire de la Nouvelle-Grenade (ancien nom de la Colombie).

— Philippe je vais te signer une autorisation pour circuler librement sur tous les bancs du large dépendants de mon pays, mais à deux conditions : la première c'est que si tu trouves quelque chose, tu m'en fais part en premier et la seconde, tu me préviens par radio chaque fois que tu vois des navires, autres que des pécheurs, venir mouiller dans les zones où tu te trouveras. En effet, les seuls bateaux susceptibles de croiser ou de relâcher dans tous ces bancs du large sont ou des pêcheurs ou des narcotrafiquants ou des gens comme toi qui agissent sans autorisation. D'autre part, et ce dans ton intérêt, je te demande de bien vouloir me tenir informé où tu te trouves et à chaque fois que tu bouges d'un banc à l'autre.

Autant dire que j'accepte sans sourciller toutes ces conditions, car il y a une chance sur un million qu'un concurrent apparaisse. Et si c'est le cas, je le préviendrai avant de se tirer vite fait pour éviter les problèmes, quant aux narcotrafiquants, c'est moi qui déguerpirai le premier parce que là ce serait la mort certaine pour tout le monde. Les narcos colombiens ne sont pas des poètes, ils flinguent flics et magistrats comme à la foire, alors autant dire que le « gringo français » serait une proie rare et prestigieuse sur leur carnet de tir.

— Je vous remercie commandant, vous pouvez compter sur moi, j'espère que tout se passera bien, en tout cas au moindre problème je ne manquerai pas de vous en informer par radio.

Celui qui jubile, c'est Jaïme, qui en remet une couche en affirmant que je suis d'une moralité à tout égard, qu'il y a bien un mois j'ai été contrôlé par les Coast Guards U.S. en tout bien tout honneur (sic) et qu'il ne sera pas déçu car je suis quelqu'un de parole, etc. Enfin la brosse à reluire dont le cousin n'est pas dupe, mais qui bien sûr ne le laisse pas apparaître.

Tandis que le secrétaire du capitaine de frégate Osvaldo Montes garde les passeports, permis de navigation et autres papiers du *Coyote* afin d'établir les autorisations, je prends congé de ces messieurs non sans avoir invité à dîner le commandant et son épouse.

Il va sans dire que je ne m'attendais pas à un tel dénouement et que je jubile, sans savoir comment remercier Jaïme que j'ai rencontré grâce à Ricardo. Je leur demande donc ce qui les obligerait.

— Rien du tout Felipe, ou plutôt si, une seule chose, ce serait un petit dédommagement pour Paco et son copain qui devaient nous rejoindre ici pour filmer les recherches. Parce que j'imagine, te connaissant, que tu n'as plus besoin de personne dorénavant ?

— Écoute Ricardo, avant que je parte au Maroc, on a passé des accords et même signé un contrat avec la société de production de Pedro. Alors c'est vrai, je n'ai plus besoin de tout ça maintenant, mais ce qui est signé est signé, alors la balle est dans ton camp. Bien entendu concernant Paco et son copain, c'est évident, je vais les dédommager. Quant à vous, je vous écoute.

— Eh bien pour nous c'est très simple. On reste sur les engagements pris à Carthagène. Vingt-cinq pour cent de ce que tu trouveras à répartir entre nous trois. À cela tu rajoutes cinq pour cent pour le commandant. Ça te laisse encore quarante-cinq pour cent. Qu'est-ce que tu en penses ?

— Je pense que c'est correct. Néanmoins, pour éviter tout quiproquo, j'exige que l'un de vous soit présent lors des transactions, où qu'elles se passent.

Affaire conclue, nous soldons nos accords au champagne français dont j'ai fait ample provision en Martinique et deux jours plus tard nous ne nous retrouvons plus que tous les quatre, comme à l'époque des Aves. Tard le soir, à la lueur d'une lampe tempête, sur la table du pont, nous étudions avec Christian les archives dont je dispose ainsi que les photocopies des cartes marines anciennes que je me suis procurées à la Bibliothèque nationale de Paris ainsi qu'aux archives de la Marine. Les discussions sont passionnées et la bouteille de Trois Rivières en prend un coup. En effet, muni de cette autorisation qui – on l'aura compris – m'autorise à séjourner sur les bancs du large, mais en aucune manière à procéder à des fouilles, j'en profite pour sortir de la doc' concernant d'autres épaves n'ayant rien à voir avec la flota de 1605. J'en fais part à Christian.

— Hormis le *Santo Domingo* commandé par Diego Ramirez, formellement identifié par la première équipe de sauvetage envoyée par le gouverneur de Cuba, il y a d'autres dossiers que l'on pourrait traiter en fonction de l'état de la mer. Il y a le *Pedro Serrano* sur le banc de la Serrana en 1531, et un autre en 1534 qui transportait des richesses, dont j'ai des positions assez précises. J'ai aussi le dossier de l'armada de Terre-Ferme d'Antonio de Oquendo, crashé aussi sur la Serrana en 1633. Sans parler qu'il ne serait pas inintéressant d'aller passer le détecteur sur les bancs de Roncador et Quita Sueno, même si les archives coloniales ne parlent pas de galions richement chargés ; pour une fois on peut tenter le coup de manière aveugle. On ne sait jamais, et puis n'oublions pas que des permis comme celui dont nous disposons, on n'aura peut-être plus jamais l'occasion d'en obtenir un autre. Je propose qu'on commence par le banc de Roncador qui est le plus proche d'ici, même si nous devons remonter contre la houle ou l'alizé. Quatre-vingt mille, ça va nous prendre une dizaine d'heures pas plus, en partant demain soir on arrive pile pour le petit déjeuner.

Nous passons cette dernière journée à compléter l'eau douce et l'essence pour les moteurs hors-bords, charger des fruits et légumes et amarrer tout ce qui risque de valdinguer car nous allons nous faire copieusement secouer. La mer des Antilles ne soulève pas de grosse houle comme l'Atlantique, ce serait plutôt le style de la Méditerranée occidentale. Vagues dépassant rarement les cinq mètres, mais par contre très rapprochées les unes des autres, ce qui rend la navigation très brutale pour des petits navires de moins de cinquante mètres.

Après un copieux dîner bien arrosé, nous remontons l'ancre, cap plein ouest, tandis que j'assure le premier quart jusqu'à 4 heures.

23

Chasseur d'épaves

RONCADOR en espagnol signifie le ronfleur. Non pas parce que la mer se brise sur ces récifs dans une sorte de bruit étouffé, mais plus pragmatiquement pour avertir les hommes de veille, la nuit sur les galions, d'être vigilants et de ne pas se laisser emporter par le sommeil. Comme tous les bancs du large, Roncador est constitué d'une barrière de corail, ici de quinze kilomètres environ, qui brise la houle du large et devant laquelle on peut jeter son ancre en toute sécurité dans une eau cristalline. Ce que nous faisons ce matin après une nuit de navigation somme toute tranquille.

Le temps de mettre le Zodiac à l'eau et nous partons tous les quatre pour une première exploration à travers les pâtés de coraux qui affleurent la surface. Je n'ai pas emmené de magnétomètre pour cette sortie, préférant utiliser la bonne vieille méthode qui consiste à traîner derrière le canot un nageur accroché à une corde. Nous commençons notre exploration en partant du sud où un banc de sable dépasse de la surface, sur lequel gît le vestige d'un petit caboteur rouillé et totalement vide. Pour l'heure, c'est moi qui suis dans l'eau à vingt mètres environ du canot et c'est Christian qui est aux commandes en compagnie de ces dames. Sous l'eau c'est toujours le même spectacle dont je ne me lasse pas, de ces harmonieuses formations coralliennes où évoluent d'innombrables poissons de toutes espèces, des grands perroquets bleus et verts qui montent du fond pour surveiller mon passage. Plus loin c'est un grand barracuda sans doute attiré par le remous de l'hélice, tandis que des bandes de poissons-anges au corps rayé transversalement se baladent sans plus se préoccuper de moi. On sent que le coin n'est pas très visité, si ce n'est par les pêcheurs de langoustes, de tortues et de lambis dont nous trouverons des amoncellements de coquilles sur les bancs de sable. Au fond j'aperçois des mérous bruns tachetés de noir, ainsi que des carangues vertes et argentées, qui elles, traversent mon champ de vision à toute allure pour gagner le large en zigzaguant à travers les oursins diadèmes aux longues épines et les coraux de feu. Pendant deux heures je vais explorer partout. Aussi bien sur le tombant avant le bleu des grandes profondeurs, que dans la forêt corallienne aux gorgones et cornes de cerf, le ventre à raser dans un demi-mètre d'eau les plus hautes ramifications. Un grand requin de barrière va même venir me voir, évoluant lentement de sa centaine de kilos de muscles, il va finir par disparaître dans le bleu d'une accélération foudroyante. Mais d'épave ou de vestige rien du tout pour l'instant. Je sors de l'eau, me hisse dans le Zodiac pour me faire remplacer par Christian. J'espère qu'il aura plus de chance que moi. En me positionnant sur la carte, je constate que j'ai parcouru en zigzag un quart environ de la barrière. Nous continuons donc notre progression au ralenti tandis que je me restaure d'un super club sandwich et d'une bière glacée que nos compagnes respectives ont eu l'heureuse idée de confectionner et de maintenir au frais dans une petite glacière. Encore un autre avantage du bateau à moteur par rapport au voilier, pouvoir entretenir une chaîne de froid dont un congélateur dans lequel j'entrepose poissons et langoustes quand les pêches sont abondantes. J'en suis là de mes réflexions lorsque la première alerte se déclenche. Christian vient de lâcher le cordage qui le tracte et semble faire des cercles à la surface. Je remonte aussitôt la ligne et manœuvre pour le rejoindre.

— T'as vu quelque chose d'intéressant, vieux crabe ?

— Oui des tonnes de pierres de ballast et une ancre de plus de deux mètres. Tu devrais venir jeter un coup d'œil.

Ni une ni deux je bondis sur mon masque, mes palmes et mon tuba ou comme diraient les Canadiens mon hublot, mes barbotines et ma pipette et je rejoins Christian. Il doit y avoir une dizaine de mètres pas plus, mais la transparence de l'eau est telle que l'on croirait qu'il n'y en a pas plus de quatre. Effectivement, le fond est encombré d'énormes galets qui correspondent tout à fait aux pierres utilisées pour lester les navires quand ils étaient insuffisamment chargés. Du reste, l'ancre confirme bien l'existence d'un naufrage. En moins de vingt minutes, nous découvrons les premiers canons en fonte bien groupés et dans des positions anarchiques. Je décide d'en rester là pour l'instant et je descends accrocher une corde reliée à une bouée en surface pour marquer la position. Une fois sorti de l'eau, je confirme à Christian la suite du plan.

— On continue les recherches encore deux heures pour aujourd'hui et on finira demain. Si on ne trouve rien d'autre, on revient ici dans deux jours, sinon on avisera par quel spot on commence.

Et c'est reparti pour trois kilomètres de plus, moteur au ralenti. À part deux fausses alertes où Christian croira reconnaître des débris d'épaves, nous ne trouverons rien d'autre. Je décide donc de rentrer, ça suffit pour aujourd'hui, ce n'est déjà pas si mal.

De retour à bord, je fouille dans mes archives voir si j'ai quelque chose correspondant à cette découverte, mais je ne trouve rien d'autre qu'un petit paragraphe concernant un vaisseau de guerre hollandais non identifié coulé en 1675, dont une partie de l'équipage aurait réussi à rejoindre Cuba sur un radeau de fortune et se serait fait capturer par les Espagnols. Je n'ose pas imaginer la suite, car Hollandais et Espagnols sont en pleine guerre et il ne fait pas bon tomber entre les mains des Castillans quand on est batave. En tout cas si les vestiges que nous avons découverts proviennent bien de ce navire de guerre, je doute qu'il y ait quoi que ce soit d'intéressant à trouver.

Pendant une dizaine de jours, nous raclons les fonds devant et derrière la barrière de corail sans grand succès, si ce n'est de prendre une indigestion de langoustes à la parilla et de brochettes de lambis. Il est temps de s'attaquer au banc de la Serrana à six heures de route d'ici.

Le banc de la Serrana est orienté sud-ouest, nord-est sur une longueur de trente-cinq kilomètres et présente la particularité d'avoir dans sa partie est une triple rangée de barrières. La houle venant du large y déferle sur des centaines de mètres, ce qui *a priori* ne facilite guère le travail d'exploration. Après avoir ancré le *Coyote* sous l'abri de la caye du Nord, nous recommençons la corrida avec le Zodiac, mais cette fois sans ces dames qui préfèrent goûter au *farniente* d'un mouillage confortable devant une plage déserte au sable blanc. Enfin déserte, c'est vite dit, car aussitôt débarqué je remarque des traces de pneu de semi-remorques qui sont en fait les traînées provoquées par des tortues franches. Ces marques aboutissent à de grands trous où ces chéloniens viennent déposer leurs œufs.

Nos plongées se succèdent toujours dans une féérie de couleurs de plantes dont on ne sait si elles sont végétales ou minérales, une orgie de constructions coralliennes d'un autre monde où évoluent paresseusement des milliers d'espèces aquatiques, mais au milieu de tout cela, aucune trace d'une quelconque épave.

Pendant trois jours nous allons devoir lever les palmes. Temps gris, pas un rayon de soleil et quelques averses bien senties. Nous en profitons pour compléter nos cuves à eau douce et faire des orgies de shampoing. Pas question de circuler avec le Zodiac entre les coraux sur une mer grise, sans soleil pour nous signaler les obstacles, alors on en profite pour se détendre et s'accorder sur de nouvelles zones à explorer. Pas évident sur trente-cinq kilomètres. Sans compter qu'il nous faut parfois plus d'une heure pour nous rendre du *Coyote* à la zone de recherche, ce qui occasionne une consommation de carburant excessive. En prévision de ces contraintes, j'ai stocké à Providence huit cents litres d'essence répartis dans une trentaine de jerricans, dispersés un peu partout pour limiter les risques en cas d'incendie. Néanmoins le *Coyote* est une bombe flottante. Une clope mal éteinte et c'est l'apocalypse. Il faudrait trouver un passage pour déplacer le bateau d'une dizaine de kilomètres, mais pour cela il faudrait obligatoirement installer un balisage. J'en parle avec Christian qui pense que l'idée est bonne, cependant le risque zéro n'existant pas, je suis le seul à pouvoir mesurer les dangers d'une telle entreprise et de prendre la décision car c'est mon bateau et pas le sien. La décision je vais la prendre dans l'après-midi après avoir eu une vacation avec le « cousin capitaine de frégate ». Je l'informe comme convenu que nous avons quitté Roncador où il n'y avait aucun bateau et que nous nous trouvons maintenant à la Serrana, où il n'y a pas âme qui vive non plus. Je lui expose mon projet de me faufiler entre les deux barrières et il m'assure que c'est faisable, mais, comme je le pensais, il faut faire une reconnaissance avant et éventuellement baliser un chenal.

— Christian ! C'est décidé, aussitôt qu'il fait soleil on taille la route sur le banc du large.

L'attente sera de courte durée. Le lendemain le temps se remet au beau fixe et nous allons faire un repérage avec le Zodiac et une vingtaine de bouées avec leurs filins pour marquer les endroits dangereux. Finalement nous trouvons un passage pas trop encombré de coraux et nous nous y engageons avec le *Coyote.* Cette barrière la plus à l'est fait environ cinq milles et la mer s'y brise avec fracas, n'ayant aucun obstacle pour atténuer la houle sur des centaines de kilomètres.

Nous nous trouvons dans la zone même où nos prestigieux prédécesseurs Burt Weber et Art MacKee vont récupérer deux gros canons de bronze ainsi que différentes armes portables. C'était il y a tout juste une dizaine d'années de cela. Ces trouvailles provenaient sûrement d'un galion coulé en 1534, dont quelques survivants réussiront à rejoindre la Jamaïque sur un radeau de fortune. Seule inconnue, les archives disponibles sur cette affaire ne précisent pas si une opération de sauvetage a été entreprise par la suite comme c'était souvent le cas. En dehors de ce naufrage, les archives nous apprennent qu'un siècle plus tard c'est l'armada d'Antonio Oquedo qui va perdre deux galions ici, l'*Almiranta* et le *San Juan* qui, précisent les documents, transportaient d'importants trésors. Mais là encore on n'a pas de détails concernant une éventuelle récupération de ces richesses.

En fait, la seule information de valeur dont nous disposons est qu'Art MacKee a récupéré deux canons de bronze. Cela démontre presque à coup sûr qu'il n'a pu les récupérer que sur les restes d'une capitana, d'une almiranta ou d'un galion transportant des trésors. En effet, une ordonnance royale de 1605 imposait ce type d'artillerie sur tous les navires acheminant des valeurs. Concernant les navires marchands ordinaires, ils n'étaient tenus d'embarquer que deux canons de bronze minimum, le reste étant des pièces d'artillerie en fonte mais surtout en fer. Dans la théorie, une capitana ou une almiranta dans les années 1650 devait transporter entre vingt-quatre et trente canons de bronze, cinquante ans plus tard, ce sera respectivement quarante-cinq et cinquante. Tandis que les navires de moindre importance tels que les naos, ou autres pataches ne transportaient que des canons de fer.

Bien entendu, tout cela reste très théorique car comme je l'ai déjà évoqué, les capitaines de galion préféraient embarquer plus de marchandises au détriment de l'artillerie qui était très lourde. La plupart du temps il s'agissait de contrebande sur laquelle ils percevaient de grosses sommes d'argent.

24

Mon premier galion

DEPUIS UNE SEMAINE nous explorons mètre par mètre l'intérieur du platier, en apnée et en bouteille. Nous avons passé le magnétomètre sur des kilomètres et enfin notre acharnement finit par payer. Alors que nous allions retourner au *Coyote* comme tous les jours vers 17 heures, au moment de remonter dans le Zodiac je fais ma première découverte. À savoir trois canons en fer et tout un tas de boulets. J'appelle Christian à la rescousse et nous commençons à explorer la zone. Malheureusement la visibilité est de moins en moins bonne à cause du soleil qui décline et surtout nous n'avons plus d'air dans nos bouteilles. Il faut rentrer. Ce sont deux chasseurs déçus qui sortent de l'eau, non sans avoir ramassé deux boulets de canon et mis une bouée pour signaler l'endroit. Christian est tout sourire malgré ce contretemps :

— Cette fois, je crois que l'on tient quelque chose de sérieux. Demain matin on revient avec le double d'air, l'appareil photo, le détecteur et le reste et je suis sûr que ça va être payant.

Vingt minutes plus tard, nous abordons le *Coyote* avec un air satisfait, ce que ne manquent pas de remarquer nos sirènes.

— Alors les hommes, vous nous ramenez des doublons ?

— Pas vraiment, mais si vous voulez des boulets, on peut en fournir une centaine dans le genre de ces deux-là !

— Ah oui ! Et on fera quoi avec ça ? On les vendra sur le trottoir de Key West comme presse-papier ? Bon, donc vous n'avez rien trouvé quoi ? Les chaînes en or et les colliers d'émeraudes, ce n'est pas pour demain si on a bien compris ?

— Pour demain peut-être pas, ma belle, mais pour après-demain qui sait ?

Inutile de préciser que la soirée est animée et que tout le monde y va de ses spéculations et c'est tard dans la nuit que nous rejoignons nos cabines, repus de nos rêves.

À 10 heures, l'armada est de retour ; nous sommes venus avec les deux Zodiacs car les femmes nous accompagnent. Le second canot est celui du *Ruby,* embarqué à Carthagène avec son moteur six chevaux.

Il ne nous faut pas plus d'une heure pour nous rendre compte que nous sommes bel et bien sur une épave de galion dispersée sur une centaine de mètres. Le bateau s'est fait drosser sur le platier pour finir dans une dizaine de mètres d'eau où il a coulé déchiqueté. À partir de là, il faut procéder avec méthode si on souhaite trouver un maximum de renseignements et de trouvailles de ce naufrage. Ça commence par une couverture photo de toute la zone après avoir accroché une série de petites bouées sur les pièces significatives, du genre canon, ballast, ancre, chaînes et autres. Un quadrillage complet du sinistre avec mesures et orientation.

L'avantage des photos permet, après agrandissements, de voir des détails qui parfois échappent à une première inspection sous-marine.

Travailler sur des épaves n'est ni un jeu ni un sport pour plongeur du dimanche. C'est un métier dur physiquement et qui demande certaines précautions. Ceci étant, je ne suis pas ici pour faire de l'archéologie au sens étymologique du terme, mais pour faire de la récupération. Néanmoins, n'en déplaise à ces messieurs du sérail, j'utilise en grande partie leurs techniques afin de préserver au mieux les sites que je suis amené à découvrir. Du reste, comme ce n'est pas demain la veille qu'un quelconque archéologue risque de venir ici pour faire des recherches, autant que ce soit moi qui réalise ce travail et ce de la manière la plus sérieuse. Entre les années cinquante et deux mille, je n'ai jamais entendu parler d'un quelconque archéologue, toutes nationalités confondues, qui ait découvert le moindre trésor sous-marin. J'entends par là richesses, mais aussi trésors archéologiques, ayant été mis à jour à la suite de la chaîne d'investigations qui démarrent en archives pour finir sous la mer. Les archéologues patentés sont très forts pour s'approprier à grand renfort de publicité des sites découverts par ceux qui n'ont pas bac + 5 et dont ils ne citent même pas le nom, voire qui les menacent judiciairement.

En fait ces gens haïssent des personnes comme moi et tout cela pourquoi ? Par jalousie, entre autres, car les Mel Fisher, Art MacKee, Herbert Humphrey et autres Keith Jessops, Ted Tucker ou Franck Godiot ont arraché des milliards à la mer, et également de fantastiques collections de porcelaines datant de Ming, d'instruments de navigation, ont découvert des sites archéologiques millénaires, etc., etc.

Seulement voilà, si tous ces gens-là ont tant de résultats, c'est parce qu'ils sont non seulement passionnés, mais surtout efficaces. D'abord ils ont des moyens financiers que l'administration n'a pas. Le ministère de la Culture de France est beaucoup plus généreux quand il s'agit d'organiser des fêtes de la Musique que des fouilles archéologiques sous-marines sur les côtes. Ce genre de fêtes, ça permet de récolter des voix aux prochaines élections, pas les fouilles archéologiques. Ensuite les chercheurs privés, au-delà de leurs moyens financiers et donc matériels, sont tout sauf des fonctionnaires dans la mesure où congés payés, points retraite et autres promotions sont des abstractions. Chez les privés, pas de scandale du genre « grotte Chauvet » il y a quelques années en France. Sans parler qu'archéologues, ethnologues et anthropologues ne se mettent jamais d'accord. Pendant tout ce temps perdu à faire des discours et à se chamailler, il y en a d'autres qui bossent, eux.

Alors pour répondre à tous ceux qui méprisent des gens comme moi, je leur demanderai simplement de rendre public la traçabilité de toutes les pièces présentées ou détenues dans les musées de France. La vraie traçabilité, j'entends, pas une facture justifiant d'un achat ou le don d'un mécène. Non l'autre, l'origine, comment ce vendeur, ou ce mécène, s'est procuré cette pièce ! Mais je suis rassuré de ce côté, ça ne risque pas d'arriver. Parce que le sens moral cher à ces messieurs n'a d'égal que l'hypocrisie qui les anime.

Ceci étant dit, les relevés « photographiques » du site vont nous prendre pas loin de cinq jours, car malheureusement nous ne pouvons pas passer plus de quatre heures sous l'eau par jour chacun pour des raisons de sécurité et que nous ne sommes que deux. Le système consiste à tendre des cordes longitudinales et transversales de façon à former une sorte de mosaïque de carrés que je vais photographier et répertorier afin de reconstituer la position de l'épave. Cela permet également de situer l'emplacement des différentes parties du galion, de la proue à la poupe, et donc d'orienter les recherches. Ainsi il y aura plus de chance de trouver des trésors dans la partie occupée par l'amiral et sa suite que dans la cale où l'on entreposait vivres et cordages !

Tous les soirs en rentrant sur le *Coyote,* je développe mes films et je fais des agrandissements dans la troisième cabine inoccupée, transformée à l'usage de labo-photo. Peu à peu le puzzle s'assemble, nous allons pouvoir passer à la deuxième phase des opérations et pas la moindre. Celle qui consiste à déterminer l'origine des canons et autres couleuvrines. Cela permettra de confirmer si nous avons bien affaire à une épave espagnole et non anglaise, française ou autre hollandaise. À cette époque, il était d'usage que les pièces d'artillerie, notamment en bronze, soient non seulement joliment décorées, mais que le nom des fabricants et celui des rois soient gravés. Pour ces derniers ce n'était pas systématique, par contre pour l'origine de la fonderie cela l'était. Le langage utilisé était toujours le latin sauf chez les Anglais. Ainsi on pouvait lire sur certain canons : *Carolus II.D.G. Hispan.ET.IND.Rex,* c'est-à-dire « Charles II Roi d'Espagne et des Indes ». Pour les fabricants cela pouvait être *Solano Fecit. Hispana. Anno 1762* soit « fabriqué par Solano en Espagne l'année 1762 ».

En attendant, ce travail d'investigation risque de nous prendre « un certain temps », comme disait Fernand Raynaud à propos du fût du canon justement ! En effet, si au cours de cette première semaine de plongée nous avons identifié pas moins de dix-huit canons dont six en bronze, le plus gros du travail reste à faire. La plupart sont coincés dans un conglomérat de coraux, de sable, de pierres diverses qu'il va falloir dégager au marteau de géologue dans un premier temps, avant de les remonter à la surface ensuite.

Pendant une semaine, nous nous acharnons comme des brutes à rompre à coups de marteau les coraux qui retiennent nos canons. Plus d'une fois je serai tenté d'utiliser mes explosifs, cependant je résiste malgré l'ampleur de la tâche. Flibustier des temps modernes peut-être, mais gardant un minimum de moralité en ce qui concerne l'environnement animal et végétal et ce bien avant que les écologistes ne fassent leur apparition. Je ne suis pas le commandant Cousteau qui dynamitait les coraux sur le banc d'Argent pour ouvrir un passage à la *Calypso* alors qu'il recherchait les trésors de la *Nuestra Señora de la Concepción,* un galion espagnol naufragé au XVIIe siècle. Mais peut-on critiquer voire condamner l'homme qui fut pendant des années le plus populaire des Français et écologiste d'avant-garde (sic ?). Moi par contre, je m'amuserais à ce petit jeu, je serais traîné en justice dans la seconde, mis en garde à vue et obligé de payer une amende pharaonique.

« Selon que tu seras puissant ou misérable, etc. » [1] Toutefois, il faut savoir qu'aucune recherche d'épaves, en milieu tropical, n'est réalisable sans destruction de coraux. Alors que ce soit à l'explosif ou au marteau-piqueur, de toute façon il faut tout casser. C'est ou ça ou rester en l'état ! Personnellement je privilégie le marteau, mais il est évident que

1. Jacques-Yves Cousteau, *Un trésor englouti,* Flammarion, 1973. Pages 11, 70, 71, 224.

cela demande beaucoup plus de temps. Ceci dit, et sans pour autant défendre les méthodes employées par Cousteau qui n'a pas peur d'écrire : « C'est une fois de plus "Verdun vision d'histoire", champ de bataille labouré de tranchées avec tous ces canons abandonnés. » Il faut quand même être réaliste, ce ne sont pas non plus cinq cents mètres carrés de coraux détruits qui vont remettre en cause l'équilibre écologique de la planète ! Du reste ce sont toujours les mêmes qui crient au scandale ! Ainsi quand vingt ans plus tard je procéderai à des fouilles dans des sanctuaires incas, je serai traité par les archéologues de « profanateur de sépulture », tandis que le mot « profanateur » se transformera en « fouilles archéologiques » dès lors que ce seront ces messieurs du National Geographic qui pilleront les tombes chachapoyas au Pérou, et les exemples ne manquent pas !

Tout ça pour dire que notre travail de possédés nous épuise ainsi que nos plongées trop longues. Plus d'une fois Clara me demande d'arrêter :

— Tu es fou, tu as vu dans quel état tu es ? Tu maigris de jour en jour et tout ça pour des vieux canons !

Maigre peut-être, mais par encore transparent et si elle aime les dollars moi, c'est les trésors mon truc. Pas seulement pour leur valeur, mais pour l'obsession de leur découverte. Et quand j'en ai un sous la main, je suis comme Nitrogène avec son os. Je ne lâche pas.

Enfin il ne manque presque plus rien pour qu'ils soient dégagés de leur gangue. Je déplace alors le *Coyote* à la verticale de mon artillerie lourde que Chris a pris soin de saisir avec des élingues en acier. Nous raccordons celles-ci à un parachute de trois tonnes et normalement ça devrait décoller du fond. Ce que nous appelons « parachute », ce sont d'énormes poches en nylon renforcé qui ont en fait plus la forme d'un ballon dirigeable que d'un parachute et que nous remplissons d'air avec une bouteille de plongée sous l'eau. L'air remontant à la surface, cet énorme volume – il y en a de différentes capacités – soulève la masse qu'on lui accroche et la tracte vers le haut. Une fois arrivé à fleur d'eau, le parachute s'immobilise en maintenant notre canon en suspension. Il n'y a plus qu'à raccorder les élingues à celles du mât de charge du *Coyote* et de hisser tout le monde à bord. Il faut compter en gros deux heures pour manœuvrer, ce qui fait qu'en deux jours nos six pièces sont sur le pont. Il s'agit de deux demi-couleuvrines de mille six cents kilogrammes pièce et de trois mètres trente de long. Leur bouche à feu fait dix centimètres de diamètre et tirait des boulets de cinq à six kilos. En fait ce type de canon était surtout utilisé en armement secondaire. Le roi de la pièce d'artillerie était la couleuvrine de deux tonnes, ou encore le canon de trois tonnes et plus, qui pouvait balancer des pelos de plus de vingt kilogrammes. C'est vraiment étonnant que l'on ait pu les trouver à moins de cinquante mètres les uns des autres. Ceux en fer par contre sont beaucoup plus groupés. Ils ont dû glisser du pont tous au même moment en balayant tout sur leur passage.

Ce soir c'est la fête sur le *Coyote ;* nous sommes tout excités par nos trouvailles. Clara a sorti deux bouteilles de Roederer pour marquer le coup. Tandis qu'elle nous sert, elle s'adresse à moi :

— Dis-moi, capitaine, on n'a pas parlé de la part que touchera chacun des membres de cette chasse au trésor. Ça se fait, normalement, non ?

Elle a beau être en pleine lune de miel, ma blonde angélique, elle n'a rien perdu de ses réflexes d'Américaine. Ce n'est pas « In God we trust », mais « In gold we trust » qu'ils auraient dû mettre sur leurs billets, les descendants de Buffalo Bill. À part les Chinois, je n'ai jamais vu un peuple aussi obsédé par le pognon. C'est une seconde nature chez les Yankees, un peu comme nous avec le rouge et le calendos. Enfin, dans le cas présent, elle n'a pas tort, ne serait-ce que par souci de tradition.

— Tu as raison ma jolie cupide, même qu'un contrat comme ça, on l'appelle « charte-partie » chez les gens honnêtes et « chasse-partie » chez les flibustiers. Alors tu choisis.

— Je préfère chasse-partie, ça fait plus aventure et puis d'abord, je ne suis pas cupide.

— Tu as raison de choisir la version flibustière, d'autant que ce que nous faisons depuis huit jours est parfaitement illégal et peut nous conduire tout droit en taule !

— Comment ça en prison ? On n'a pas le droit de chercher des trésors ? C'est pourtant pas immoral comme activité ?

— Je ne t'ai pas dit que c'était immoral mais illégal. J'explique : quand un flic te brutalise, ou qu'un procureur ou un juge t'envoie toi et ta famille en détention par erreur et que tu leur balances à chacun ton poing dans la gueule, eh bien c'est moral, mais ce n'est pas légal. Tu piges la nuance ? Là c'est pareil. C'est tout ce qu'il y a de plus moral de rechercher les vestiges qu'ont laissés nos aïeux de par le monde, mais illégal parce qu'une poignée de fonctionnaires se considèrent comme les uniques propriétaires du patrimoine culturel universel. Pour le reste, prends de quoi écrire et note le règlement concernant les usages pratiqués à bord de tous les vaisseaux du roi : « Chasse-partie du vaisseau le

Coyote contre les navires du roi d'Espagne. Il a été convenu que la répartition des prises se ferait selon les usages suivants : après avoir versé les trente pour cent aux Colombiens, quarante pour cent du trésor revient au vaisseau le *Ruby* et soixante pour cent au *Coyote.* Concernant la répartition des parts du *Coyote :* cinquante pour cent revient de droit à l'armateur, vingt pour cent au capitaine, trente pour cent à répartir équitablement entre tous les marins. » Au-delà de ce partage, il y a lieu de rajouter les primes suivantes, à retirer du lot avant sa répartition : en cas de perte d'un œil, d'une main, d'un bras, d'un pied ou d'une jambe, l'estropié touchera deux mille dollars. Pour la perte de deux, cinq mille dollars. À l'époque de la flibuste, on pouvait choisir entre six cents écus ou six esclaves. Ce sera donc cinq mille dollars. Tu rajoutes à la fin du contrat que chacun s'engage à jurer la main tendue sur le Nouveau Testament qu'il ne dissimulera rien du pillage. Enfin, tu signes en tant que seule représentante de l'équipage sachant lire. Moi, je le ferai en tant que capitaine de ce vaisseau. Tu dates et tu estampilles ce document capital avec le cachet du *Coyote.*

— Dis-moi, ce n'est pas très équitable comme répartition ! Si je comprends bien, tu prends la part du capitaine et celle de l'armateur, soit soixante-dix pour cent et moi seulement trente pour cent.

— Faux ! Je prends soixante-dix pour cent plus la moitié des trente pour cent, car je suis également marin sur le bateau. Tu n'avais qu'à apprendre à faire des nœuds avant de partir. Et puis n'oublie quand même pas qu'il y a les primes et comme dans ce genre de job on a vite fait de se niquer un bras ou une jambe, ça fait tout de suite des milliers de dollars en plus !

Elle est sidérée ma Clara, elle pensait peut-être que j'allais lui faire une proposition style Merrill Lynch ou Salomon, les caïds du Wall Street business.

Grâce à mon *Artillery through the Ages* d'Albert Manucy et le *Memorial histórico de la Artillería española* de Ramón de Salas, je n'ai aucune difficulté à cataloguer nos couleuvrines ainsi que leur lieu de fonte. Sur le *Coyote,* j'ai une bibliothèque concernant tout un tas de bouquins de référence liés à mes recherches. L'artillerie bien sûr, mais aussi les armes portatives, les instruments de navigation, les marques et poinçons, la verrerie, la vaisselle en étain et en argent, les bijoux et surtout la numismatique du monde entier. Pour les pièces de monnaie en argent, je trimballe mon petit manuel de conservation, ainsi que le nécessaire pour confectionner des bains électrolytiques. Bref, j'essaye d'être le plus possible autonome d'autant qu'il n'y a pas besoin de sortir de Polytechnique pour faire fonctionner tous ces équipements.

Après avoir mis les canons dans une protection et les avoir bien arrimés sur le pont, nous reprenons nos recherches. J'ai mouillé le *Coyote* au-dessus du chantier afin de pouvoir utiliser la suceuse-dévaseuse, ou pompe à mammouth, qui n'est rien d'autre qu'un gros aspirateur. Quatre heures par jour, dans un vacarme incessant, le moteur du compresseur fracasse les oreilles de ceux qui doivent rester sur le pont, tandis que toutes les deux heures nous nous relayons au fond pour déblayer le site. Nous n'utilisons plus les bouteilles de plongée, mais un narguilé pro qui permet dans ces faibles profondeurs de travailler sans arrêt. Nous avons souvent la visite de requins qui doivent être attirés par le bruit de succion du tuyau, à part cela, n'aurons aucun problème pendant toute la durée du chantier.

Au fil des jours nous avons réussi à reconstituer le naufrage et nous commençons à récupérer pas mal d'objets. Quand ce n'est pas la pompe à mammouth qui nous occupe, inlassablement, pendant des heures, Chris et moi passons les détecteurs de métaux. Tous les jours vers 17 heures, nous cessons la partie subaquatique pour nous consacrer au rinçage et au classement des trouvailles, sans oublier de regonfler les bouteilles quand nous n'utilisons pas le narguilé.

Aujourd'hui, Christian trouvera un plat en argent parfaitement conservé avec le blason d'une famille gravé au milieu de fioritures et d'arabesques. Il doit peser entre deux et trois kilos.

Mine de rien, avec les moyens modestes dont nous disposons, je trouve qu'on ne se démerde pas si mal. Cela me laisse d'autant plus perplexe que si avec notre équipement de bricoleurs nous arrivons tous les jours à sortir quelques objets, on peut supposer que nous sommes sur une épave riche.

Avec des moyens importants, plus de temps et de monde, je suis sûr que ce serait le numéro gagnant, ce galion. En quelques jours, nous réunissons une petite collection d'objets archéologiques non dénués d'intérêt. Cuillères et assiettes en étain, deux aiguières en argent et cristal, intactes, quelques pièces de monnaie en argent et, aussi et surtout, six bols en porcelaine chinoise. C'est Maïa qui, la première, s'étonne de cette découverte :

— Incroyable, non ? Comment de la vaisselle chinoise a bien pu atterrir ici ?

J'interpelle Christian du regard :

— Explique à ces dames, le pourquoi du comment, moi, je connais. Alors un peu d'attention, le professeur Aziz el Hadj Ben Christian Dial el Ruby va vous dévoiler sa science !

Au moment où mon pote se lance, je l'interromps.

— Monte sur le tonneau, ça fera plus solennel.

Il s'exécute aussitôt.

— Bon, c'est fini ? Je peux y aller ? Quand le conquistador Pedrarias Dávila fonde la ville de Panamá en 1519, il se sert de cette ville comme base de départ pour ses expéditions. C'est de là que partira Pizarro pour le Pérou. Panamá devient donc un point stratégique pour les Espagnols à partir de 1550. Mais dans le même temps, sur l'autre rive du Pacifique, les mêmes Espagnols s'implantent aux Philippines. Bien que puissamment fortifiée, Manille est prise aux rajas musulmans par un certain Legazpi qui fera de cette ville la capitale de la Nouvelle-Colonie. Alors, bien sûr, ce genre de mainmise, surtout à cette époque, fait des jaloux. Les Chinois, les Portugais et les Hollandais tenteront de virer les Espagnols, mais tous échoueront. Manille restera espagnole, si ce n'est une courte occupation anglaise. Cela veut dire que de 1571 à la révolution de 1813, les galions de Manille transporteront leurs riches cargaisons venues de Chine et du Japon à travers le Pacifique jusqu'à Panamá et Acápulco. N'oubliez pas, mesdames, que dans le même temps, Cortés avait envahi le Mexique. Alors pourquoi à travers le Pacifique, hein ? Eh bien tout simplement parce que l'océan Indien, jusqu'au cap de Bonne-Espérance, était sous le contrôle des Portugais, des Hollandais et des Anglais. Autant dire que c'était suicidaire de rentrer en Espagne par l'ouest. Alors que là, une fois déchargées en Amérique, les cargaisons étaient acheminées par terre jusqu'à Veracruz pour le

Mexique ou Nombre de Dios pour l'isthme de Panamá. Deux ports sur la mer des Caraïbes. Après, il suffisait de recharger sur d'autres galions en partance pour l'Espagne et le tour était joué. Vous pigez l'astuce, mes jolies ? Par contre, ce qu'il faut savoir, c'est que concernant Panamá, ce trafic sera interrompu au tout début des années 1600 pour ne recevoir que les bateaux en provenance du Pérou. Les galions de Manille, dès cette époque, ne desserviront plus qu'Acápulco et cela jusqu'au XIXe siècle. Donc voilà la raison pour laquelle il est courant de rencontrer de la porcelaine ou des lingots d'or chinois dans les épaves espagnoles de l'Amérique.

On dit que les jours se suivent et ne se ressemblent pas, c'est faux en terme de routine, mais vrai concernant l'exaltation liée à chaque découverte nouvelle. Mais celle-ci a son prix qui s'appelle « corail » ; il faut en dégager des tonnes pour atteindre le sable où se trouvent ensevelis tous les objets que nous avons déjà récupérés. Quant aux lingots d'or ou d'argent, pour l'instant macache. Il faut dire que l'or, avec ses 19,3 de densité, aurait tendance à s'enfoncer plus facilement dans le sable avec le temps. Encore que si je me fais cette réflexion, c'est plus pour justifier un manque de chance jusqu'à présent. En effet, toutes les épaves contenant de l'or fouillées par les chasseurs de trésor ont toujours été vidées de leur riche cargaison. Le problème nous concernant c'est que nous n'avons toujours pas pu identifier le galion sur lequel nous travaillons. Notre seule certitude est qu'il est postérieur à 1520, date à laquelle les premières demi-couleuvrines apparaissent. Cela ne nous avance guère, car les quatre épaves que nous avons en archive datent de 1534, 1538 et 1605. Pour les aiguières en argent et cristal de Bohème, elles peuvent provenir d'un riche négociant espagnol qui les avait amenées d'Espagne et qui repartait après quelques années de séjour en Amérique. Concernant les pièces de monnaie en argent, ce sont principalement des pièces de huit, quatre et deux réaux frappés à l'effigie de Philippe II à Potosi au Pérou, en 1568, ainsi que d'autres issues de Santa Fe de Bogotá, en 1572. À partir de là, on est au moins certains de ne pas avoir affaire ni au désastre de 1534 ni à celui de 1538. *A priori* on devrait donc être sur l'*Almiranta* ou le *San Juan* de l'armada du capitaine général Antonio de Oquedo. Seulement voilà, ces deux galions étaient supposés être richement chargés et pour le moment nous n'avons guère trouvé de trésors.

Quelques jours plus tard, nous découvrons deux nouveaux canons en fer légèrement éloignés du site où nous nous trouvons. Je déplace à nouveau le *Coyote* afin de maintenir le compresseur de la suceuse à la verticale du chantier. Toujours beaucoup de barres de ballast, mais aussi des verres et des gobelets, ainsi que des bouteilles et d'innombrables boulets de canon. Aujourd'hui c'est Christian qui met la main sur un nouveau canon en bronze. Il s'agit cette fois-ci d'une couleuvrine et non d'une demie comme celles déjà récupérées. J'enrage car nous allons devoir la laisser sur place, parce que beaucoup trop lourde. Les couleuvrines espagnoles pèsent entre deux et trois tonnes, et nous ne disposons d'aucun moyen de levage aussi puissant pour les monter à bord. L'autre jour en hissant les autres, nous avons frôlé déjà deux fois la rupture. Non pas du câble, mais des points d'appuis et des poulies du mât de charge.

Quand je fais signe à Christian, sous l'eau, qu'elle va rester là pour encore quelques siècles, il me fait un bras d'honneur, qui malheureusement ne solutionnera pas la faiblesse de nos moyens de levage. Heureusement, deux jours plus tard, nous tombons sur le « filon ». Ce sont des centaines de pièces amalgamées dans le corail. Le genre arbre de Noël pour poisson. Clara et Maïa nous ont rejoints pour se fabriquer des souvenirs et elles ont raison, ils ne sont pas nombreux sur la planète ceux qui ont assisté à un tel spectacle au moins une fois dans leur vie.

En voyant toutes ces monnaies incrustées dans le corail, je me fais la même réflexion que le mec qui ne sait pas ouvrir des huîtres ou nettoyer des coquillages et qui a invité dix personnes à déjeuner. Ah, c'est bon, la gourmandise l'emporte sur la réalité, mais cette dernière a vite fait de vous rattraper. Il nous faudra une semaine pour nettoyer et préserver nos pièces d'argent au nombre de huit cent cinquante quand même ! À ce propos, nos deux naïades ne manquent pas de nous faire remarquer que ce pactole prendrait une autre dimension s'il était en or. Ayant laissé la parole à Christian concernant les céramiques chinoises, j'y vais de mon laïus historique :

— Mes chéries, je vous informe que depuis bientôt un mois nous nous acharnons sur une épave qui aurait sombré en 1633. Or les premières pièces d'or du Nouveau Monde ne vont apparaître à Carthagène, et ce de manière très marginale, qu'à partir de 1615. La grosse cavalerie n'interviendra que dès 1635 à Bogotá et 1679 à Mexico. Il est donc tout à fait exceptionnel de rencontrer des monnaies en or espagnoles frappées en Amérique antérieures à 1635. Je répète, je ne dis pas que ça n'existe pas, je dis seulement que c'est rare, *capito ?*

— Te fâche pas, on ne pouvait pas le deviner, t'es marrant toi !

— Que vous ne pouviez le deviner, ça je n'en doute pas, mais par contre vous auriez pu le savoir, car sur ce bateau il existe plus de cinquante bouquins qui traitent de l'empire espagnol d'Amérique.

Il y a maintenant quarante jours que nous charbonnons et je sens un petit peu de lassitude s'installer. Depuis que nous sommes arrivés, la notion du temps a chaviré. Nous ne vivons plus que de manière primitive, oubliant la date et le jour. Cela s'amplifie au point que nous ne sommes plus sûrs du mois que nous traversons. Seul point de repère, le journal de bord, implacable calendrier qui perturbe la somnolence qui nous absorbe un peu plus chaque jour. Le temps est si clair et les nuits si étoilées que nous dînons sur le pont, éclairés par un fanal à pétrole. Nous passons là des moments idylliques : l'île déserte, le lagon, le galion englouti, les requins, les gros cigares du Nicaragua et le miel de bambou de la Jamaïque. Malgré la fatigue de la journée, nous arrivons à veiller ainsi tous les soirs en savourant les petits plats mijotés de Maïa.

— Dis Philippe, pourquoi tu appelles toujours le rhum, tafia ou miel de bambou ?

Ça l'intrigue, Clara.

— Parce que le mot « tafia » est l'appellation de l'eau de vie de canne aux Antilles françaises et le mot rhum celle des Antilles anglaises. Quant au « miel de bambou », c'est ce vieux briscard de père Labat qui le nommait ainsi.

— Et c'est qui le père Labat ?

— Le père Labat, c'était un missionnaire dominicain, le genre de théologien évangélisateur pour lequel je reconnais avoir un faible. C'était un chroniqueur, un ethnologue, un explorateur, un commerçant et c'est surtout lui qui va donner ses lettres de noblesse à la guildive. Le genre de défricheur qui saura s'adapter aux circonstances de son époque. Le goupillon dans une main, le sabre d'abordage dans l'autre, il pourfendra sur terre et sur mer Espagnols et Anglais comme ses prédécesseurs les Cathares. L'hérésie, c'est pas sa tasse de thé au demi-chauve. Pas plus que l'humilité d'ailleurs. C'est le genre de confesseur qui affirme, sans hésiter, avoir tué plus d'Anglais à lui tout seul que toute l'armée française réunie. À cela il rajoute que sa santé de fer, il la doit à une infusion de tabac et de guildive qui le sauva de la fièvre de Malte. Bref, c'était pas un rêveur le moine. Pas le genre de cénobite à parler avec des mots en forme de croix. C'est donc lui qui qualifiait le tafia de miel de bambou. Voilà, tu sais tout !

Elle a l'air sceptique mon Américaine. Visiblement, des missionnaires du genre musclé, ça n'a pas cours dans l'histoire de son pays.

— Il a vraiment existé ce moine, ou c'est une anecdote ?

— Mieux que ça ma belle, c'était un moine légendaire, qui vivait dans les îles à la fin du XVIIe siècle et qui a écrit plein de bouquins sur les Antilles et les mœurs de leurs habitants. Le genre de lascar que j'aurais bien aimé avoir comme directeur de conscience quand j'étais gamin.

Ce soir, conseil d'administration. Comme la caisse de Roederer a pris fin, on enchaîne sur le Pommery. Depuis une petite semaine, j'ai comme qui dirait ressenti une légère lassitude gagner mes actionnaires, alors j'ai cru bon provoquer une assemblée générale, et y aller direct !

— Que celles et ceux qui veulent poursuivre la corrida lèvent la main !

Trois contre un. Je suis obligé d'abdiquer. Je tente une dernière fois d'ouvrir une brèche à tout hasard.

— Qu'est-ce que vous diriez d'une petite semaine de plus, comme ça, en père peinard ?

Niet ! Tout le monde en a marre. Je sais que Christian aurait pu jouer les prolongations pour peu que j'insiste, mais il s'inquiète pour le *Ruby,* et ça je peux le comprendre. Alors il n'y a plus qu'à s'incliner. J'avoue que, personnellement, avec quelques pauses de temps en temps, je pourrais facilement racler pendant un mois et plus. Malgré tout je ne regrette rien. Du reste si le commandant Montes est encore là dans un an ou deux, rien n'empêche de revenir terminer le boulot. Et puis inutile de tenter le diable non plus. Depuis que nous avons quitté Providence, personne n'est venu interrompre nos travaux, il ne faut pas trop en demander.

— Le temps de tout ranger et de finir le nettoyage des pièces, je propose un départ après-demain. Maintenant, comme le permis du commandant Montes n'est pas un gilet pare-balle contre les douaniers de Carthagène, je propose d'aller directement à Fort Lauderdale, en Floride, débarquer notre cargaison. Christian et Maïa vous prendrez l'avion de Miami pour Bogotá et comme ça on évite la Colombie !

— Tu crois vraiment que ça craint ? On peut leur dire qu'on a trouvé tout ça au large de Cuba, et là c'est plus leur problème !

Les filles pensent comme Christian, non sans bon sens d'ailleurs.

— Ce qui me plaît chez toi, vieux crabe, c'est ton côté adolescent rêveur, qu'est-ce que tu t'imagines ? À peine le bateau à quai et tout le monde se retrouve en garde à vue. Pendant ce temps, la marchandise est débarquée, le bateau saisi, etc. La routine quoi !

— Tu m'as pas dit que ton copain Ricardo avait le bras long et que…

— Ricardo la seule chose qu'il pourra faire c'est nous éviter, voire nous faire sortir de prison aussitôt, c'est tout. Il connaît du monde certes, mais ce n'est pas non plus un fakir le López ! Et puis, non seulement ils me saisiraient le *Coyote,* mais en plus ils te piqueraient le *Ruby,* histoire de se payer sur la bête. Non, fais-moi confiance, tu débarques dans une huitaine de jours à l'aéroport El Dorado en bermuda et chemise rose avec ta petite femme en minijupe au bras et tout se passera bien. Tu prends la correspondance pour Carthagène, tu remets ton *Ruby* à l'eau et vogue pour Panamá ou ailleurs !

D'imaginer que les gabelous colombiens seraient capables de lui voler le *Ruby,* ça le modère dans son élan le Christian et il ne me le fait pas dire.

— T'as raison, on fait comme tu dis. À propos, tu connais quelqu'un en Floride à qui vendre tout ça ?

— Aucun souci, j'en connais un en Floride, un autre en Arizona et un troisième en Californie. À peine arrivé, je fais venir un expert de chez Christie's de New York ou de Londres et une fois que l'on connaît la valeur de notre trésor, je téléphone à West Palm Beach, à Tucson et à San Diego. Ce sont trois milliardaires qui collectionnent tout ce qui provient des épaves des XVIe, XVIIe et XVIIIe siècles. Si ça leur plaît tu es payé *cash* au débarquement.

— Et pour la douane ?

— Pas de problème les pièces ont plus de cent ans, ça ne paye pas de droits. Seul risque, qu'ils placent tout en quarantaine sous scellés le temps de s'assurer que ça n'a pas été volé dans un musée ou une collection privée. Après tu peux en disposer librement. D'ailleurs le coup de la quarantaine ce n'est pas sûr. Je sais qu'ils ont des listes d'objets d'art genre peintures, sculptures, bijoux anciens, pierres précieuses et autres armes anciennes où là c'est systématique. Ça atterrit direct au dépôt des douanes pour trente ou quarante jours. Enfin on verra bien, on n'est pas à un ou deux mois près pour aller s'attaquer au galion de Panamá, à moins bien sûr que l'on s'occupe du banc de la Serranilla, car ne l'oublions pas, au départ de cette expédition, c'est par là que l'on devait commencer ! Personnellement, j'irai bien faire un tour dans le Pacifique. Ça changerait un peu. Et puis dans six mois s'attaquer aux quatre galions de la flota du général Luis Hernandez Córdoba.

— Non mais t'es pas un peu dingue non ? Avec tout l'argent que tu vas retirer de cette expédition, tu peux vivre des années sans rien glander sur ton *Coyote* et tu vas remettre ça ? Va faire un tour en Polynésie, aux Maldives, sur la grande barrière de corail ! Je ne sais pas moi. Tes épaves elles sont là depuis quatre siècles, elles peuvent attendre cinq ans de plus tu crois pas ?

— Elles peuvent même attendre l'apocalypse ! Mais t'as pas compris que je ne fais pas ça pour le fric, même si j'en dépense des quantités non négligeables, ma luxure, avant même les moukères, c'est l'aventure ! Et celle-là, elle s'appelle archives-galions-trésors. Peut-être que dans vingt ans je rechercherai le timbre rare ou les œufs des tortues mauritaniennes, mais ça c'est dans vingt ans ou trente ans et comme disait Brel : « Et puis si c'est pas sûr c'est quand même peut-être » et puis comme je suis dans les citations je rajouterai Pierre Dac avec son « il n'y a rien de moins sûr que l'incertain ! » Ce n'est pas en allant danser le tamouré à Bora-Bora avec les charters de touristes que je vais m'épanouir, pas plus qu'en allant visiter les Seychelles ou les Glorieuses, ça c'est de la balade pour « tourdumondistes » en mal d'exotisme. Tu piges, vieux chacal usé avant l'âge ?

— Je pige tellement bien, que moi, tu vois, je vais m'offrir une belle croisière exotique, comme tu dis, avec ma petite fiancée et mon joli petit bateau, direction les Galápagos et le Chili et moins j'en aurai à faire, mieux je me sentirai. Non, sérieusement, laisse-moi une petite année peinarde et après je suis ton homme. Ah oui, j'oubliais. Tu ferais bien aussi de faire gaffe à ta santé. Parce qu'entre le champ', tes havanes, tes six heures de sommeil et les heures sous l'eau à inhaler de l'air comprimé nécrosé, ton palpitant doit pas être joli à voir.

— C'est d'accord pour dans un an, docteur, et puis compte sur moi pour aller consulter un empirique pour qu'il me donne des nouvelles de mon cœur. En attendant tous ces beaux projets, direction le canal de Floride, cap au nord pour contourner Cuba et profiter des courants portants.

25

Fort Lauderdale

NOTRE TRAVERSÉE jusqu'à Fort Lauderdale, premier port important au nord de Miami, se passe comme sur des roulettes. Les courants du canal de Yucatan aidant, c'est à douze nœuds que nous parcourons ce trajet et réglons le compte à ces huit cents milles en moins de trois jours. J'ai prévenu par radio mon transitaire de notre arrivée, afin qu'il se charge de toute la paperasserie d'immigration, de douane, etc. Car aux U.S., ce n'est pas ce qui manque et cela peut prendre une bonne matinée sinon plus. Il s'appelle Ismaël Maldonado le transitaire. Il est américano-maltais et il sert également de consignataire pour plusieurs compagnies de navigation. Il est comme tous ses confrères de Hambourg à Casa, de Gibraltar au Pirée. C'est-à-dire qu'une fois réglées les formalités administratives pour lesquelles il pratique des tarifs relativement raisonnables, il se rattrape en fournissant aux capitaines de navire tout ce dont ils peuvent avoir besoin. Fuel, provisions, transport, alcool et tabac détaxés, billets d'avion, bonnes adresses en tout genre y compris des putes si affinité !

À 8 heures, Ismaël débarque de sa limousine vert pomme en costard bleu ciel imprimé de petits voiliers blancs, et une cravate noire avec un espadon jaune. Je le félicite du bon goût de sa tenue vestimentaire et il en est très flatté.

— Bien sûr, Phil, ce n'est pas du Cardin, mais ce n'est pas mal non plus, n'est-ce-pas ? C'est Cohen-Jackson, le tailleur de Collin's Avenue qui me les fait sur mesure mes costumes. Si tu veux, je peux te le présenter. Il fait le même en vert et jaune.

— C'est sympa Ismaël, mais tu sais, sur un bateau... Et puis je ne suis pas sûr d'avoir suffisamment de classe pour porter une tenue aussi sophistiquée.

Après ces mondanités, je lui remets la sacoche contenant toute la documentation du bateau ainsi que nos passeports et lui indique, bien rangées la cale, toutes nos trouvailles.

Il en manque de s'étrangler, l'immigré de La Valette devenu *American citizen* il y a dix ans.

— Mais, Philippe, il y en a pour une fortune, c'est bien la première fois que je vois ça. Tu sais, si tu cherches des acheteurs je peux m'en charger parce que...

— Écoute, Ismaël, commence par nous dédouaner, on verra pour le reste plus tard.

Vers 11 heures il est de retour avec nos deux agents des douanes qui se montrent très intéressés par nos découvertes et qui me confirment qu'il n'y a ni droit à payer ni quarantaine, mais qui exigent par contre que je leur remette une liste détaillée de tous les objets afin de les viser avant leur débarquement. Ils m'expliquent que je ne suis pas le premier à ramener ce genre de marchandises en Floride et que le dernier en date est un Américain, Ted Tucker, qui va débarquer ici les trésors du galion *Nuestra Señora de la Concepción,* celui-là même que ni Cousteau, ni moi, ni d'autres équipes ne trouveront. Cela lui rapportera des dizaines de millions de dollars.

Christian et Maïa n'ont pas souhaité éterniser leur séjour ici et se sont envolés ce matin pour Bogotá et Carthagène où Ricardo, à qui j'ai téléphoné, doit les attendre à l'aéroport. Je reste donc avec Clara. Pas très longtemps, d'ailleurs, car cinq jours après notre arrivée elle reprend ses vols sur Air Florida. Me voici de nouveau seul avec mes singes et mon chien qui ont eu droit à un vaccin du service vétérinaire U.S., accompagné d'une décision de quarantaine. Du moins pour les primates. Hier j'ai eu la visite de l'expert de New York qui a passé la journée à bord à identifier notre archéologie, pour finir par me donner une idée de la valeur globale.

— Tout dépend si vous souhaitez vendre la totalité aux enchères ou si vous la proposez à un collectionneur. Dans les deux cas, cela peut prendre entre trois et six mois. Pour le prix, en ce qui concerne une vente publique, je ne peux que vous donner une approximation de celui d'ouverture. Après c'est selon le désir de l'acquérir de chacun. Pour les pièces de monnaie, celles-ci ont un cours moyen car elles ne présentent aucun caractère de rareté. Le plus coûteux est sans aucun doute vos canons de bronze à cause de leurs armoiries, mais aussi toutes ces aiguières en argent et cristal de Bohème poinçonnées, vos deux croix en or et émeraude, ainsi que votre série de mesures en étain estampillées. Je vous ai fait une liste en détaillant chaque pièce ou séries de même nature et vous pouvez arriver à un total de quatre à cinq cent mille dollars. Mais je le répète, ce n'est qu'une estimation, car le marché de ce type d'objets est très restreint par rapport à celui de l'Art avec un grand A. Un tableau d'impressionniste célèbre acheté aujourd'hui cinq cent mille dollars pourra en valoir dix fois plus dans quinze ans, ce qui ne sera jamais le cas de vos canons et de vos timbales chinoises, même datant de Ming. C'est pour cela que je reste prudent. Tous les galions perdus qui ont fait la fortune de leurs découvreurs étaient ceux qui transportaient, au-delà de tout le reste, d'énormes quantités de barres d'or et d'argent estampillées. Ainsi un lingot d'un kilogramme d'or, qui vaut aujourd'hui officiellement vingt-cinq mille dollars, peut en valoir entre cinq et dix fois plus s'il est marqué du Quinto Royal de Charles Quint ou Philippe II. Sa valeur de rareté l'emporte sur celle du métal !

Oui seulement voilà, nous des lingots, on n'en a trouvé aucun ni en or ni en argent, ce qui est totalement anormal du reste. Il faut absolument retourner sur ce site et poursuivre les travaux. Je n'arrive pas à m'imaginer que nous soyons tombés sur une vulgaire nao transportant du fret tout-venant. Les deux énormes canons de bronze laissés sur place le prouvent. Alors ? Eh bien l'unique réponse c'est que l'on n'a pas fait notre travail sérieusement. On n'est que des fainéants, des pousse-mégots sans idéal ni envergure, juste bons à se gargariser de champ' et se vautrer dans la volupté, le libertinage ! Putain, il faut que ça change tout ça ! Il m'a cassé le moral cet enfoiré d'expert. Et pourtant je sais qu'il a raison. Moi qui me croyais un conquérant, je ne suis finalement qu'un laborieux de l'épave, un commis de la pompe à mammouth, un tâcheron de la plongée. Le temps de débarquer tout ce bordel et je repars finir le ménage ! Pour l'heure je vais noyer mes démons. Alors à défaut de jus de tarentule, je me griffe une bouteille de Trois Rivières, quinze ans d'âge et je médite sur le cafard du légionnaire. Je ne sais plus qui a écrit cela mais je le livre dans sa version originale :

« Beaucoup de couplets ont été écrits sur le cafard du légionnaire et, fâcheuse coïncidence, cafard rime avec pinard ! À partir de cette constatation, deux interprétations contradictoires sont alors possibles. Rendre le pinard responsable des crises de cafard ou prétendre que le cafard cherche l'oubli dans le pinard ! » C'est moi aujourd'hui !!

Voilà dix jours que je suis amarré devant le Pier 66 en face des yachts de milliardaires et depuis la visite de l'expert, qui m'a coûté mille dollars, avion compris, je n'ai eu celle de Clara qu'une seule fois. Elle n'arrête pas de voler pour rattraper le temps perdu. Ça tombe bien car j'ai besoin d'être seul, et qu'encore une fois les vraies bonnes décisions doivent être prises sans effort, parce que du choix naît la confusion. Et puis comme disait mon prof de philo, celui-là même qui avait en charge de nous instruire de la réflexion, de l'interrogation et de la recherche rationnelle, celles qui mettent en jeu le rapport de l'homme avec le monde et son propre savoir, eh bien c'est que : quand on pense trop, monsieur, c'est trop tard, l'innocence fout le camp ! Alors c'est embrumé dans mes rêves d'enfant que j'attends de pied ferme, ce matin, le sieur John Howard Richardson, mon milliardaire californien qui débarque de San Diego. Il vient de m'appeler de l'aéroport de Miami, il sera là dans une heure, j'ai donc mis une bouteille de champ' au frais à tout hasard. Lui, je l'ai connu il y a trois ans à Saint-Barthélémy où il passait des vacances dans la villa de David Rockefeller.

« Philippe, si tu découvres des trésors sous-marins, préviens-moi, je suis acheteur, c'est ma passion ! »

C'est donc ce que j'ai fait le lendemain de notre arrivée, et visiblement il n'a pas été long à réagir. À 11 heures il débarque d'une Lincoln Continental gris métallisé avec chauffeur. Il est accompagné d'une jeune femme élégante et lui-même est vêtu avec goût. Il ressemble un peu à Sinatra et c'est tout juste si je le remets depuis trois ans. Je lui propose une coupe, mais visiblement il est trop impatient de voir les pièces et propose de remettre cela à plus tard. Encore un qui n'a pas le temps et qui ne s'est toujours pas défait des inutilités… Enfin le principal pour l'instant, c'est que mon « trésor » l'intéresse au prix de la proposition que je vais lui faire. J'ai téléphoné il y a trois jours à Ricardo, Pedro et Jaïme pour qu'ils rappliquent comme convenu de Carthagène, mais eux non plus n'ont pas le temps !

— Négocie au mieux Philippe, quand tu auras l'argent on te dira où verser notre part.

John Howard Richardson prend son temps, il détaille les canons, ausculte les monnaies, examine les aiguières, étudie l'argenterie, contemple les bijoux, il semble ne pas se lasser. Je l'observe deux pas derrière lui, visiblement il est connaisseur. Il demande à consulter mes bouquins sur l'artillerie espagnole, puis revient virevolter autour des couleuvrines.

— Philippe à combien ton expert a évalué tout ça ?

— À cinq cent mille prix de départ aux enchères !

— Eh bien il est généreux et optimiste. Sans doute est-ce parce qu'il souhaite obtenir l'exclusivité de la vente. Il y a là des pièces qui ne m'intéressent pas, mais j'imagine que tu veux te débarrasser de tout en une fois, n'est-ce pas ?

— C'est bien ça en effet, à part peut-être les monnaies que je peux vendre du jour au lendemain car elles sont cotées.

— Je vais te faire une proposition. Si en salle des ventes tu démarres à cinq cent mille, je pense que tu n'atteindras guère plus que sept cent mille, crois-moi j'ai l'habitude de ce genre d'objets. Cela fait vingt ans que j'en achète. De ces sept cent mille, il faudra enlever les commissions de la salle de vente, du commissaire priseur, de l'organisme qui s'en chargera et surtout des taxes diverses, il faut que tu comptes au bas mot vingt-deux pour cent. Ce qui te laisserait cinq cent quarante-six mille, et je ne te parle pas du transport, si la vente a lieu à l'autre bout des États-Unis. Moi je t'en offre cinq cent cinquante et je prends à ma charge l'enlèvement et la livraison. Alors réfléchis à cette proposition. Je crois qu'elle est correcte. Je reste quelques jours au Marriott pour jouer au golf avec des amis. Je te laisse le numéro de téléphone. Sinon tu sais où me joindre à San Diego. Maintenant je ne dis pas non pour une coupe de champagne et ensuite je t'invite à déjeuner au restaurant du Pier 66.

Comme on a pu le découvrir au cours de ce récit, je ne suis pas doué pour les affaires. Le principe même m'emmerde, ce qui tend à expliquer que je me fais avoir presque à tous les coups. Et cette fois-ci encore je ne sais quelle décision prendre, surtout pour ce genre de marchandise totalement marginale. Si encore c'étaient des frigos, des TV ou des voitures ? Mais des canons du XVIIe siècle et autre argenterie et babioles de valeur ? Je n'ai aucune idée pour mesurer l'ampleur de l'arnaque, si elle existe. La seule chose que je vois c'est que ma part de quarante pour cent représente un pactole pour moi de deux cent vingt mille dollars, une somme que je n'ai même jamais rêvé avoir un jour. Alors avant de prendre une décision je téléphone aux Colombiens pour connaître leur avis. La réaction ne traîne pas. Eux, ce qu'ils veulent, c'est de l'argent tout de suite, pas dans six mois ou plus, à la suite d'une vente aux enchères douteuse.

— Et puis tu sais Philippe, le commandant Montes m'a assuré qu'il ne serait pas muté de ce poste avant deux ans, alors ça te laisse le temps pour refaire d'autres expéditions.

Je me laisse donc convaincre. Au moins, si on apprend dans un an que John Howard en a tiré deux ou trois cent mille de plus en salle des ventes, pour une fois je ne serai pas le seul à porter le chapeau.

Le soir même j'appelle John Howard au Marriott et je lui annonce la nouvelle, il est surpris de ma vitesse de réaction, mais sans plus.

— Philippe, passe à mon hôtel demain et…

— Impossible John, je ne peux pas prendre le risque de laisser le bateau sans surveillance plus d'une heure ou deux.

— Très bien, alors disons à midi à bord, on retourne déjeuner au Pier 66, de là tu peux surveiller le bateau. À demain !

Un événement comme celui-ci demande d'être célébré de manière solennelle, aussi je m'empresse de voter une double ration de bananes à mes singes !

26

Nouvelles rencontres, nouvelles aventures

CE MATIN l'air est si limpide que rien ne paraît pouvoir arrêter la vue. Vue somme toute restreinte, car depuis dix heures le *Coyote* est à l'ancre devant le yacht club de Balboa. Il y a trois mois que j'ai quitté la Floride en prenant le temps de musarder dans le dédale d'îles des Bahamas et de rendre visite à quelques copains au gré des escales, de Nassau aux Caïcos, d'Haïti aux îles Caïman pour atterrir à Colón, l'entrée du canal de Panamá, non sans être passé tout prêt du banc de la Serrana avec une pointe de nostalgie.

Le *deal* avec John Howard s'est un peu éternisé, car il a dû faire venir les fonds de l'étranger et les banques américaines ne sont pas un exemple d'efficacité en matière de transfert. Le temps de faire virer les sommes revenant à chacun en Colombie et à Panamá pour Christian et moi et de clore mes relations avec Clara qui commençait à parler mariage, j'ai mis le cap au sud sur Bimini. Pendant tous ces jours et ces nuits de navigation en solitaire, j'ai eu le temps de réfléchir à ce que je pourrais bien faire avec tout cet argent. Eh bien je n'ai pas trouvé. Cela prouve au moins qu'il ne me manque rien d'essentiel pour vivre somme toute libre et heureux. Alors j'en ai confié une partie au plus gros cabinet de brokers de Miami, sous les recommandations de plusieurs personnes avisées, dont John Howard, pour qu'ils essayent de faire faire des petits à mes thunes. Personnellement, je n'ai jamais rien bité à cette activité qui consiste à spéculer à terme, à la hausse ou à la baisse, un cargo de pois chiches ou un container de couscous. Que l'on puisse gagner du pognon en misant sur des produits à la baisse, ça dépassera toujours mon entendement. Sans parler que les zombis de la finance pratiquent un langage incompréhensible pour le profane que je suis. Eux leur truc, c'est d'essayer de capter mon attention en m'expliquant que si on achète du dollar pour le changer en bolívar ou en roupie, on peut faire la culbute en s'étant sécurisé bien sûr avec du yen ou du franc suisse. Alors quand ils me demandent ce que j'en pense, je leur réponds que surtout ils ne changent rien à leurs habitudes, pour éviter toute confusion. C'est ainsi que je leur ai confié cinquante mille de mes billets verts pour qu'ils les fassent murmurer entre Tokyo et Wall Street avec les millions d'autres dont ils ont la charge. Bref, le temps de me boire une bouteille de champagne et mon blé a eu le temps de faire deux fois le tour du monde entre les mains de ces conquérants du superficiel. Exactement comme je vous le dis, monsieur, cela s'appelle au choix, « l'économie de marché », le « business international » ou encore plus sérieux « la mondialisation ». Autant de procédés dont je ne détiens pas la « qualif' », comme disent les pilotes d'avion, et que je ne souhaite surtout pas passer. Mais comme on dit, il faut de tout pour faire un monde. Alors autant dire que je leur ai remis mes cinquante mille thunes avec la même inspiration que celle qui me conduit à miser mes ronds sur une martingale pourrie d'une roulette rouillée et graisseuse de Puerto

Bolívar ! Si à la suite de cette lumineuse initiative, je m'en sors gagnant, eh bien ce sera le coup historique, alors *Inch' Allah !*

Pour l'heure je me trouve à Balboa, mouillé à quelques encablures du « Pont des Amériques », qui relie celle du Nord à celle du Sud. En effet, après ma nonchalante balade dans les îles, j'étais revenu au Venezuela où j'avais confié la garde du *Coyote* à mes amis basques de Cumaná.

C'était il y a quinze jours, au bar du Tamanaco, le plus prestigieux palace de Caracas, où par un concours de circonstance, je me heurtais à trois « pines d'ours » dans mon style. Le genre de dépeuplés qui, comme moi, ne sont pas de leur génération ni de leur siècle mais qui font semblant. Des francs-tireurs solitaires qui mènent leur vie de bric et de broc, et qui auraient sans doute « tué tous les affreux » avec Boris Vian s'ils avaient vécu à Saint-Germain. Bref, de la relation de précision, pas le genre de rombier à se bourrer à l'alcool de pruneaux mais plutôt à expliquer que s'ils parlent plusieurs langues c'est uniquement parce que leur mère a eu plusieurs maris. On l'aura compris, c'était devenu des spécialistes pour fomenter le désarroi chez les connards, et bien sûr ils ne s'en privaient pas ! Alors naturellement j'ai eu droit à l'examen de passage, mais ils ont vite déchiffré que je faisais partie du club, car sans avoir l'expérience de leur âge, je m'étais déjà confronté à un certain nombre de sans-visage et de sans-religion.

— Franchement, Philippe, on ne comprend pas, comment quelqu'un comme toi n'est jamais allé chercher les trésors enfouis à l'île des Cocos !

— Eh bien d'abord je ne peux pas être partout en même temps, ensuite je ne suis pas un possédé du maniement de la pelle et de la pioche et enfin je n'ai aucune archive concernant les Cocos !

— Pour la pelle et la pioche on ne peut rien pour toi, par contre pour les informations, tu as devant toi un des grands spécialistes de la question en la personne de Larry.

Larry Georges, canadien de nation, la soixantaine, il pourrait donc être mon père. Ancien orpailleur à White Horse dans le Yukon, pêcheur de king crab en Alaska, chauffeur de grumier sur la transcanadienne et chercheur de trésor. Parcours honorable accompli en une trentaine d'années et qui est encore loin de s'achever. Bref, le genre de paroissien à rendre intelligent celui qui l'écoute parler. Il est de la même génération et de la même trempe que Georges Arnaud, auteur du *Salaire de la peur, Grande Pente, Le Voyage du mauvais Larron,* etc, qu'il a bien connu à l'époque où ce dernier sévissait au Venezuela comme chauffeur de camion. Les années d'après-guerre, l'âge d'or des vrais aventuriers. J'essaye donc d'en savoir un peu plus long sur l'histoire des Cocos, avant de prendre une décision.

— Je vais rapidement te survoler le problème, après quoi si ça t'intéresse, on passera chez moi et je te confierai toute ma documentation.

— Dis-moi Larry, c'est pas très fréquent de rencontrer quelqu'un qui est prêt à partager ses secrets avec un autre après seulement trois bières prises dans un bar ? Qu'est-ce que tu cherches exactement avec moi ? Que je t'amène là-bas parce que j'ai un bateau ?

— Exact. Mais tu n'es pas obligé d'accepter. C'est seulement si tu sens que l'affaire t'intéresse. Si c'est le cas, tu me déposes avec Paul ici présent et tout notre matériel et provisions pour survivre six mois et tu repars ou tu restes comme tu voudras !

— Admettons que j'accepte seulement de vous déposer, comment vous revenez au bout de six mois ?

— Aucun problème, au moment de faire les formalités à Punta Arenas, je négocie avec un pêcheur que je connais, pour deux cents dollars il vient nous récupérer. Je l'ai déjà fait deux fois !

— Dis donc Larry, j'imagine que tu as dû entendre parler de Robert Vergnes, un spécialiste lui aussi des Cocos ?

— Roberto ? Tu parles si je le connais, j'étais à Panamá en 1963 quand il a débarqué avec ses deux équipiers Claude Chalies et Jean Portelle, deux journalistes français qui vont se noyer l'un et l'autre. Des mauvaises langues soutiendront la thèse selon laquelle ce serait Roberto qui les aurait assassinés. Personnellement je n'y ai jamais cru, car pour buter quelqu'un il faut un mobile. Et la seule raison qui aurait pu expliquer un tel acte aurait été de faire main basse sur le trésor sans rien partager. Sauf que Roberto n'a jamais trouvé le moindre butin au cours de ses innombrables séjours aux Cocos. Alors à mon avis, c'est un accident. Si tu nous accompagnes, tu vas vite te rendre compte que quand la houle se lève, ça peut devenir très dangereux surtout avec une toute petite embarcation…

Pendant plusieurs heures, à grand renfort de Polars glacées, Larry me raconte en détail ses précédentes expéditions, dont la première entreprise en 1957. Il en est à la sixième, à chaque fois il manque une information. En 1979, j'apprendrai qu'il s'est suicidé au Canada. C'est le fameux Robert Vergnes, Roberto, qui me l'apprendra, alors que je me trouvais chez lui sur l'île de Contadora dans l'archipel des Perlas au Panamá.

Pour l'heure, il est encore bien vivant le Larry Georges, et c'est attablé avec Paul, et mon copain Claudio, le président du club de plongée de Balboa, que nous devisons. Claudio m'informe qu'il a vu passer Christian et Maïa il y a deux mois et qu'ils faisaient route vers les Galápagos. Quant à notre épave, nous décidons de nous y attaquer dans huit mois, d'attendre le retour du *Ruby* et de son équipage. Encore que je doute que Maïa sera du voyage de retour. On verra bien, pour le moment, c'est de l'île des Cocos dont il s'agit.

27

L'île au trésor

L'ÎLE DES COCOS mesure sept kilomètres par un peu plus de cinq et se situe à huit cents kilomètres de la côte Ouest du Costa Rica dont elle dépend. Elle apparaît pour la première fois sur l'atlas d'Andréas Homo en 1559. Mais elle a sans doute été découverte avant, ne serait-ce que par des conquistadors tels que Sébastien de Benalcázar qui quittèrent par la mer l'actuel Nicaragua pour rejoindre Francisco Pizarro au Pérou, dès 1534. L'île sera par la suite un lieu sûr pour les pirates pour trois raisons. D'abord les baies sont suffisamment protégées pour y mouiller les navires, ensuite on y trouve de l'eau douce en abondance et enfin la multitude des noix de coco permet de survivre aux famines qui étaient fréquentes sur les navires, jusqu'à la fin du XVIIIe siècle. C'est à partir de 1678 que l'île des Cocos va se forger un destin d'île à trésors. C'est en effet cette année que Louis XIV va signer le traité de Nimègue avec l'Espagne, mettant fin aux conflits qui opposent les deux pays. Cela veut dire que le Roi-Soleil va interdire la course aux galions espagnols et par là même mettre fin à la glorieuse époque de la flibuste. Du moins théoriquement, car bien entendu ces messieurs à qui le roi fait savoir qu'ils doivent se recycler dans l'agriculture se demandent si leur monarque a toujours sa raison.

Qu'à cela ne tienne. De corsaire on deviendra pirate, et puis d'ailleurs de mémoire de pirate, il n'existe pas d'accord qui n'ait été dénoncé à court terme ! Néanmoins pour limiter les risques de se faire pendre haut et court, on va délaisser la course aux Caraïbes et s'attaquer aux comptoirs et vaisseaux espagnols de la « mer du Sud ». Ici au moins on ne risque pas d'être inquiété par les vaisseaux de Versailles. Comme de toute façon, que l'on dispose d'une lettre de marque ou pas, si on se fait capturer par les Espagnols c'est la promesse d'une mort violente, il n'y a donc pas beaucoup de différence de passer de l'état de corsaire à celui de pirate. C'est ainsi qu'à partir de 1680, une nouvelle génération va prendre la relève des Henry Morgan, Grammont et autres Lolonnois. Ce seront pour les plus fameux les Coxon, Sawkins, Sharp, William Dampier, Lionel Wager, etc. Ça commencera par le pillage des villes espagnoles du Chili et du Pérou perpétrés par plusieurs centaines de pirates qui, venant de Virginie et après avoir franchi le détroit de Magellan, écumeront toute la côte Pacifique des possessions du roi d'Espagne. Ce sont deux navires pirates qui atterriront pour la première fois à l'île des Cocos pour y enterrer leur butin avant de repartir pour les îles de Las Perlas récupérer des flibustiers français venant de la Caraïbe par la terre à travers l'isthme de Panamá. Ce premier trésor serait celui du capitaine Davis. En 1814, c'est un Anglais, encore, du nom de Bennet Graham, capitaine dans la marine de guerre anglaise, qui passe à la piraterie. Il changera son nom de Bennet en Benito et se fera une telle réputation qu'il ne tardera pas à être surnommé « Benito au sabre sanglant ». Son coup d'éclat va être de surprendre la *Flota de Oro* qui transporte les trésors de Manille à Acápulco et de s'en emparer. De là, il va rejoindre l'île des Cocos afin de procéder au partage du butin. Celui-ci sera camouflé ensuite sur place. On reviendra le chercher plus tard. Malheureusement, une frégate anglaise envoyée à sa recherche va le capturer au large du Costa Rica. Lui et son équipage pendront au bout d'une vergue quelques jours plus tard. Quelques années vont passer et l'île des Cocos va de nouveau servir de chambre forte. Nous sommes en 1821 et les guerres d'indépendance conduites par Simón Bolívar ravagent l'Amérique du Sud. Alors que celui-ci a déjà libéré la Colombie, le Venezuela, la Bolivie et s'apprête à rentrer dans Lima, le général Saint-Martin, en provenance du Sud, se présente lui aussi devant Lima après avoir libéré le Chili. Les deux hommes font leur jonction et s'attaquent aux dernières résistances des soldats espagnols qui reculent chaque jour un peu plus. Dans Lima c'est la panique, et le vice-roi doit réagir. D'une part pour sauver sa peau et celles de ses proches, mais aussi pour que les trésors confiés à sa responsabilité ne tombent pas entre les mains des insurgés. Et dieu sait s'il est grand, ce trésor. Les coffres regorgent d'une année d'extraction d'or des mines du Pérou, mais aussi de tonnes d'argent, sans oublier les centaines de milliers de pièces de monnaie et les pierres précieuses provenant de Bolivie et du Chili qui étaient regroupées à Lima, en attendant d'être chargées sur les galions. Mais le vice-roi du Pérou n'est pas le seul à s'alarmer de l'avance foudroyante des troupes de Bolívar et Saint-Martin, il y a aussi le clergé qui depuis trois cents ans accumule des trésors incalculables. Alors vice-roi et jésuites vont sauver les meubles en chargeant tout ce qu'ils peuvent récupérer sur un brigantin anglais, la *Mary Dear,* commandé par un certain William Thompson. Celui-ci n'est pas un inconnu et jouit d'une honorable réputation de marchand sur la côte sud-américaine. Le chargement du bateau prendra deux jours, sous les yeux effarés de son capitaine et de son équipage. Thompson reçoit la consigne de rejoindre Panamá le temps que les canons soient réduits au silence et que les choses se tassent. On a embarqué sur la *Mary Dear* une vingtaine de soldats et quelques religieux pour veiller sur le trésor. C'était sans compter sur l'équipage qui, à la vue de toutes ces fortunes embarquées, ne peut résister à la tentation de s'en saisir. Et c'est ainsi que dès la première nuit en mer, soldats et religieux sont massacrés par surprise dans leur sommeil et proprement balancés par-dessus bord. L'histoire ne précise pas si Thompson a agi de son plein gré ou contraint par son équipage. Seulement voilà, où aller ? Retourner en Europe par le cap Horn, impossible, la flotte de guerre de l'amiral Thomas Cochrane surveille toute la côte du Pérou et du Chili. Alors, retourner en Angleterre par l'ouest et le cap de Bonne-Espérance, voyage trop long et surtout trop risqué. Ne reste plus alors que l'Amérique du Nord et le Canada. C'est la solution qui sera adoptée par tout le monde. Bien sûr, il faut d'abord se débarrasser du trésor. On reviendra le chercher dans un an ou deux quand la tempête se sera calmée. Cacher le butin certes, mais où ? À l'île des Cocos pardi ! Elle se trouve sur le chemin de l'Amérique et en dehors des routes traditionnelles de navigation. Ainsi fut fait. Après avoir mouillé l'ancre dans une des deux baies de l'île, on va procéder au déchargement, dont nous connaissons l'inventaire conservé au musée de Caracas.

« Nous avons mis par quatre pieds dans la terre rouge :

Une caisse contenant des garnitures de draps d'or, ciboires, ostensoirs, calices, en tout mille deux cent quarante-quatre pièces.

Une caisse avec deux reliquaires en or pesant cent vingt livres, avec six cent vingt-quatre topazes, cornalines et émeraudes, ainsi que douze diamants.

Une caisse avec trois reliquaires pesant cent soixante livres avec huit cent soixante rubis et dix-neuf diamants.

Une caisse avec quatre mille doublons d'Espagne, cinq mille couronnes du Mexique, cent vingt-quatre épées, soixante-quatre dagues, cent vingt baudriers, vingt-huit rondaches.

Une caisse contenant huit coffrets de cèdre et d'argent avec trois mille huit cent quarante pièces taillées, anneaux et patènes et quatre mille deux cent soixante-cinq pierres brutes.

À vingt-huit pieds nord-ouest et à huit pieds dans le sable :

Sept caisses avec vingt-deux candélabres d'or et d'argent, pesant deux cent cinquante livres avec cent soixante-quatre rubis par pied.

À douze brasses par ouest, à dix pieds dans la terre rouge :

La Vierge de sept pieds en or avec l'enfant Jésus et sa couronne et son pectoral de sept cent quatre-vingt livres enroulé dans sa chasuble d'or avec mille six cent quatre-vingt-quatre pierres dont trois émeraudes de quatre pouces au pectoral et six topazes de six pouces à la couronne, ainsi que les sept croix en diamants. »

Ce travail dûment accompli, nos pirates reprennent la mer cap au nord-ouest pour ne pas s'approcher trop près des côtes mexicaines. Ils n'auront pas le temps de les atteindre. Quelques jours après avoir quitté l'île, ils se feront intercepter par un navire de guerre qui les conduira directement à Panamá. Là le juge ne perd pas de temps, il fait aussitôt pendre tout l'équipage, mais promet la vie sauve à Thompson s'il dévoile la cachette du trésor. Celui-ci restera muet. Depuis cette date, personne n'a jamais pu mettre la main ni sur le trésor de Davis, ni sur celui de Benito et encore moins sur celui de William Thompson ! Et pourtant ce ne sont pas les chercheurs qui ont manqué depuis l'année 1842 où le premier à se signaler sera le capitaine John Keating qui venait de Terre-Neuve. Depuis cette date, des centaines d'autres, issus de tous les horizons, vont tenter leur chance. Le plus prestigieux de ces chasseurs de trésors sera sans conteste le président des États-Unis Franklin Roosevelt qui passera trois fois sur l'île.

Dans la liasse de documents que m'a remis Larry se trouvent des plans, des cartes, des photos de l'île, mais pour ainsi dire rien concernant les archives religieuses de Lima et particulièrement celles de jésuites qui étaient et sont encore des gens méthodiques. Je ne trouve rien non plus concernant le vice-roi du Pérou au moment de l'insurrection. Je lui fais part de ces réflexions, cependant il reste dans le vague affirmant qu'une partie des archives aurait disparu au moment de l'approche de Bolívar. Je suis aussi étonné de ne rien trouver sur William Thompson pas plus que sur le *Mary Dear*. J'avoue que tout cela me laisse perplexe, moi qui suis habitué à entreprendre un travail d'archive pointilleux avant de me lancer dans une quelconque aventure de ce genre, pour éviter de perdre du temps. D'un autre côté, il doit bien exister quelque chose pour que, depuis Keating, des centaines d'individus se soient martyrisés à retourner la latérite des Cocos.

J'avoue que si j'ai accepté d'aller déposer Larry et Paul, c'est beaucoup plus par curiosité que pour entreprendre des recherches, car il a au moins raison sur un point Larry, c'est que, pour un chasseur de trésor que je suis, il est contre nature de n'avoir jamais débarqué sur une véritable île au trésor. Alors va pour les Cocos, d'ailleurs Roux et Combaluzier adorent ça.

28

Dans le sillage de Stevenson

Ce n'est pas sans un certain soulagement que nous quittons la fournaise de Panamá et l'étuve de Balboa. Cap sur le Costa Rica. La mer est calme, comme le jour où Magellan va y pénétrer pour la première fois en 1520 et la baptisera « Pacifique », par comparaison aux rudes tempêtes de l'Atlantique Sud qu'il venait d'essuyer pendant des semaines. À ce propos, j'en profite pour faire un petit rectificatif à mes compagnons qui, comme la majorité des gens, pensent que c'est Magellan qui a découvert le Pacifique. Il est le premier Occidental à y avoir navigué, mais le premier à l'avoir vu est le conquistador Vasco Nuñez de Balboa, le 25 septembre 1513, soit sept ans plus tôt. Cela explique entre autres qu'à Panamá, le port sur le Pacifique ainsi que la monnaie se nomment Balboa. Nous contournons les îles de Taboga et Taboguilla près desquelles d'innombrables cargos, porte-containers et autres paquebots de croisière attendent leur tour pour franchir les premières écluses du canal. Ces quelques obstacles évités, c'est à dix nœuds que le *Coyote* gagne le large. Paul et Larry se révèlent être des compagnons agréables et de bons marins, ce qui me permet de leur confier la marche du bateau quand je vais me reposer, ou faire la cuisine. Ça évite de brancher l'alarme du radar qui est très souvent sollicitée lorsque je navigue seul et qui a le don de me faire sursauter à chaque fois qu'elle se déclenche. Tandis que Larry s'occupe d'installer trois lignes de traîne dans le sillage du *Coyote* en prévision du dîner de ce soir, je prépare des langoustes dont nous a fait cadeau Claudio avant le départ ce matin. Mes deux singes et Nitrogène surveillent avec attention ce que je bricole dans la cuisine. Ils sont en alerte maximum. La moindre seconde d'inattention de ma part et ils s'abattent comme l'éclair sur un plat pour piquer tout ce qu'ils peuvent dedans. Ils reniflent ce qu'ils ont saisi et si ça ne leur plaît pas, ils me le balancent à travers la gueule ! J'ai beau donner de la voix, ils n'en ont rien à glander, les petits malpolis. Ainsi se consument les heures sur le *Coyote.* Il faut dire que sur un bateau, sauf pépins mécaniques, il n'y a pas grand-chose à faire sinon inventer de nouveaux plats ou bouquiner. Pour l'instant j'ai découpé mes queues de langoustes en petits dés pour les faire mariner dans ma sauce ceviche jus de citron vert, tomate écrasée, cive, jus de mandarine, coriandre, sel, piment ou poivre. Combaluzier a réussi à choper un piment. Manque de bol c'était un petit Cayenne qui lui a arraché la gueule. Pour se venger il commence à balancer tout ce qui tombe sous son regard. Bien entendu, l'autre trouvant cela marrant vient immédiatement lui prêter main forte. Cela m'oblige illico à neutraliser mes duettistes avant que ma cuisine soit ravagée. En entendant les cris stridents de mes deux malfaisants, Nitrogène file se planquer dans la timonerie tandis que Larry et Paul rappliquent pour assister au combat de récupération que mène leur capitaine. Je les éjecte vite fait dans leur cage, les deux macaques, le temps de terminer ma mission culinaire et d'être tranquille pour le déjeuner.

Nous longeons la côte Ouest du Panamá et ensuite celle du Costa Rica, toujours sur une mer d'huile. Une vraie croisière pour retraités du Gaz de France, où il ne manque que quelques naïades en bikini, bronzant lascivement dans des transats aux couleurs de la compagnie. Je fais part de cette réflexion à Larry qui connaît bien la zone et qui me rassure illico.

— Ici c'est comme partout ailleurs, les gonzesses ça se décline de la matrone à moustache à la poupée Barbie. Dans l'intervalle, tu trouves de la baigneuse timorée, de la chipie précoce, un peu de courtisanes intrigantes ou encore de la grognasse écolo qui hurle au scandale quand tu allumes une cigarette, mais qui passe la journée à la terrasse d'un bistrot de l'Avenida Colon à respirer à pleins poumons les gaz d'échappement de bus et de bagnoles. Note bien que vous avez les mêmes à Paris, sauf que c'est le nom de l'avenue ou du boulevard qui change. Pour le reste, les ticos sont sympas et très sociables avec les étrangers, même si l'attrait des dollars n'est pas indifférent à ce comportement. Comment leur en vouloir de se conduire en courtisane dès lors qu'elles te voient flamber en une soirée ce qu'elles gagnent en un mois ! Sans parler que bien souvent elles font vivre une famille avec leur seul salaire. D'ailleurs que ce soit chez moi au Canada ou chez toi en France, veux-tu m'expliquer la différence ? Il y en a une seule, celle du nombre de zéros devant le premier chiffre. Tout le reste c'est de la littérature pour jaloux et moralistes hypocrites.

À la suite de cette éclatante prestation, je lui demande de me raconter ses aventures du Venezuela à l'Alaska quand il avait l'âge que j'ai aujourd'hui. Alors pendant des heures, comme avec Andréa dans l'Atlantique, je savoure le verbe et la forme et me délecte du fond.

Trente-trois heures après notre départ de Panamá, nous pénétrons dans le golfe de Dulce pour aller mouiller l'ancre dans le petit port de Golfito, juste devant le quai du Samoa del Sur.

Le Samoa del Sur est un petit complexe hôtelier appartenant à une famille de Français, les Thévenin. Ceux-ci sont originaires d'Algérie et ont atterri ici il y a quelques années après l'indépendance. Le père Thévenin, tout pied-noir qu'il était, ne se voyait pas refaire sa vie en métropole après la tragédie de 1962. Alors, après s'être acheté un petit voilier de douze mètres et avoir embarqué femme et enfants, il va chercher un endroit où s'installer et finira par jeter son dévolu sur le Costa Rica qui est encore un petit coin de paradis et qui le restera jusqu'aux années quatre-vingt-dix. À partir de cette date, en effet, les investisseurs américains vont débarquer et donc tout pourrir comme d'habitude. Les prix vont quadrupler, l'immobilier atteindre des sommets et tout le reste va suivre. Refrain connu.

Nous allons déjeuner sous l'immense paillote de Samoa del Sur et Larry, qui le connaît bien, nous présente donc le maître des lieux. Après avoir évoqué le drame algérien, Maurice Thévenin me confirme qu'il fait bon vivre au Costa Rica et qu'avec un petit capital on peut se lancer facilement dans les affaires, dès lors qu'on ne marche pas sur les plates-bandes de la douzaine de familles de nantis qui ont verrouillé certains secteurs économiques dans le genre de la banane ou du café. J'aurai l'occasion dans les années quatre-vingt de faire plusieurs séjours ici, notamment quand je deviendrai chercheur d'or, et ce sera toujours avec passion que j'aborderai les rivages de ce petit pays paisible et propre qui est l'un des très rares au monde à ne pas posséder d'armée. Il est vrai aussi que le Costa Rica est économiquement parlant très dépendant des U.S. qui ont installé ici la United Fruit Company dans les années 1870 et qui régente entre autres la banane et l'ananas.

Nous passons ici une petite semaine d'escale, dont quatre jours à visiter le pays avec la Range Rover que Maurice Thévenin a mise à notre disposition.

Enfin nous reprenons la mer pour rallier Puntarenas, le principal port de la côte Pacifique, où Larry et Paul doivent remplir les formalités pour obtenir un permis de séjour aux Cocos.

En deux jours, malgré la présence de forts courants, nous atteignons notre objectif : l'île des pirates ou de Roosevelt au choix. Après l'avoir contournée par l'est, je viens mouiller le *Coyote* dans la baie de Chatham, lieu de relâche des navires qui abordent cette île. Devant l'étrave une plage, de la jungle et des falaises. Nous passons là deux jours avant de rejoindre l'autre baie. Celle de Wafer où mes chercheurs de trésor ont l'intention de s'installer. La baie de Wafer est moins bien protégée en cas de mauvais temps, mais plus commode pour aménager un camp. Le débarquement de tout le matériel que mes compagnons ont chargé à Balboa va prendre la matinée. Provisions, jerricans d'essence pour le hors-bord, un Zodiac Mark III, détecteurs, pelles, pioches, tentes, gaz, réchaud, etc. Nous faisons la navette entre le *Coyote* et la plage pendant que la mer est calme, ce qui est loin d'être toujours le cas comme me l'explique Larry.

Nous trouvons pas mal de vestiges de nos prédécesseurs. Bidons de fuel vides et rouillés, planches diverses, cordes pourries et même un reliquat de filet et un brûleur à gaz complètement oxydé. Par contre aucune âme qui vive dans le secteur. En observant de plus près ces vestiges, on se rend vite compte qu'il y a un sacré bout de temps que personne n'est venu ici. Ce dont je m'aperçois vite, aussi, après quelques jours d'exploration à terre dans cette jungle de taillis, c'est que la partie est loin d'être gagnée tant la végétation rend la progression et les fouilles difficiles. Quant aux grottes qui jalonnent le littoral, elles sont en quantité, sans compter que certaines sont envahies par la mer dès la marée haute. Bien entendu, si un quelconque trésor a été camouflé à l'intérieur de l'une d'elles, il y a belle lurette qu'il doit être enseveli sous des tonnes de sable drainées par les flux. Moi qui suis habitué avec mes épaves à « travailler » une zone à l'aide de document d'archives relativement précis, j'avoue que là je suis sceptique quant au succès de cette entreprise. Seul point positif, pendant la première semaine nous aurons peu de pluie, ce qui rend la vie quand même plus confortable. Je vais assister au travail de mes deux camarades, qui consiste principalement à passer au détecteur les zones qu'ils ont définies sur des plans et cartes dessinés grossièrement par un capitaine Silver rencontré au hasard d'un bouge d'Amérique centrale. En tout cas c'est l'effet que cela me fait. Mais vu le sérieux avec lequel mes deux tâcherons accomplissent leur mission, je suis plutôt admiratif et me garde bien de leur faire la moindre réflexion. C'est vrai que j'ai de l'admiration pour ces mecs qui n'ont pas peur d'envisager de moisir ici, pendant six mois, à désosser la jungle pour y passer leur poêle à frire et piocher sous la pluie chaque fois qu'il y aura un bip sonore dans l'écouteur. Bien entendu ils ont vu trop juste question réserve d'essence pour leur hors-bord, ce qui veut dire que je dois leur céder cent litres des cent cinquante qui me restent à bord. De toute manière, à la cadence avec laquelle il longe la côte et vont explorer les îlots avoisinant à la recherche d'indices, je suis obligé de leur faire remarquer.

— Eh les gars, à ce rythme-là dans moins de deux mois vous serez en panne sèche !

— Pas du tout, car nous sortons seulement quand la mer est calme, ce qui est le cas ces jours-ci. Alors il faut en profiter, ça peut très bien se gâter pendant plusieurs semaines. Ici par exemple, aussitôt que le vent souffle du nord-ouest, tu ne peux ni embarquer ni débarquer à cause des rouleaux qui se fracassent sur la plage.

Admettons, en attendant je sens que je ne vais pas moisir ici. Je fais part de mes intentions à Paul et Larry qui comprennent très bien que je ne me sente pas plus convaincu que ça du bien-fondé d'une telle entreprise.

— Tu pars quand tu veux Philippe. On garde le contact avec le Gazebo de ton copain Robert à Caracas.

La veille de mon départ, je leur offre un gueuleton bien arrosé sur le *Coyote* que j'ai ramené au mouillage de la baie Chatham il y a plusieurs jours. Ils vont passer leur dernière nuit dans une bonne couchette et rejoindrons la baie de Wafer demain avec leur Zodiac. Il y a au moins une chose dont je suis certain, c'est qu'avec toutes les boîtes de conserve et les sacs de riz qu'ils ont débarqués, ils ne risquent pas de mourir de faim. Sans compter qu'avec un minimum de matériel de pêche, ils peuvent faire des razzias autour de l'île. Enfin pour faire bonne mesure, je leur offre quand même deux caisses de vin chilien, une de blanc et une de rouge, ainsi que six bouteilles de rhum pour les jours de déprime. Le fameux cafard du légionnaire…

D'aucuns pourraient s'étonner que je ne sois pas enflammé par cette chasse au trésor qui pourtant a fait courir et transpirer des dizaines d'équipes depuis Keating. J'ai déjà répondu en partie pour ce qui est de la faiblesse des renseignements dont disposent mes deux copains, mais ce n'est pas tout. Que l'on puisse nourrir des utopies, pourquoi pas ? C'est même essentiel pour son équilibre mental. Celui qui ne rêve pas est mort. J'ai passé ma vie à essayer de réaliser mes rêves, à subjuguer mes démons aussi, mais là on se rend vite compte que si tous les prédécesseurs n'ont rien trouvé, c'est qu'il y a à cela trois explications.

La première, c'est qu'ils avaient des informations erronées ou pas d'infos du tout, ça on l'a déjà dit. La seconde, c'est qu'ils cherchaient au hasard comme ceux qui cherchent les gourmettes sur les plages de La Baule ou de Royan et enfin la troisième, ceux qui ont besoin d'un prétexte pour se mesurer à une aventure dont ils ne se seraient pas crus capables et qui à travers cette quête prend une dimension supérieure ! Bien sûr aucune de ces trois démarches ne peut me convenir ! Me martyriser, pourquoi pas ? Si c'est le prix à payer pour clore un dossier qui m'aura demandé beaucoup de mal. Mais là, en l'occurrence, il n'y a pas de dossier digne de ce nom, si ce n'est que des hypothèses basées sur les us et coutumes des flibustiers et autres pirates de cette époque. Vingt ans plus tard, alors que je travaillais à Lima aux archives religieuses, je n'ai jamais entendu parler, ni lu le moindre document concernant ce trésor et encore moins ceux ayant trait à la fameuse Vierge en or ! Alors… ? Les autres, ceux qui passent leur détecteur au hasard selon l'heure à laquelle ils se lèvent, ne sont que des pousse-mégots qui ont autant de chance de trouver un trésor que s'ils achetaient un bifton de loto au bar-tabac PMU de la Porte de Montreuil ! Quant aux troisièmes, ceux qui accomplissent un fantasme, ils en sortiront sans or, mais grandis d'une expérience, et ce sera sans doute cela leur trésor !

29

Au gré des alizés

J'AI DÉCIDÉ de retourner aux Caraïbes par le chemin des écoliers, car je me rends compte qu'il n'y a pas grand-chose à faire le long de cette côte d'Amérique centrale, à part quelques bonnes parties de chasse sous-marine. Avant de repasser le canal, je vais flâner un mois aux îles des Perles. Passant de l'île de San José à celle du Roy de la Bayoneta à Contadora. Cette dernière est la plus connue et la plus fréquentée par la jet-set de Panamá, dont le port de Balboa ne se trouve qu'à une soixantaine de kilomètres. Chaque fin de semaine, les nantis rejoignent leur résidence secondaire soit par la mer avec des puissants motor yachts, soit par les airs avec de petits avions de tourisme. C'est sur cette île que le plus connu des chasseurs de trésor de l'île des Cocos, Robert Vergnes, possède une maison sur la plage. Robert Vergnes est de la race des aventuriers. Dans les années cinquante, il va participer à des expéditions, notamment avec Haroun Tazieff, sur différents volcans. Il prendra part ensuite à un certain nombre d'explorations de gouffres, tant en France qu'à l'étranger. Il vivra un certain temps chez les Indiens samblas du Panamá avant de devenir pilleur de tombes au Costa Rica. Puis ce sera une succession d'expéditions à l'île des Cocos, dont la première en 1963 qui finira tragiquement. Souvent, l'été, on pouvait le rencontrer au marché aux puces de Saint-Ouen, où il tenait un stand de curiosité mayas telles que des poteries et autres idoles en cuivre ou en bronze, et puis l'hiver, il le passait en grande partie en expédition ou dans sa villa de Contadora. C'est quand même le genre de mec qui a réussi à se faire féliciter par Malraux, alors ministre de la Culture, pour avoir ramené tout un tas de pièces archéologiques en France. Pièces qu'il revendait dans une petite boutique du Quartier latin. Aujourd'hui ce même type d'activité le conduirait directement en taule !

C'est aussi à Contadora que le shah d'Iran et sa famille séjourneront une fois destitués, le temps de gagner les États-Unis. Bien des années plus tard, à l'heure où j'écris ces lignes, c'est encore sur cette île que l'émission de télévision française *Koh-Lanta* sera tournée. En fait d'île déserte, c'est la plus fréquentée de toutes les îles de l'archipel de Las Perlas. Comme imposture on atteint là des sommets : c'est bien connu, pour ratisser de l'audimat, les chaînes de télé sont capables de tout et même du pire en matière d'affirmations mensongères ! Enfin, ainsi va le monde, monsieur.

Pendant plusieurs semaines, donc, je passe d'un mouillage à l'autre et je fais des safaris sous-marins dans une eau pas toujours cristalline et infestée de requins. Finalement, un beau matin, je me retrouve de nouveau au yacht club de Balboa où je rejoins Claudio. Comme à chaque fois lorsque je passe à Panamá, je fais la tournée de mon banquier aux idées lumineuses et aux projets grandioses, puis direction le casino du Hilton et ensuite finir sur une bonne note de luxure.

Le temps de passer les écluses de Miraflores, Pedro Miguel et autres, de traverser le lac de Gatún et je me retrouve quatre-vingts kilomètres plus loin dans le golfe des Mosquitos sur la mer des Antilles. Je mets aussitôt le cap sur Cumaná, mon port de prédilection au Venezuela, pour refaire les pleins de carburant à douze centimes le litre ! Autant que faire se peut, je parcours les neuf cents milles depuis Colón en longeant les côtes de Colombie et du Venezuela le plus près possible, pour deux raisons. La première est de limiter l'effet de la houle et du courant qui sont contre moi et la seconde de me garder d'un nouveau contrôle des hystériques, j'ai nommé les Coast Guards U.S. ! Quatre jours et quatre nuits assez fatigantes, surtout entre les îles d'Aruba et de Curaçao et la presqu'île de Paraguana, l'entrée nord-est du golfe du Venezuela conduisant à Maracaïbo. C'est là que se trouvent les principaux terminaux pétroliers du Venezuela, alors autant dire que je navigue au milieu d'une quantité de supertankers qui viennent du monde entier charger leur ration de brut. L'alarme sonore du radar se déclenche parfois cinq à six fois dans la même heure, ce qui me laisse peu de temps pour me reposer. Enfin, ce sont les aléas de la navigation en solitaire dans des zones très fréquentées. Comme je ne suis pas le genre de griveton à m'alimenter à la coke, la benzédrine et autres gâteries canailles pour sportifs en mal de succès, quand je m'écroule sur ma couchette de veille, je sais pourquoi. Dieu sait pourtant si je pourrais m'en mettre plein le pif, les poumons et les veines de ces soi-disant substituts au bonheur, vu que je navigue dans les zones de production. Seulement voilà, les voyages que je fais sont suffisamment excitants pour ne pas avoir besoin de rajouter une couche de songe qui se transforme vite fait en cauchemar quand t'as plus ta ration d'éphémère ! Pour l'instant je me sens bien avec mes bestioles en liberté. Entre deux « missions » nécessitant de l'équipage, j'aime naviguer seul. Cela me laisse le temps de lire, d'écouter de la musique, d'étudier des archives que j'ai embarquées sans avoir eu le temps de les consulter. Au gré des escales, je m'approvisionne aussi en produits artisanaux de qualité que je peux revendre aux uns aux autres dans les îles. Ce sont des tissus, des meubles, des carrelages, des objets de décoration divers, mais aussi de l'or et des émeraudes quand l'occasion se présente. Ce petit commerce, je le pratique principalement avec la Martinique et la Guadeloupe où je connais le plus de gens. Ce n'est pas la fortune, loin s'en faut, mais ça excite la curiosité et surtout ça me permet de bouger. Quand on voit le nombre de « plaisanciers » qui ont soudé leurs ancres dans les marinas ou les rades des îles pour ne plus jamais en repartir, ça me laisse rêveur.

À Cumaná, je retrouve mes deux armateurs basques qui me proposent un nouveau job. Cette fois-ci il s'agit de transporter des crevettes congelées à Miami. Crevettes que je dois aller charger à Güeria, petit port de pêche à l'extrême est de la côte du Venezuela, dans le golfe de Paria, face à l'estuaire de l'Orénoque. Une semaine de navigation avec un arrêt de quelques jours à Saint-Barth où j'ai l'intention de m'acheter un terrain pour me construire une petite case.

Au moment où je rentre dans le petit port de Gustavia, le quai est occupé par deux goélettes pays qui s'appliquent à charger des centaines de caisses de whisky dans leurs cales. Les « goélettes pays » sont des bateaux en bois de douze à trente mètres avec un ou deux mâts, construites pour la plupart à Sainte-Lucie, Saint-Vincent et Grenade. Leur forme rappelle un peu les felouques arabes de l'océan Indien avec un plat-bord suffisamment haut pour épouser les lames courtes et brutales de la mer des Antilles. Certaines sont munies d'un moteur, d'autres non. Elles vont servir principalement, jusqu'au début des années quatre-vingt, à assurer le transport des passagers et des marchandises entre les îles, de Porto Rico à Trinidad. Plus tard, modernisme oblige, elles seront remplacées peu à peu par des petits caboteurs, en acier ceux-là, qui assureront des lignes régulières aux horaires plus ou moins fixes. Quand je parle de transport de marchandises, cela vaut aussi pour la contrebande dont j'ai déjà parlé à propos du capitaine Tortue. Dans les îles, c'est un des sports favoris des capitaines de goélette, car extrêmement rentable et surtout peu risqué en mer, car nous sommes à une époque où les vedettes de douane sont peu nombreuses dans les îles françaises (deux) et inexistantes dans les îles anglaises. Le seul risque est de se faire pincer au moment du débarquement et encore. Dans chaque île, il existe des « représentants distributeurs » qui prennent les commandes auprès des particuliers, la quantité minimum étant d'une caisse de douze bouteilles. Une fois le bordereau d'achat bien rempli, les contrebandiers se mettent en piste. J'ai trois copains qui, avec leur petit palangrier de Saint-Jean-de-Luz, vont s'en donner à cœur joie pendant un bon bout de temps. Eux par contre vont atteindre le zénith de l'illégalité dans la mesure où leurs seuls clients en Guadeloupe seront les C.R.S., les gendarmes et même la préfecture ! En général les débarquements avaient lieu au milieu des récifs du Nord de la Guadeloupe, dans la passe de la « Grande Coulée » vers 5 heures du matin. Là, les C.R.S. ou les gendarmes attendaient avec leur camion et tout ce joli monde, dans un ballet bien rodé, chargeaient qui cinquante caisses, qui cent caisses. Pour la préfecture c'était plutôt du Chivas ! Là ce ne sont pas les voies du Seigneur qui sont impénétrables, mais la conscience morale de ces représentants de l'ordre qui est extensible à souhait ! Bien entendu comme me l'avait déjà évoqué mon copain Jojo à Saint-Martin, au cours de ma première escale, aucun gendarme, ni C.R.S. et encore moins l'entourage du préfet ne seront à aucun moment inquiétés. Les amendes colossales des douanes, le passage par le tribunal correctionnel, tout ça ce n'est pas pour ces gens-là ! Il n'est pas concevable dans notre bonne république de mettre en cause l'intégrité des représentants de la loi.

Pour l'heure, je dois donc attendre sur mouillage que le quai soit libéré, car je ne l'ai pas dit mais j'ai embarqué au Venezuela, en dehors de ma cargaison de crevettes, deux palettes de carrelages pour un copain qui se construit une maison sur l'île.

Comme de coutume, c'est au bar de l'Éden Rock, le quartier général des gens de passage, que je me renseigne auprès du maire de Saint-Barth Rémi De Haenen s'il n'aurait pas entendu parler d'un terrain à vendre pas trop mal situé.

Pour le profane, il faut savoir que trouver un terrain à acheter dans ce début des années soixante-dix relève du défi. En effet, les habitants de Saint-Barths vivent repliés sur eux-mêmes et ne veulent rien vendre, surtout à des étrangers à l'île. Souvent en France, dans les années quatre-vingt, quatre-vingt-dix, les gens me disaient : « Comment se fait-il que toi qui es arrivé en 1967 à Saint-Barth la première fois, tu n'aies pas acheté des terrains ? Aujourd'hui tu pourrais les revendre plus de vingt fois leur prix ! » Ils avaient raison en ce qui concerne la plus-value, mais ce qu'ils ignoraient c'est que les Saint-Barth sont avant tout des descendants de paysans ou ont du moins la même mentalité. À savoir que quand on possède des économies, on achète de nouvelles terres, car la terre ne connaît pas l'inflation et quand on ne possède pas d'argent, on travaille pour s'en procurer, mais il est hors de question de se défaire de son patrimoine. Ce qui explique que le raisonnement va fonctionner jusqu'à la fin des années soixante-dix où des promoteurs étrangers feront des propositions d'achat tellement démesurées que l'appât du gain fera son œuvre peu à peu. Ce n'est pas encore le cas aujourd'hui et les seuls terrains à vendre que l'on me propose sont des falaises battues par la mer et le vent ou des endroits tellement en pente qu'ils en deviennent quasiment inconstructibles. Quant au début des années quatre-vingt, le marché va se débloquer, les prix auront déjà fait un tel bond à cause de l'hôtellerie de luxe que je n'aurai plus les moyens de prendre le train en marche. Cela dit, pour en revenir aux terrains pas chers qui ne deviendront, vingt ans plus tard, qu'à la portée des millionnaires, il n'y avait pas que Saint-Barth, mais aussi la Costa del Sol, Marbella, Ibiza, Mallorca, etc.

Cinq jours après avoir livré mes carrelages, je reprends la mer, sans avoir trouvé de terrain qui me convienne. C'est peut-être aussi le destin qui veut que je ne m'attache nulle part. Alors cap au nord sur les Bahamas et la Floride.

30

Nuestra Señora de las Maravillas

Avec plus de sept cents îles, la traversée des Bahamas peut être dangereuse, car il y a de nombreux bancs de sable et des barrières de coraux s'étendant sur des centaines de kilomètres. Cela explique que quand je consulte mes archives, ce qui est présentement le cas tandis que le *Coyote* est sous pilotage automatique, je ne sais pas par quelle épave commencer. J'en dénombre deux cent quatre-vingt ! De 1500 à aujourd'hui. Ainsi, au hasard, je peux lire qu'en 1551, un galion du vice-roi du Mexique Don Luis de Velasco qui naviguait sous le commandement du capitaine général Sancho de Viedma se sépara du convoi pour aller s'échouer sur le banc d'Argent et sombrer, il n'y aura pas de survivants et le trésor ne sera jamais récupéré.

En 1788 ce sera le brigantin *Infanta* de dix-huit canons, capitaine Casmiro, qui ira couler sur les récifs de la Petite Inagua, seul l'équipage sera sauvé. Et ainsi de suite pendant des heures je passe d'un abordage de pirate à un désastre lié aux tempêtes. Une vie entière ne suffirait pas pour traîter une douzaine de ces naufrages et pourtant… Je livre ici un cas typique de document moderne issu des recherches en archive d'un confrère, qui peut servir de base de recherche sur la découverte du fabuleux trésor de la *Nuestra Señora de las Maravillas*. Ainsi ce collègue nous apprend que :

En février 1654, il y eut un vent de panique à la cour du roi Philippe IV d'Espagne. Des nouvelles alarmantes, rapportant que l'Angleterre était en train de préparer l'envoi d'une flotte de plusieurs dizaines de navires vers les Indes occidentales, s'étaient répandues comme une traînée de poudre. Bien que l'Angleterre ne soit pas en guerre officiellement avec l'Espagne, tous les marchands et armateurs de Séville craignirent tout à coup que cette flotte ne vienne piller les Caraïbes et attaquer la prochaine *plata flota* ramenant l'or, l'argent, les pierres précieuses et les diverses richesses du Nouveau Monde.

Le Conseil des Indes, à Madrid, recommanda tout de suite à la Couronne de mettre sur pied une escadre de guerre pour escorter les navires marchands ordinairement protégés par seulement quelques galions armés.

Le 10 juillet 1654, la flotte qui sortit du Guadalquivir à destination des Indes occidentales comptait cinq galions royaux avec de nombreux soldats armés, deux pataches et un navire marchand.

Le capitaine général de la flotte, Luis Francisco de Montealegre, commandait la capitana *San Joséph*. L'almiranta, commandée par Matias de Orellana, était un galion de neuf cents tonneaux, la *Nuestra Señora de las Maravillas*, armée de trente-six canons de bronze, quatre demi-canons de dix-huit livres, seize demi-canons de seize livres, huit quart-de-canons de dix livres, quatre-vingt mousquets et cinquante arquebuses.

Le 22 août, la *Real Armada* arriva en vue de Carthagène, où elle mouilla après une traversée sans encombre. À peine les marchandises déchargées, des courriers partirent annonçant l'arrivée de la flotte tant attendue. La forteresse de Callao, dans le port péruvien de Lima, renfermait un énorme trésor en argent, accumulé là depuis le 23 août. Réclamant toujours des détails supplémentaires, les marchands de Lima faisaient retarder considérablement le départ qui n'eut lieu que le 18 octobre. La capitana de la flottille du Pacifique, le *Jesús-Maria*, énorme galion de trente-sept mètres de long et armé de soixante canons, heurta sur sa route un récif dans la baie de Gayaquil, en Équateur, et resta échoué dans quatre à cinq brasses d'eau. Ce navire transportait le plus gros de l'argent du trésor royal ainsi que d'énormes quantités de richesses appartenant à des particuliers.

Une opération de sauvetage de l'épave fut aussitôt décidée, mais il fallut attendre que la récupération de la cargaison du *Jesús-Maria* soit terminée pour envisager le départ vers l'Espagne. Une grande surprise attendait les sauveteurs quand, en quelques semaines à peine, ces derniers sortirent des flots beaucoup plus de richesses que celles répertoriées dans la cargaison. L'étonnement fut grand également lorsque l'on se rendit compte que cinq fois plus d'or et d'argent, par rapport à ce qui avait été déclaré officiellement au moment du paiement des taxes et du fameux Quinto Real au roi, avaient été récupérés des cales. Mais la stupeur fut à son comble quand on apprit qu'en plus des trésors que la capitana était censée transporter uniquement, on avait trouvé, dans sa soute, onze mille jarres de vins, deux cents sacs de farine, quatre mille blocs de sel, de nombreux sacs de cochenille, des balles de laine et des tonneaux d'indigo !

Toutes ces marchandises furent évacuées sur Carthagène et chargées à bord des navires de la flotte. Mais un deuxième coup dur arriva avec l'annonce qu'une escadre anglaise constituée de cinquante navires de ligne, placée sous l'autorité de l'amiral Penne, assiégeait Saint-Domingue. Le marquis de Montealegre fut obligé de différer à nouveau le départ de la flotte.

Après plusieurs ordres et contre-ordres, le Conseil prit la décision d'envoyer la flotte à Veracruz afin d'embarquer les nouvelles richesses. La *Nuestra Señora de las Maravillas* y fut chargée à bloc. On y entassa des objets d'art en or, en argent, en jade et en ivoire, de la soie, des caisses de porcelaines chinoises et des épices, toutes ces marchandises ayant transité à dos de mulet depuis Acápulco.

Tous les navires de la flotte étaient chargés au maximum de leur capacité. Les marchandises s'entassaient même sur le pont et entre les canons et il était impossible d'ajouter la moindre caisse. La bonne nouvelle tant attendue arriva enfin : les Anglais avaient quitté les parages. Le départ fut donné sans délai et, le 10 octobre 1655, les navires arrivèrent à La Havane où ils mouillèrent à l'abri. Quelques marchandises supplémentaires, des caisses de sucre, de cacao, de cuirs et de tabac, furent encore entassées dans les coursives. Mais le long séjour des galions dans les eaux chaudes des Caraïbes avait détérioré les navires et il fallait impérativement caréner, gratter les coques pour les débarrasser des coquillages et des algues qui s'y étaient fixés, recalfater et réparer les gréements.

Trois années de récolte de richesses se trouvaient maintenant stockées dans les cales des navires. Par précaution, le marquis de Montealegre décida de répartir les plus riches d'entre elles sur les deux plus gros galions de la flotte, c'est-à-dire la capitana *Nuestra Señora de la Limpia Concepción* et l'almiranta *Nuestra Señora de las Maravillas*. Au dire des observateurs de l'époque, jamais une telle quantité de richesses n'avait été embarquée sur des navires en partance pour l'Espagne ; plusieurs cales de la *Nuestra Señora de las Maravillas* avaient été réservées uniquement à l'or. Le manifeste de la cargaison signalait, entre autres, la présence à bord d'une statue grandeur nature de cinq cents kilos, en or massif, de la Vierge Marie portant l'enfant Jésus !

Le 1er janvier 1656, la flotte au complet, comprenant la capitana, l'almiranta, deux autres galions et deux pataches, quitta le port de La Havane en direction de l'est.

L'almiranta, bonne marcheuse, qui devait se trouver normalement en queue du convoi, dépassa rapidement toute la flotte et se retrouva en tête. Après avoir louvoyé contre un vent de nord-est, la vigie de la *Nuestra Señora de las Maravillas* aperçut le 4 janvier, vers midi, la côte de Floride. Ordre fut donné de virer immédiatement à l'est pour une nouvelle bordée. Vers 23 heures, un veilleur posté à l'avant du navire et préposé au sondage régulier du fond poussa un cri ; le galion évoluait dans des fonds anormalement peu profonds, treize brasses seulement ! D'ailleurs, la couleur claire de l'eau indiquait que le navire devait se trouver aux abords d'un banc. L'amiral Matias de Orellana fit tirer aussitôt un coup de canon pour prévenir du danger le reste du convoi et la *Nuestra Señora de las Maravillas* vira de bord dans la nuit épaisse. Soudain, une clameur retentit : surgie de l'obscurité, la masse imposante de la capitana *Nuestra Señora de la Limpia Concepción* fonçait droit sur le flanc de l'almiranta. Il n'y avait pas âme qui vive sur le pont de ce dernier.

Il éperonna la *Nuestra Señora de las Maravillas* avec tant de force qu'il ouvrit une large brèche. Un marin qui œuvrait dans les gréements de l'almiranta tomba sous le choc et se retrouva… dans les gréements de la capitana, qui se dégagea et poursuivit sa route en aveugle vers l'Espagne, « comme un fantôme, dans un silence total et sans personne en vue », ainsi que le conta plus tard l'un des rescapés du naufrage.

En toute hâte, on tâcha de colmater la brèche et les quatre pompes de la *Nuestra Señora de las Maravillas* fonctionnèrent rapidement à plein régime. Malgré cela, le niveau de l'eau montait rapidement et Matias de Orellana réalisa que son navire était perdu. La seule solution était de l'échouer au plus vite sur un haut-fond, afin d'attendre les secours. Il fit remettre le cap à l'est et, deux heures plus tard, le plomb de sonde indiquant seulement six brasses de fond, il fit mouiller deux ancres et attendit que la quille de son navire se pose en douceur sur le fond sableux. Il était, sans le savoir, sur le banc de Los Mimbres, non répertorié sur les cartes. Malheureusement pour les six cent cinquante hommes, femmes et enfants présents à bord, une soudaine et forte tempête se leva et les flots emportèrent des grappes entières de passagers. Au plus fort de la tourmente, tout le château arrière se rompit et partit, tel un énorme bouchon, sur la mer démontée. Au petit matin, lorsque les passagers se comptèrent, on ne dénombra que quarante-cinq survivants qui furent sauvés le lendemain par les canots envoyés par un autre galion du convoi.

Dès que la nouvelle fut connue, six frégates partirent du Venezuela pour tenter de récupérer les restes de l'épave. Elles arrivèrent sur les lieux trois mois après le naufrage. Les commentaires des sauveteurs sont très explicites : « L'eau était si claire et le sable si blanc qu'on pouvait voir distinctement tout ce qu'il y avait sur le fond. On distinguait les barres d'argent répandues au fond de la coque. Toute l'artillerie se trouvait parmi le lest des pierres, mêlée aux montagnes de barres d'argent… » et « quel dommage que le château de poupe soit parti en dérive parce que c'est là qu'il y avait la plupart des coffres les plus précieux appartenant aux particuliers et il va être bien difficile, maintenant, de deviner dans quelle direction et jusqu'où le château de poupe va dériver, car les courants ici sont bien variables et bien imprévisibles… » En cinq mois de travail, les plongeurs indiens amenés par les Espagnols ne remontèrent que seize canons, quelques dizaines de lingots d'argent et quelques pièces d'or. Des tentatives ultérieures eurent lieu pendant environ quatre ans. Ces dernières permirent de récupérer plusieurs tonnes d'argent, mais les trois quarts du trésor, constitué d'or, de bijoux et de pierres précieuses, restèrent introuvables.

Voilà pour le profane l'exemple typique de premiers renseignements. En effet il s'agit là d'un compte-rendu « historique » qui demande à être développé avant de se lancer à l'aveuglette dans une aventure, somme toute passionnante, mais manquant cruellement de précision. C'est donc à partir de là que la recherche de la *Maravilla* passe d'abord par les archives poussiéreuses des bibliothèques avant de savourer l'eau cristalline des Bahamas. Malheureusement je ne suis pas le seul sur un « coup » pareil et mes obligations avec Claudio à Panamá vont reléguer cette formidable épave au second plan. Ce jour-là, j'aurais mieux fait de me casser une jambe, car cette épave va rester en l'état pendant trois siècles jusqu'en 1972 exactement, où un fameux chercheur d'épaves américain Robert Marx va la retrouver après de fastidieuses recherches à Séville. Malheureusement pour lui, un grave problème va l'opposer au gouvernement de Nassau et il sera expulsé des Bahamas. Persuadé que Bob Marx était toujours sur le site, je n'ai donc par donné suite au projet de m'intéresser plus longuement au sujet. En fait la concession restera libre de 1972 à 1986. Personne n'y mettra les pieds pendant quatorze ans jusqu'à l'arrivée d'une autre terreur en la personne de l'Américain Herbert Humphreys avec son bateau le *Beacon*. Au cours de la première campagne de fouille, il va sortir une véritable fortune de l'épave, notamment une quarantaine d'émeraudes dont l'une pesait plus de cent carats. Il récupérera également des lingots d'or et d'argent en quantité, ainsi que des monnaies en or. Humphreys va poursuivre ses recherches pendant plus de quinze années. Travail de fourmi seulement interrompu par les périodes de mauvais temps. Certains jours, il remontait avec son équipe plus de vingt-cinq lingots d'or ! Selon les bruits qui ont circulé dans les années deux mille, il semblerait qu'il ait récupéré un butin de plus d'un milliard et demi de dollars ! Rumeur confirmée quand il a dû verser la part revenant au gouvernement des Bahamas. C'est à ce jour le plus grand trésor issu d'une épave jamais récupéré. Malheureusement, à l'heure où chevauchant le *Coyote* je traverse les Bahamas, j'ignore tout des déboires rencontrés par Bob Marx avec les autorités de Nassau et plus grave, je n'ai aucun dossier sérieux sur la *Nuestra Señora de las Maravillas*

31

Récréation américaine

APRÈS QUE LE CAMION frigo de la Harry's Seafood LTD est venu me débarrasser de ma cargaison de décapodes marins, je quitte Miami pour retourner m'amarrer sous le Pier 66 à Fort Lauderdale où les prix de stationnement n'atteignent pas encore des budgets élyséens. J'ai téléphoné à ma blonde Clara pour m'entendre dire que sans aller jusqu'à être son témoin, j'étais le bienvenu à son mariage qui aurait lieu dans trois semaines. Elle a eu l'intelligence de comprendre qu'elle n'avait aucun avenir avec un griveton dans mon genre, qui est beaucoup plus attaché à sa liberté et de ce qu'il en fait que de se compromettre dans l'élevage d'héritiers, et puis je le confesse, je sais qu'une femme peut incendier une âme et si je la laisse se glisser dans le lit de ma vie, elle est capable d'occuper tous mes instants. J'ai déjà connu ça, je ne suis pas chaud pour renouveler l'expérience. Ce n'est pas innocent si les ouragans portent toujours des noms de femme. Quand ils arrivent ils sont humides et torrides et quand ils repartent tu te retrouves à sec ! Il me faudra vingt ans pour modifier mon raisonnement et cela pour deux raisons, la première est que les circonstances seront différentes et ensuite il n'y a que les cons qui ne changent pas d'avis ! Je sais, il existe de par le monde des couples qui mènent une vie « socialement marginale » en traînant derrière eux leur progéniture souvent en bas âge. Le côte baba cool, écolo ou tout simplement grand voyageur vivant de petits boulots, voire de pique-assiette, mais aussi de la vente de reportages photo ou de films documentaires. Dans tous les cas c'est un choix, respectable à l'avenant, mais encore une fois ce ne sont pas des aventuriers, sinon des globe-trotters, néanmoins, selon moi, il vaut mieux vivre comme ça que d'aller pointer chez Renault à Poissy, à condition toutefois que les enfants ne subissent pas l'égoïsme de leurs parents. Et là je ne parle pas des dégâts que cela peut générer chez des ados qui n'auront pas la chance d'avoir des parents extrêmement intelligents. J'en ai connus quelques-uns qui étaient tellement marginalisés à force d'être baladés à droite et à gauche, qu'ils étaient devenus inadaptables au sein d'une communauté d'enfants de leur âge. J'en ai retrouvé certains, au tournant des îles, qui, devenus adultes, vivotaient à la limite de la clochardisation, sauf bien sûr si les parents avaient réussi à gagner de l'argent pour leur mettre le pied à l'étrier. En tout cas, comme je l'ai déjà évoqué, on est responsable de ce que l'on adopte. Dans la vie que je mène, il n'y aucune place pour le compromis, alors si c'est pour avoir des enfants que je vais devoir enfermer dans un pensionnat pour avoir les coudées franches, merci bien. J'ai moi-même donné pendant cinq années chez les oratoriens, en ne sortant que trois fois par an, alors ce n'est pas pour imposer ça à mon enfant. Cela explique pourquoi j'ai attendu la quarantaine pour me lancer dans cette « aventure ».

Le deuxième soir de mon arrivée, Clara m'invite à dîner pour me présenter l'heureux élu de son cœur. Comme d'hab' en Amérique, je me loue une Pontiac paquebot aux couleurs vives et j'emmanche les U.S.1. jusqu'à Coral Cable où habite le dénommé Peter Walker, futur époux de ma blonde hôtesse d'Air Florida.

La soirée, quoique sans surprise, est quand même riche en enseignements pour quelqu'un comme moi, même si je crois connaître les Américains « par cœur ». Peter est directeur commercial pour la Floride de la chaîne de magasin K-Mart. Comme tous les Ricains, à partir de 18 heures il se poivre à la vodka ou gin tonic, sinon au bourbon ou autre Dry Martini. Toujours comme un bon *U.S. citizen,* il ne parle, ne pense et ne rêve que des petits billets verts, ceux qui sont l'estampillage de la réussite sociale et donc de la respectabilité comme il se doit. Néanmoins étant le genre de personnage toujours prêt à prendre des risques, je m'aventure à un :

— Qu'est-ce que tu penses de Cicéron qui affirmait que « quiconque donne son travail pour de l'argent se vend lui-même et se met au rang des esclaves ! »

Eh bien il a eu la réponse que je soupçonnais :

— *Who is Ciceron?*

Enfin bref, les Ricains sont en majorité des gens qui passent leur existence non pas à percevoir la vitesse à laquelle ils vieillissent, mais celle à laquelle ils capitalisent. Cela explique que Peter met un soin particulier à m'éclairer à grand renfort d'exemples que le business est pavé d'injustices, que si tu n'as pas les relations qu'il faut tu n'obtiens pas les appels d'offres et que, etc. Pour couper court je lui résume que dans mon pays c'est « tout même bitin » (langage créole : c'est la même chose), qu'il y a deux catégories de gens : les épongeurs et les épongés, ou ceux qui cotisent et ceux qui touchent. Que moi, contrairement à lui, je ne rentre dans aucune de ces deux catégories. Car pour me tondre, encore faudrait-il que j'aie de la laine, quant à mettre mon énergie à tondre les autres, je préfère m'occuper de ma vie éphémère.

En attendant, je profite de mon escale pour faire réviser mon moteur par ces messieurs de chez Caterpillar, ainsi que mes générateurs et autres compresseurs, sans oublier le radar et le pilote automatique, histoire d'être tranquille un an et plus. Le mariage de Clara ayant lieu chez ses futurs beaux-parents à Houston, Texas, je décide d'y aller par la route histoire de me changer les idées. Je mets Roux et Combaluzier en pension chez le frère de Clara et je garde Nitrogène avec moi. Je laisse le *Coyote* à la surveillance des vigiles du Pier 66 et j'embarque l'Interstate 95 jusqu'à Jacksonville avec une journée d'arrêt pour visiter la base spatiale de Cap Canaveral. Ensuite cap à l'ouest par Tallahassee, Mobile, Gulfport et Nouvelle-Orléans où je m'installe quatre jours pour refaire mon plein de jazz.

Je prends pension à l'hôtel Lafayette, comme il se doit pour un Français, situé sur Canal Street, et je passe mes nuits dans le French Quarter à célébrer le jazz dixieland, le swing et celui plus contemporain. Pour cela je passe de Dixieland Hall à Al Hirt avec un détour chez Oscar Papa Celestin dit « Papa French », sans oublier Kid Howard. Bien entendu je profite de l'occasion pour aller écouter Sammy Davis Jr de passage pour trois concerts et ne manque pas de remettre de l'ordre dans mes dernières semaines de célibat depuis Panamá. Enfin, quatre-vingts kilomètres au nord de Houston, je rejoins mes jeunes mariés dans la petite ville de Hemstead où je m'installe dans le Howard Johnson local. Comme le veut la tradition au Texas, la cérémonie, comme tout ce qu'ils font ici, est disproportionnée. Je me retrouve en plus dans une pépinière de milliardaires. Tout y passe, la pyramide de coupes de champagne sous une mini-cascade alimentée en millésimé, mouton, cuisses de bœuf et volatiles en broche, vins de France sans oublier le feu d'artifice final d'une bonne demi-heure. J'ai comme qui dirait l'impression que mon ex-fiancée a mis l'anneau au doigt d'une montagne de fric et que ses allers-retours Miami-Jamaïque vont cesser dans pas longtemps, à moins bien sûr qu'un des copains de la famille ici présent n'achète *cash* la compagnie Air Florida. Avec ces mecs-là on peut s'attendre à tout. Je crois que c'est la seule fois de ma vie où j'ai le plus entendu le mot composé *million-dollar* dans un délai aussi court. Bien entendu, le champagne aidant, une demi-douzaine de ces messieurs veut s'associer avec moi ou encore financer un bateau de recherche ultrasophistiqué, car Clara leur a raconté ses petits séjours sur le *Coyote.* Leur cerveau ne fonctionnant que de manière alternative entre investissement et rentabilité, ils s'imaginent qu'il suffit de mettre un million de dollars sur la table pour qu'un an ou deux plus tard on en récupère cinquante. Ces mecs-là, à les écouter, on se rend vite compte que les seules affaires qu'ils ont loupées, c'étaient celles de Suez ou du Transsibérien parce qu'ils n'étaient pas nés. Alors somme toute, comme ils sont sympas et me reçoivent comme un des leurs, je vais essayer de leur expliquer comment fonctionne le « zimbrèque ». Car être un aventurier ne nuit pas forcément aux convenances. Je vais tenter de leur expliquer qu'avant de se transformer en paire de chaussures vides, il serait temps qu'ils rétablissent le lien entre la réalité de la vie et le monde de derrière leurs paupières. J'attaque donc brutalement afin qu'ils se mettent en jambe. Je les éclaire sur le fait que depuis l'enfance, mon soin a toujours été d'exalter la vie plutôt que d'épargner de quoi la conserver et qu'entre les aubes bruyantes et les crépuscules fiévreux, elle doit être rugissante ! Celui qui n'a jamais, ne serait-ce qu'une fois lâché prise ou eu peur pour lui, celui qui n'a jamais connu un endroit où l'on écoute sa vie pour s'interroger sur les déserts de l'existence, mais au contraire a passé l'âge de son sang à nager la brasse dans les dollars, celui-là il ne pourra jamais rendre intelligent celui qui l'écoute ! Prétentieux ? Pas tant que ça justement, il suffit pour s'en rendre compte d'enregistrer les conversations des dîners « mondains », de ces cadres supérieurs ou autres P.D.G. dont les bavardages gravitent inlassablement autour des mêmes sujets que sont la politique, la médisance des absents, les vacances, le dernier film ou bouquin, le filtre de la piscine, les bagnoles et la mode, sans oublier les impôts et surtout le golf !

En attendant, j'ai beau brocarder les Américains, je suis obligé quand même de reconnaître que ce sont les seuls « Occidentaux » qui ont toujours et encore aujourd'hui été capables de prendre des risques. L'esprit pionnier existe encore chez ces gens-là. Quand j'évoque Humphrey qui ramasse un milliard et demi de dollars en quinze ans de fouille, c'est au prix d'un million de dollars par an de dettes pour les frais de fonctionnement, sans parler de la mise de fond de départ pour l'achat du bateau, des équipements, etc. De mémoire de chasseur de trésor, je n'ai encore jamais entendu parler d'un quelconque Européen en général et d'un Français en particulier qui ait prit un risque de cet ordre. Cela explique pourquoi ce sont les Américains qui depuis toujours ont trouvé les plus grands trésors sous la mer. Leur perversité obsessionnelle à faire du dollar a au moins un aspect positif, celui de réaliser de fantastiques découvertes que jamais aucun archéologue du monde ne fera. Sans compter que la même obsession du dollar les amènera à ouvrir leur propre musée avec lequel ils continuent à faire de l'argent à coup de dix dollars l'entrée. Mel Fisher à Key West, Humphrey au Maritime and Sunken Treasure Museum à Grand Cayman. Cette petite parenthèse pour dire qu'en Amérique il n'y a pas que des flics, des douaniers, des magistrats et autres politiciens racistes, corrompus et hystériques, mais aussi des gagneurs, des battants, des hommes, des vrais, héritiers des conquérants de l'Ouest et de la ruée vers l'or, ceux qui ont fait l'Amérique en réalité !

Alors ce soir, à toutes fins utiles, je fais une moisson de cartes de visite, même si je sais par expérience que la majorité de ceux qui me la donne le font sous l'influence du champ' et d'une crise d'exotisme passagère, c'est de bonne guerre, on a tous fait ça au moins une fois dans sa vie. Vers 3 heures du matin, je profite de l'essoufflement de l'orchestre pour me retirer sur la pointe des pieds rejoindre Nitrogène qui pionce sur mon lit.

De retour à Fort Lauderdale, je m'empresse de téléphoner au Gazebo à Caracas où le gros Robert m'informe qu'il y a du courrier pour moi depuis bientôt trois semaines en provenance du Costa Rica. Sans doute de Paul ou Larry, mais plus important, Christian est de retour à Panamá avec le *Ruby* et me demande de l'appeler tous les jours entre 18 et 19 heures au yacht club de Balboa. Depuis que nous nous sommes quittés, je n'ai pas vu le temps passer, les mois, les semaines, les jours et les nuits qui se poussent sans bousculade, en prenant leur temps, mais sans se multiplier comme des jumeaux ou des quintuplés tous identiques.

J'ai été récupérer Roux et Combaluzier qui devenaient ombrageux et qui retrouvent sinon la liberté, au moins leur cage à bord et leurs habitudes. D'ailleurs Nitrogène aussi reprend ses marques ; l'hôtel fut-il de luxe, il n'est pas chez lui le petit bétail. Cet après-midi je suis allé changer vingt dollars en pièces de vingt-cinq cents pour téléphoner à Balboa de la cabine sur le quai. À 18 h 30 j'ai Christian en ligne.

— Qu'est-ce qui t'arrive ? Je ne t'attendais pas avant au moins trois mois ?

— Je suis descendu jusqu'à Valparaíso, mais le Pacifique porte bien mal son nom. En réalité, sur cette partie du moins, la navigation n'est pas évidente, sans parler du courant de Humbolt qu'il faut remonter ; j'en ai bavé pour arriver jusqu'à Calao. J'ai pas eu le courage de descendre jusqu'en Patagonie et puis Maïa est partie alors je ne me voyais pas jouer les Moitessier dans les quarantièmes rugissants !

Je raconte par le menu mes péripéties depuis le banc de la Serrana et lui demande des nouvelles de Claudio.

— Claudio ? Je l'ai encore vu hier au yacht club où tu m'appelles. Il m'a demandé quant tu pensais venir afin de nous occuper de notre épave. Ici tout le monde est prêt, on attend plus que toi.

— O.K. vieux rat, dis-lui que je serai là dans une dizaine de jours, selon l'attente qu'il y aura à l'entrée du canal. Je n'ai plus rien à faire ici, je pars donc demain. Je te rappelle dès que j'arrive à Colón, même numéro même heure.

Après tous ces mois d'errance, je ne suis pas fâché de repartir sur une épave. Le temps d'aller faire viser mon passeport à l'immigration U.S. et je largue les amarres.

32

L'épreuve

Aussitôt dans le canal de Floride, je mets le cap au sud-ouest, vers les récifs des Colorados, extrémité occidentale de Cuba. Ma vitesse est réduite à neuf nœuds car je lutte contre le courant venant du détroit du Yucatán, qui est très fort en janvier. Comme d'habitude, le *Coyote* navigue seul sous pilote automatique et après avoir vérifié plusieurs fois mon alarme radar, je m'installe confortablement derrière ma table à cartes pour étudier ma route jusqu'au canal de Panamá. C'est une route parsemée d'écueils où il me faudra être très vigilant. Mes heures de sommeil vont en prendre un coup. J'avais envisagé, il y a quelques jours, d'embarquer un ou deux équipiers pour me seconder. Visiblement, il n'y avait pas beaucoup de volontaires pour se rendre à Panamá. Seul un couple de hippies était d'accord pour m'accompagner. Je n'ai rien contre ces migrateurs hauts en couleur, sinon qu'ils sont beaucoup trop éloignés des réalités pour que je leur confie la surveillance d'un bateau, ne serait-ce que quelques heures par jour. Ces mecs ne peuvent pas errer sans toujours trimballer dans leur fourbi une quantité non négligeable de ganja, manga rosa ou autres clous de cercueil. Moi personnellement, j'en ai rien à secouer. Mais les douaniers, ça les rend nerveux et ils ont vite fait de te gâcher les vacances. Alors quand je leur explique aux glandeurs chevelus, que leur cibiches colombiennes conduisent tout droit à la saisie du bateau, ça ne les trouble pas plus que de se faire alpaguer par les argousins. En plus, si je commence à perquisitionner leurs paquetages à puces, ils grommellent grave, les non-violents à fleurs. Alors j'ai préféré laisser tomber, les petits avantages ne compensant pas les gros inconvénients. Et puis ça ne sera pas la première fois que je naviguerai six jours seul.

Pendant les trois premiers jours, le golfe du Mexique ne sera pas trop dur avec moi. Juste un peu de houle anarchique pour me rappeler que je suis sur un bateau, accompagnée de quelques grains pour laver les singes. Rien de bien méchant, ce qui me laisse le temps de lire et de glander. Malheureusement, cela ne va pas durer. Entre le cap San Antonio à l'ouest de Cuba et celui de Gracías a Dios au sud du Honduras, le temps se couvre dans le nord-ouest, vers le Yucatán. Cela se traduit par un gigantesque front de nuages anthracite qui macule tout l'horizon. En un rien de temps, la lumière s'assombrit. On passe de la photo couleur au noir et blanc. Peu à peu, la mer grossit et le vent se renforce. Ce n'est pas un grain tropical qui me rattrape mais bel et bien une tempête. Il y a des symptômes qui ne trompent pas. J'ai trop souvent essuyé de coups de vent de la Baltique aux Açores et des Cyclades à Gibraltar pour me laisser abuser.

Les trombes d'eau qui s'abattent maintenant sur le *Coyote* sont glacées. Ça confirme mon pressentiment. C'est bien un coup de *nortes* que je vais me morfler sur la gueule. Les *nortes,* ce sont des vents froids qui déboulent des États-Unis et qui, au contact des courants chauds du golfe du Mexique, se transforment souvent en ouragan. Si c'est le cas aujourd'hui, j'en ai pour au moins deux jours à dérouiller. En l'espace de trois heures, la mer va creuser des tranchées de six mètres et le vent va dépasser cent kilomètres/heure. Le *Coyote* part en surf sur des cataractes d'eau en furie dans un fracas assourdissant. Je vérifie ma dernière position sur la carte. Elle me situe à cent dix milles du cap Gracías a Dios, derrière lequel je pourrais peut-être m'abriter, de manière foraine. Il est 19 heures. Ça ne serait pas avant 5 heures du matin. D'ici là, il faudra s'accrocher. Je ne suis pas inquiet pour mon bateau, il en a vu d'autres pendant vingt ans de campagnes de pêche. Ce qui me tracasse, ce sont tous ces récifs éparpillés à plus de cent kilomètres des côtes et qui font de cette zone l'une des plus dangereuses du monde pour la navigation. Tous ces écueils, comme la Serrana, sont trop bas sur l'horizon pour renvoyer un écho radar satisfaisant.

À minuit, la mer est devenue folle, les vagues déferlantes sont blanches d'écume. Le pont du *Coyote* est balayé par des lames d'une violence inouïe qui viennent s'exploser contre la timonerie. Le vent hurle sa furie dans les câbles d'acier du gréement. À chaque coup de tangage, l'hélice est projetée hors de l'eau. Elle s'emballe dans le vide et le réducteur du moteur rugit de souffrance. Il y a longtemps que le pilote automatique ne canalise plus les dérapages déments du *Coyote.* J'ai dû reprendre la barre pour maintenir un semblant de cap. Plus que cinq heures à tenir et je serai à l'abri. Pas protégé du vent, certes, mais au moins de cette mer possédée.

Brutalement, à 2 heures du matin, après quelques soubresauts, le moteur s'arrête. La confusion est à son comble. Le bateau se met immédiatement en travers de la houle et moi, je gueule. Je gueule contre la loi de l'emmerdement maximum, celle de Murphy aussi, la merde quoi ! Je déboule l'échelle conduisant à la machine et j'essaye de comprendre pourquoi ce con m'a lâché maintenant, juste au moment où j'ai le plus besoin de son aide. À cet instant, un coup de roulis dément me projette sur les collecteurs d'échappement qui frôlent encore les cent cinquante degrés. Je les évite de justesse en faisant un bond de côté. Ma tête heurte un tuyau et je m'affale sur le plancher en fer recouvert de fuel et de l'eau huileuse de la cale.

Je fais plusieurs tentatives de démarrage sans succès et soudain, c'est le relais du démarreur qui déclare forfait. J'essaye, en provoquant des arcs électriques, de l'enclencher avec un gros tournevis, façon camion du Sahara, mais en vain. Il faut le remplacer par celui de secours. Au moment même où j'attaque le démontage, un grondement sourd me rappelle sur le pont. À deux cents mètres devant moi, une vision d'apocalypse me saute aux yeux. Les récifs ! À cet instant précis, je sais que je suis perdu, je sais que la mer va me prendre et mon bateau et ma vie. Il n'y a plus rien d'autre à faire que d'essayer de sauver sa peau. Je bondis dans ma cabine récupérer l'enveloppe étanche dans laquelle je garde passeport, documents du bateau et argent, je la glisse dans mon pantalon. À l'instant même où je sectionne les sangles retenant les deux containers de sauvetage, le bateau décolle. Soulevé par une lame terrifiante, il est projeté sur la barrière de corail bouillonnante. Il se couche sur tribord après quelques soubresauts atroces, pendant que les rouleaux s'acharnent à le détruire. J'entends les bordés éclater, le mat s'écrouler dans une déflagration phénoménale, pulvérisant le pavois et le Zodiac.

À trente mètres du bord, les deux containers de sauvetage, dont le gonflage automatique n'a pas fonctionné, sont emportés par les flots. Il faut que je me tire d'ici sans quoi je vais être massacré. Après un dernier sursaut de résistance, l'étrave du *Coyote* se disloque. Les ancres et le guindeau basculent dans un tintamarre de chaînes qui s'entrechoquent avant de disparaître sous les flots. Je fonce vers la timonerie récupérer mes animaux terrifiés. J'ai eu le temps de prendre un sac de toile pour les enfermer dedans. Au moment de gravir l'échelle, une énorme déferlante venue de l'arrière balaie tout sur son passage. Je me cramponne comme un forcené après la main courante, mais les tonnes de liquide en folie m'arrachent de mon échelle et m'envoient gicler à plus de vingt mètres de mon épave. Impossible de revenir. Putain ! Mon chien, mes singes ! Alors je hurle pour les appeler. Je sais malgré moi que ça ne sert à rien, ils doivent être terrés sous la table à cartes, le cœur battant la chamade, grelottant de froid et de terreur. Je m'asphyxie à gueuler comme un demeuré. Si seulement ils sortaient de leur cache. Une lame aurait vite fait de les projeter à vingt-cinq mètres et en cas de panique, toutes les bestioles savent nager. Les rouleaux m'éloignent de plus en plus. Bientôt la nuit efface le fantôme de mon *Coyote* que la mer finit de digérer. Ce n'est pas le moment de me laisser aller au chagrin et à l'abattement, car si je veux me sortir de là, le seul moyen c'est de nager, nager et encore nager. S'il y a une barrière de récifs, il y a presque à coup sûr un ou plusieurs îlots dans le secteur. Alors nage au lieu de pleurer ton dégoût de l'existence. C'est dans ce genre de moment que l'on sait que la vie n'est plus entre ses mains. J'entends déjà le discours du curé sur fond de Requiem et puis tous les autres au bistrot après la cérémonie : « Ça devait arriver un jour… il a trop tiré sur la corde… c'était une tête brûlée, etc. » Eh bien je vous emmerde moi, je vais tenir le coup et m'en sortir, comme ça, ça vous évitera de dire des conneries !

Deux heures plus tard, j'échoue sur un banc de sable. Je suis épuisé, nerveusement et physiquement, et frigorifié. La pluie a cessé mais pas le vent. Je marche à tâtons dans l'obscurité pour essayer de me trouver un abri contre les bourrasques. À cinquante mètres de cette plage, je découvre une haie de buissons. Alors je creuse le sable de mes mains comme pour me faire un cercueil. Quand le trou est suffisamment profond, je m'allonge dedans, me recouvre en partie et sombre dans les ténèbres. Je vais y rester trente heures, sans bouger. Trente heures à péter les plombs, à gueuler et à prendre en pitié la perte de mes compagnons. Je ne suis plus qu'un vaisseau éventré par le ressac des années. Qu'un frisson de souvenir. Je médite sur les ans de mon âge. Toute la journée, une houle de nuages gris et noirs va se bousculer au-dessus de moi pendant que je sombre dans l'abîme. Le surlendemain matin, je sors de ma sépulture. L'ouragan est parti dans le sud, bannir d'autres pauvres mecs comme moi. Je retourne sur la plage, au moment où l'œil sanglant du soleil fait flamber l'horizon. Comme une coulée de lave, il se répand peu à peu dans la mer pour finir sur cette plage incinérer les os de mon bateau rejetés par les flots. Planches échouées comme des cadavres blanchis par le sel et le soleil, rincées par des années d'océan comme des carcasses de baleine. Moi je suis pareil, des jours et des lunes à sauter les longitudes des rêves, à me heurter à la grande houle de la vie, aux brumes du destin, aux courants chauds de l'amour, pour finir ce voyage ici. Vaincu par la mer, blanchi par le froid et le déchirement.

Au fur et à mesure que la lumière du jour s'installe, j'appuie mon regard sur l'horizon. Au loin, sur la barrière, la mer continue de briser. D'ici, je n'aperçois aucun vestige du drame. La mer a tout absorbé. Le *Coyote* est parti rejoindre les galions du Christ. J'ai tout perdu à cause d'un Caterpillar. Un scarabée, quel con je suis ! Comment peut-on faire confiance à un scarabée américain, nourri aux hormones pour affronter les coups durs ?

Au nord, j'aperçois deux autres îlots, à trois kilomètres environ. Je fais le tour de ma prison de sable. Elle fait moins d'un kilomètre de long et tout au plus trois cents mètres de large. Sur sa partie est poussent des buissons et quelques cocotiers, et sur l'ouest, une plage, où je me trouve en ce moment. Plus tard, j'apprendrai que j'ai échoué sur les Cayes Vivario à plus de soixante-dix kilomètres de la côte du Honduras. Au nord de cette langue de sable, sur la partie au vent, je trouve tout un tas de déchirures du *Coyote,* mais surtout les deux containers de sauvetage. Ils ont été projetés à plus de quinze mètres sur le sable. En les apercevant, cela me réchauffe le cœur un instant, car je sais maintenant que grâce à eux je vais pouvoir survivre le temps nécessaire à ce qu'un bateau de passage me récupère. Pour le reste, ce ne sont que des débris de bois et trois jerricans vides. Le premier container abrite le canot de sauvetage dont le gonflage automatique n'a pas fonctionné. Les provisions et les accessoires divers de survie qu'il contient sont tellement grotesques qu'il y a longtemps que je me suis constitué dans un autre cocon du même type un équipement de survie à ma mesure.

Mais avant de les ouvrir tous les deux, je fais le tour de l'îlot à pieds à la recherche des corps de mes petits compagnons. Leur perte dans de telles conditions m'affecte terriblement et je culpabilise dur. Si au moins la mer me les avait rendus, j'aurais pu les caresser une dernière fois avant de les ensabler. Mais après un moment de vague à l'âme, je retourne aux containers les yeux humides pour m'occuper de moi.

Depuis trente-six heures, je n'ai rien mangé et seulement bu quelques gorgées d'eau de pluie accumulée dans des flaques près de mon lit-cercueil. Alors j'éventre un sachet de biscuits de mer, sorte de galettes d'aggloméré qui se mangent avec un marteau. Après ça, je traîne l'un après l'autre mes deux cylindres en plastique renforcé à l'abri des buissons et gonfle le canot de survie avec sa pompe manuelle. Ce canot est conçu par son fabriquant pour abriter huit personnes. Fabriquant qui, tout homologué qu'il soit, n'a bien entendu jamais fait naufrage de sa vie. Ça veut dire en clair que quatre personnes seulement peuvent y trouver raisonnablement un minimum d'espace. Dans mon cas, c'est différent car je vais l'utiliser comme tente et pour cet usage j'aurai effectivement beaucoup de place.

Une fois mon abri sécurisé, je fais l'inventaire de mon conditionnement de survie. Quand je l'ai pensé il y a trois ans, j'ai plus mis l'accent sur l'équipement que sur les provisions en me rappelant le proverbe chinois : « Si un homme a faim, ne lui donne pas un poisson, apprends-lui à le pêcher. » Outre quelques provisions pour tenir dix jours que je renouvelle tous les trois mois, j'ai stocké un petit fusil de chasse sous-marine démonté avec palmes, masque et tuba. Une machette et un couteau suisse. Une boîte à pharmacie et quelques vêtements. Enfin, pour le luxe et le moral, deux flasques de rhum et une cartouche de clopes vénézuéliennes.

Une fois vides, ces quatre demi-cylindres serviront à récupérer l'eau de pluie.

Mes deux premiers jours de naufragé sont employés à déplacer tout un tas de caillasses coralliennes pour aménager un coin cuisine, de manière à ce que ni le vent, ni la pluie puissent éteindre mon feu. Pour faire cuire mes aliments, je dispose d'un petit équipement de campeur, tout à fait suffisant. Le troisième jour, je me décide enfin à me mettre à l'eau. Il faut dire que, suite à la tempête, la mer était plutôt limoneuse et la visibilité quasi nulle. Aujourd'hui, tout est redevenu normal, le lagon est de nouveau transparent. Comme je m'en doutais, dès mes premiers coups de palmes, je découvre un aquarium géant. On sent que l'endroit est sinon vierge, du moins très peu pêché. J'ai vite fait de repérer les trous à langoustes, ceux à mérous, ainsi que les étendues sablonneuses où reposent les raies. En deux heures, je vais croiser des tortues carettes, très nombreuses sur cette côte d'Amérique centrale, mais aussi des barracudas et des carangues. Je ne risque pas de crever de faim. En ce qui concerne l'eau douce, en ce mois de janvier, presque toutes les nuits des grains de passage s'abattent sur la tente équipée pour récupérer l'eau de pluie. Du reste, le cinquième jour, mes quatre petits containers sont remplis. Maintenant, la question est de savoir combien de temps je vais moisir ici. Jouer les Robinson Crusoé, ça donne une petite teinte d'exotisme aux discutailles de salon chez madame la comtesse, mais rien d'autre. Je sais que je peux tenir des mois dans cette solitude, ça ne me pose aucun problème, ni physique ni intellectuel. J'ai beau aimer les gens, la vie, le rhum, les femmes et les havanes, passé un certain temps de privation, je suis comme beaucoup de gens, le manque ne m'affecte plus. Simplement la vie de clodo sur un banc de sable, c'est comme la prison ou l'usine, on en a vite fait le tour. Faire griller des rougets sur une plage, ça va un temps. On m'a souvent demandé ce qui m'avait le plus manqué pendant cette période. Rien que de la lecture ou bien de quoi écrire pour me venger du réel en écrivant des chimères. Alors quand on n'a rien de tout ça, on fait travailler sa mémoire et on écrit le livre dans sa tête. On commence par un livre de cuisine, c'est plus facile. Ensuite, on passe aux fantasmes divers, à la suite de quoi on a tellement envie de bouffer et de bien baiser qu'on est plus bon à rien pour penser aux choses de l'esprit. À ce propos, plus d'une fois, alors que je demandais aux bonnes gens ce qu'ils choisiraient comme livre s'ils ne pouvaient en emmener qu'un seul sur une île déserte, jamais aucun n'a pensé à l'essentiel. Pour les uns c'était la Bible, pour d'autre c'était un roman célèbre, ou encore un livre de philosophie. Que des ouvrages ne traitant que d'un seul sujet, et tous, à part la Bible, que l'on peut lire en deux ou trois jours ! Jamais aucun n'a pensé à dire le *Grand Larousse encyclopédique,* parce qu'avec celui-là, avant de le connaître par cœur étant donné l'étendue et la diversité des sujets traités on peut tenir des années !

Une fois par semaine, je capture une tortue. Sa viande fait d'excellents steaks et me change du poisson et des langoustes. Leurs carapaces alignées devant mon bateau-tente me servent de calendrier. Elles sont au nombre de six. Six semaines à pratiquer le jeu des questions et des réponses, à scruter l'horizon du haut d'un cocotier trois fois par jour tel un disciple d'Abraham attendant le retour du Messie. En ce qui me concerne, j'espère que ça prendra moins de temps. Quand je pense qu'il y a des tas de gens qui s'imaginent qu'être naufragé c'est l'enfer. Aux Kerguelen ou au cap

Horn, certainement, mais sous les tropiques, ça me fait sourire. Certains me diront plus tard : « Bof, facile, avec des ustensiles pour pêcher et cuisiner. » Et ils auront raison, avec cependant un petit détail qu'ils oublient. Si je suis équipé ainsi, c'est parce que j'y ai pensé avant ! En effet, je n'ai jamais, mais alors jamais, vu un quelconque plaisancier ou autre navigateur avoir prévu le moindre container de survie fixé au cocon de son canot de sauvetage. Normal, on fait confiance au fabriquant validé par l'administration. Ça paraît légitime ! Oui, peut-être, mais pas pour moi. Je ne fais confiance à personne quand il s'agit de sauver ma peau. Pour cela, j'essaye d'anticiper la merde dans la mesure du possible et en fonction des expériences passées. Ça ne marche pas forcément à tous les coups, la preuve avec mon Caterpillar. D'ailleurs, le risque zéro n'existe pas. S'il existait, il y a longtemps que je serais installé dans la Creuse et que j'aurais tout plein d'enfants pour aider à la repeupler.

C'est à la huitième carapace que je l'aperçois, naviguant au-delà de la barrière. Il est blanc et semble assez haut sur l'eau. Sans doute un bateau de pêche. Qui d'autre peut bien venir ici ? Je sais que, deux fois par an, les pêcheurs du Nicaragua et du Honduras viennent sur tous les récifs de Mosquitos faire des ravages de tortues. Il faut que je signale ma présence avec un feu de Bengale rouge. Dans les accessoires de survie du canot de sauvetage, il existe un certain nombre de fusées éclairantes, dites « parachutes », pour se signaler de nuit aux bateaux de passage. On trouve également des cartouches de fumigène que l'on utilise dans la journée et qui provoquent, à la surface de l'eau, un énorme nuage de fumée rouge visible à plusieurs milles. C'est une de celles-ci que j'enflamme sur la plage et qui déclenche sans tarder un nuage écarlate haut de plusieurs mètres. Il est techniquement impossible que mes pêcheurs ne puissent pas le voir, étant donné la distance où ils se trouvent.

Trente minutes plus tard, ils jettent l'ancre devant la plage d'où je leur fais des signes. Ils sont trois sur la *Virgen de Caratasca,* un palangrier de douze mètres. À ce moment précis, j'apprends que nous sommes le 19 mars. Je n'en étais pas sûr à deux jours près. Quant à l'heure, 9 h 20. Ça, je ne pouvais pas le savoir, ayant perdu ma Rolex le jour du naufrage. Cela fait donc cinquante-sept jours que je suis ici à faire des pâtés. Les mecs n'en reviennent pas. Du reste, le capitaine ne se prive pas de m'éclairer :
— C'est une chance, *Señor*, personne ne vient par ici. Les pêcheurs vont sur les cayes Caxones à vingt milles au nord, c'est là où on rencontre le plus de tortues. Nous, c'est exceptionnel que l'on soit passés ici ce matin.

Ils m'expliquent qu'ils viennent de Puerto Lempira au Honduras et qu'ils envisagent de passer une semaine à pêcher dans le secteur. Pourtant, si je suis d'accord de leur payer les frais, ils veulent bien me ramener au port. Inutile de dire que j'accepte. Je leur donne deux cents dollars et le canot de sauvetage. Alors en moins de temps qu'il n'en faut pour le dire, mon campement est nettoyé jusqu'au dernier bout de ficelle. En l'espace de quelques instants, toute trace de mon passage aura disparu. De véritables vautours, mes pêcheurs honduriens !

En fin d'après-midi, je débarque à Puerto Lempira qui n'est qu'un petit port de pêche sur la lagune de Caratasca. Grâce à cent dollars, les formalités d'immigration ne dureront que deux heures au lieu d'une semaine.

Pensez donc, un bateau qui fait naufrage sur leurs côtes, ça en nécessite de la paperasse, des timbres fiscaux, des experts, un avocat, des flics, des militaires, des rapports de mer, de terre, pour arriver à se faire délivrer le fameux certificat certifiant que tous les certificats sont certifiés.

Le lendemain matin, je prends la navette aérienne pour Tegucigalpa, la capitale, où je débarque une heure plus tard. Après m'être acheté des vêtements et des godasses, je me pointe au consulat de France pour expliquer la situation. Aussitôt, je sens la méfiance s'installer chez ces honorables serviteurs de l'État français. Ils n'aiment pas que l'on vienne troubler leurs petites habitudes somnolentes, les surpayés de notre diplomatie. Veulent bien à la rigueur proroger ton passeport, mais si tu as un problème, c'est « circulez, on ne peut rien faire ! » Pour une fois, je tombe sur un consul pas trop con et je ressors une heure plus tard avec les documents pour mon assureur dûment tamponnés. Quand il a vu que je ne venais pas pour lui taper du fric ni pour me faire rapatrier, il s'est détendu Son Excellence, le chargé d'affaires. Il m'a même laissé téléphoner à ma compagnie d'assurance en France sans me faire casquer. Cette dernière m'a informé que le remboursement d'un sinistre de ce genre prenait au moins trois mois et que ma présence pour le moment n'était pas nécessaire. Je traîne encore deux jours ici avant de prendre un avion pour Mexico puis Veracruz où j'ai un copain qui loue des bungalows sur une plage. Je m'y installe trois semaines pour remettre un peu d'ordre dans mes idées maintenant que deux mois me séparent de mon naufrage. En fait, j'encaisse parfaitement le coup si ce n'est la disparition de mes petits compagnons qui m'affecte toujours. Pour le bateau et tout le matériel que j'ai perdu, c'est différent. Bien sûr, nous, les marins nous disons que les bateaux ont une âme et leur perte ou leur destruction sur un chantier de casseur est toujours un drame. Alors je me rassure en me disant qu'il a bien vécu lui aussi et que c'est peut-être mieux de finir comme cela que dans le fond d'un estuaire à pourrir doucement jusqu'à s'enfoncer. Passé un certain âge, ne vaut-il pas mieux pour nous aussi être foudroyé d'un coup plutôt que de se liquéfier dans une chambre de maison de retraite, abandonné bien souvent de ses proches pendant des années ?

Après avoir fait un saut à Panamá et raconté mon odyssée à Christian et Claudio qui sont atterrés de cette nouvelle, je ne m'attarde pas plus dans le secteur et prends le premier avion pour l'Europe.

33

La délinquance légalisée

C'EST UN MOIS d'avril pluvieux qui m'accueille à Paris après trois années d'absence. Le temps de poser mon sac et je contacte aussitôt mon assureur qui me fixe un rendez-vous pour le surlendemain. Cela me laisse le temps d'aller rendre visite à ma mère qui est sur le départ pour le Maroc où elle passe six mois par an dans sa maison de Mohammedia. En dehors d'un ou deux cousins, ma mère est la seule personne de la famille avec laquelle je reste en relation régulière. Pour le reste du clan, je n'ai pas vraiment d'affinités, ou plutôt ce sont eux qui ne sont guère transportés par l'idée de me fréquenter. Il faut dire que, si pour certaines personnes la valeur de quelqu'un se mesure en vertu de sa réussite économique, pour d'autres, cela s'apprécie sur la qualité de son niveau universitaire. C'est le cas de ma famille, où à quelques rares exceptions, il n'y a que des premiers de la classe qui perpétuent la tradition avec leurs enfants, le genre cuistre besogneux issu du moule des grandes écoles, initiés à la versification latine et aux tournures de vocabulaire quand ce n'est pas jongler avec les calculs d'intégrales. Tous ces forts en thème sont devenus marchands de latin, marchands de grec, marchands d'histoire, mais aussi marchands de droit et de morale.

Tout ça pour dire que face à cette élite universitaire, je passe pour un marginal farfelu, sans morale et non respectueux des usages, capable de tutoyer le boulanger, le curé ou le notaire sans discernement. Pour clore le tableau, ils pensent que je me prends pour un écrivain alors qu'à leurs yeux je ne suis qu'un lamentable grimaud. Cela dit, c'est peut-être vrai mais au moins j'essaye. Les revers ne m'atteignent pas. Au contraire, ils décuplent mon besoin de tout connaître, de tout essayer, de tout découvrir.

La suffisance de ceux qui ne jugent qu'en fonction de leur milieu, de leur éducation et qui amalgament instruction avec intelligence n'a d'égale que la lâcheté et la peur qui les animent. Moi je ne regarde pas les « autres » se débattre dans les difficultés ou dans la merde avec l'air condescendant de ceux qui ont tout appris dans les livres. Je rentre dans la mêlée planétaire. Dans celle de tous les hommes sans me soucier des castes, des races, des couleurs, des confessions, des comptes en banque, des diplômes ou des coutumes. Je ne suis pas un juste non plus, loin s'en faut, mais au moins je le reconnais. Rentrer dans la mêlée des hommes ne veut pas dire pour autant tout accepter et tout pardonner, mais au moins j'essaye de comprendre avant de blâmer ! Mais pour cela, il faut essayer... tenter ! Et pas juger par ignorance !

Mais voilà « ... chez ces gens-là, monsieur, on ne tente pas monsieur... on ne tente pas... on juge ! » Il est vrai que la rhétorique ça peut s'étudier, mais le courage ! Non !

Je crois que les sommets de l'hypocrisie sont atteints par mes deux sœurs. Au cours de mes aventures planétaires, je pensais avoir tout vu en terme de crapule et de sans-visage, eh bien je m'étais trompé, j'avais cela devant ma porte.

Ces deux honorables personnes, dont l'une éminente professeure à la Sorbonne, s'il vous plaît, donc forcément respectable bien sûr, cachent bien leur jeu.

Ah, si les gens qui les connaissent savaient qui elles sont réellement ils seraient édifiés les pauvres !

Deux petites canailles, jalouses, revanchardes et cupides qui ont complètement foiré leur vie affective, sentimentale et familiale. Incapables de la moindre générosité, des cœurs de pierres autoritaires farcis de principes. Même pas capables d'être à l'écoute de leurs propres enfants, au point que l'un d'eux se suicidera. Je n'aimerais vraiment pas être à leur place. Eh bien ce sont ces machins-là qui parlent de morale, qui jugent le comportement des autres. On imaginera sur quels critères.

Il a bon dos le frère aventurier, sans diplôme universitaire, qui parcourt les jungles équatoriales avec un pistolet, seulement il ne sème pas la désolation au moins, lui, le frère en question et quand il s'occupe des autres, ce n'est pas pour les blâmer, mais au contraire pour essayer de les soutenir quand c'est nécessaire. Bref on comprendra aisément pourquoi je ne suis guère transporté par l'idée de fréquenter ces deux êtres nauséabonds.

En attendant mon rendez-vous avec les techniciens de la prime, les monarques du contrat et des polices, je renoue, comme à chaque passage à Paris, avec la civilisation des loisirs et de la culture. Cela se traduit par la visite d'expositions ou de collections, musarder chez les bouquinistes mais aussi se remettre à niveau en terme de gastronomie chez les uns ou les autres. Bref, c'est beaucoup de bons moments à condition que ça ne dure pas trop longtemps.

En effet, les dîners les plus fins ou les courtisanes les plus expertes ne pourront jamais compenser le manque d'action.

De l'action précisément, je vais en avoir trois jours après mon arrivée. Pas en Amazonie, non, ici, rue Pierre-Charron, à Paris VIIIe chez mon assureur. Ils sont trois dans le bureau moquetté et insonorisé. L'expert des sinistres, le trésorier et le directeur. Tous les trois couperosés à souhait par les déjeuners d'affaires. C'est le chairman en personne à qui revient la mission délicate de me porter l'estocade en s'exprimant avec des mots en forme de cravate.

Le dossier concernant votre sinistre est clos, rien ne s'oppose donc à sa liquidation, si ce n'est une formalité, dont vous vous acquitterez sans problème, j'en suis sûr. Comme vous le savez, votre bateau était assuré en garantie de perte totale pour une somme de six cent mille francs. Or, pour pouvoir vous rembourser sa perte, il est essentiel que vous apportiez la preuve qu'il valait réellement cette somme-là. Vous avez certainement des factures ou autres justificatifs pour confirmer que cette valeur n'est ni surévaluée, ni sous-évaluée du reste !

Et voilà c'est tout ce qu'il trouve à me dire le requin de la rue Pierre-Charron. Elle est bien bonne celle-là. Depuis des années, il engrange des primes sur la base de six cent mille balles sans sourciller et au moment de casquer le désastre, il a des états d'âme le chacal du VIIIe. Je ne manque donc pas de lui faire remarquer, que si la somme ne paraissait pas juste au moment de signer le contrat, il n'avait qu'à envoyer un expert qui aurait tranché…

— Ce sont les directives des compagnies d'assurance. Quand nous assurons un bateau, *a fortiori* nous faisons confiance aux déclarations du propriétaire.

— Je vois. Donc vous faites confiance au moment d'encaisser les primes et vous virez à cent quatre-vingts degrés au moment de rembourser un sinistre. Où voulez-vous que j'aille chercher des factures ? Tout a péri sur le bateau. Vous avez une drôle de conception des affaires. Sans parler de la morale, de votre morale. Et si je ne produis pas de justificatif, il se produit quoi, sir ?

— Comme vous le savez, nous n'agissons qu'en tant que courtiers. Nous répartissons les risques auprès de plusieurs compagnies. Celle qui prend le plus de parts est appelée compagnie apéritrice, c'est elle qui exige ce justificatif de valeur. Je comprends votre gêne, mais en ce qui me concerne, je ne fais qu'appliquer le règlement.

— Vous ne faites qu'appliquer le règlement, dites-vous ? Mais ce règlement, vous ne m'en avez jamais parlé à l'époque, car si cela avait été le cas, j'aurais nommé un expert et à mes frais encore ! Donc dans cette affaire mon seul interlocuteur c'est vous. À ce titre vous êtes le seul responsable. Vous n'avez toujours pas dit ce qui se passait si je ne produisais aucun justificatif.

— Je suis sûr que n'aurez aucun mal à en produire et…

— Je ne vous demande pas ça. Je vous demande ce qui se passera si je n'en produis pas ou si les quelques pièces que je livrerais ne conviennent pas à votre apériteur.

— Dans ces cas-là, les différentes compagnies se réunissent. Dans votre cas elles sont trois et elles décident d'un remboursement arbitraire d'une somme X, généralement très proche de la garantie initiale.

— Vous savez comment ça s'appelle ce genre de procédé ? De l'escroquerie, ou si vous préférez, de l'abus de confiance, de la tromperie ! Et si je ne suis pas d'accord, je fais comment ?

— Dans ce cas, c'est le procès. Mais une personne avertie comme vous l'êtes n'est pas sans savoir qu'il vaut mieux un mauvais arrangement qu'un bon procès !

Le pot de terre contre le pot de fer. Je suis écœuré. En sortant de leur immeuble, je sais que quels que soient les justificatifs que je présenterai, ils m'arnaqueront. Eux, leurs armes s'appellent les lois, les avocats et l'argent. J'ai beau me dire qu'un avocat, c'est pas un gilet pare-balle, je ne peux pas me résoudre à me transformer en criminel. Je ne me vois pas croupir quinze ans à Poissy pour avoir effacé deux ou trois cafards. Et puis les ravets, ça prolifère tellement vite qu'à peine radiés des cadres, mes trois chefs seront remplacés par trois sous-chefs qui attendent leur promotion depuis vingt ans !

Je mets deux semaines pour produire cent mille dollars de justificatifs, ils peuvent tout vérifier mes aigrefins. Les preuves je vais les chercher à Setubal et à Lagos au Portugal, là où le *Coyote* a été construit. Je retrouve l'ancien propriétaire, je me fais confirmer par la maison Caterpillar le prix des moteurs, communiquer le prix des radars, sondeurs, pilotes automatiques, etc. Tout j'épluche tout. Je tiens compte de la vétusté des années et leur indique une liste de bateaux similaires vendus ces trois dernières années toujours au Portugal. Bref je leur mets devant leur gueule les six cent mille balles du *Coyote !*

Il leur faudra quinze jours de plus pour les malaxer, les digérer et puis je recevrai une belle lettre recommandée, m'annonçant courageusement que la compagnie apéritrice en tant que *leader* du groupe m'offrait royalement quatre cent mille francs. Il était question de vétusté supérieure à celle que j'évoquais et puis on estimait qu'il n'était pas prudent de naviguer seul sur un bateau de cette taille, etc. Comme si le fait d'être quatre ou douze à bord aurait empêché le moteur de lâcher. Bref, toute une série de litanies formulées de manière alambiquée par des incompétents lâches et visqueux. Dans la même enveloppe se trouve un chèque à mon nom, dûment signé par le *general manager* et c'est ainsi que je me retrouve sur le trottoir des Champs-Élysées sans bateau et avec de quoi m'en racheter un autre deux fois plus petit. Elle est pas belle la vie ? Ah les enculés ! Bien entendu tout un tas de petits malins m'expliquent qu'il faut les attaquer en justice, que j'ai toutes les chances de gagner… Ben voyons, trois années de procédure pendant lesquelles je vais faire grossir un avocat, trois années à nourrir de la haine contre des délinquants en costume cravate qui peuvent voler les gens en toute impunité, je suis affligé, je préfère en rester là plutôt que de me salir les mains pour des veules. Au cours de ma vie hasardeuse, j'aurai plus d'une fois l'occasion de me heurter à des crapules, mais au moins ce sera de face, pas retranché derrière une batterie d'avocats. Et ce sont ces gens-là qui parlent de « politiquement correct ! » Ah on peut dire qu'elle est belle la société, et le plus fort c'est que c'est moi que l'on traite de flibustier, elle est bonne celle-là ! À quelque chose malheur est bon dit le proverbe, eh bien le mortel, fut-il le pire des voyous, qui me déstabilisera plus de quelques heures n'est pas encore né ! Je suis comme le « vieil homme » d'Hemingway qui affirmait que « le destin peut vous abattre mais que rien ne peut vous vaincre ! » Je me loue illico une petite suite au Georges-V et je me fais livrer un dîner de précision par le *room service.* Le silence feutré des palaces a toujours eu ma préférence quand il s'agissait de prendre des décisions importantes concernant mon avenir à la fin de chaque aventure. C'est dans ces lieux que je médite le mieux et comme je l'ai déjà évoqué, je n'oublie jamais que les vraies bonnes décisions doivent se prendre sans effort car du choix naît le doute et de là la confusion. En ce qui me concerne, elles doivent se prendre seul, sans interférence aucune, d'ailleurs personne ne peut m'être d'une quelconque aide. Car ce soir, à Paris, je ne connais aucun individu menant la même vie que moi. Et même si c'était le cas, il n'aurait pas forcément les mêmes motivations qui légitiment les miennes.

Ce soir il n'y a plus de dieu, plus de diable à qui demander des comptes. Plus de vague d'étrave projetant des arcs écumeux, plus d'escales lointaines au parfum subtil d'hibiscus ou à l'odeur moisie d'huile des fonds de dock, plus de sillage d'eau bleue brassée de perles planctoniques, plus de brumes légères descendant de la montagne Pelée, mais aussi des nuits de terreurs quand l'océan se déchire, plus de couleuvrines en bronze enchevêtrées dans les cornes de cerf. Non plus rien de toute cela si ce n'est des visages et des cœurs fermés, concentrés sur le combat pour la dernière TV à écran plat, des foules indifférentes et pressées se bousculant sur les pavés luisants de pluie, dans une grisaille de vide total, je suis laissé, inhabité, seul avec mes démons et mes chimères. Il me faut repartir, m'engloutir dans la violence des couleurs du fond de l'océan à excaver or et argent, faïences et porcelaines, émeraudes et cristal de Bohème, à m'épuiser seul avec l'or des galions du Christ… l'or du Diable !

Épilogue

27 novembre, Saint-Guénolé, le menton de la France. La ville est froide et humide comme un sanctuaire. Un mauvais vent d'ouest s'engouffre en bourrasques dans les ruelles, propageant une odeur de varech et de marée basse depuis le port où la mer couleur de plomb malmène les embarcations. C'est la tempête, la colère de Dieu comme disent les bigoudènes vêtues de noir, pleurant un mari, un frère ou un fils perdu en mer. « Femme de marin, femme de chagrin. » Ce n'est plus une sentence, mais un adage, un droit coutumier, on disparaît dans l'océan depuis des siècles en accomplissant son devoir, en perpétuant les traditions. Ici les trente-cinq heures on les fait en deux jours, on ne rend pas les autres responsables de ses faiblesses, on affronte les ténèbres des tempêtes d'équinoxe sans perdre l'espoir. Car on va à la tâche de manière librement consentie et avec la passion de ceux qui croient à l'ivresse de la vie, qui ne subissent pas l'existence mais qui l'exaltent, la dernière race de seigneurs que je respecte.

Je descends vers le port où j'ai rendez-vous avec mon nouveau complice. Le vent glacé d'embruns me fouette, je grelotte, mais est-ce vraiment le froid ou l'émotion de la première rencontre avec une nouvelle maîtresse ? Je marche lentement comme pour retarder ce moment, droit devant moi, seul sur le quai, le capitaine de mon futur bateau m'attend, résistant tant bien que mal aux rafales d'ouest. Nous nous saluons tandis qu'il tourne le regard vers le bassin en contrebas.

— C'est celui-ci !

Le moment que j'attends depuis des mois arrive enfin, je reste silencieux et dévisage ma dernière conquête qui m'attend patiemment depuis des semaines le long de ce quai tout au bout de la Bretagne. Du reste, elle en a marre d'espérer, et elle ne se gêne pas pour me le dire :

« Alors, vieux pirate, tu m'emmènes croiser dans les mers du Sud ? Tu pourras me demander ce que tu voudras, mais à une condition, que tu sois digne de me conduire. »

Je ne réponds pas. Nul ne peut voir Dieu sans mourir…

Table des matières

Achevé d'imprimer par SAGIM en mai 2009
sur rotative Variquik
à Courtry (77181)

Imprimé en France

Dépôt légal : mai 2009
N° d'impression : 11399

L'imprimerie Sagim est titulaire de la marque
Imprim'vert® depuis 2004

Éditions Alphée, Jean-Paul Bertrand
28, rue Comte-Félix-Gastaldi
Monaco